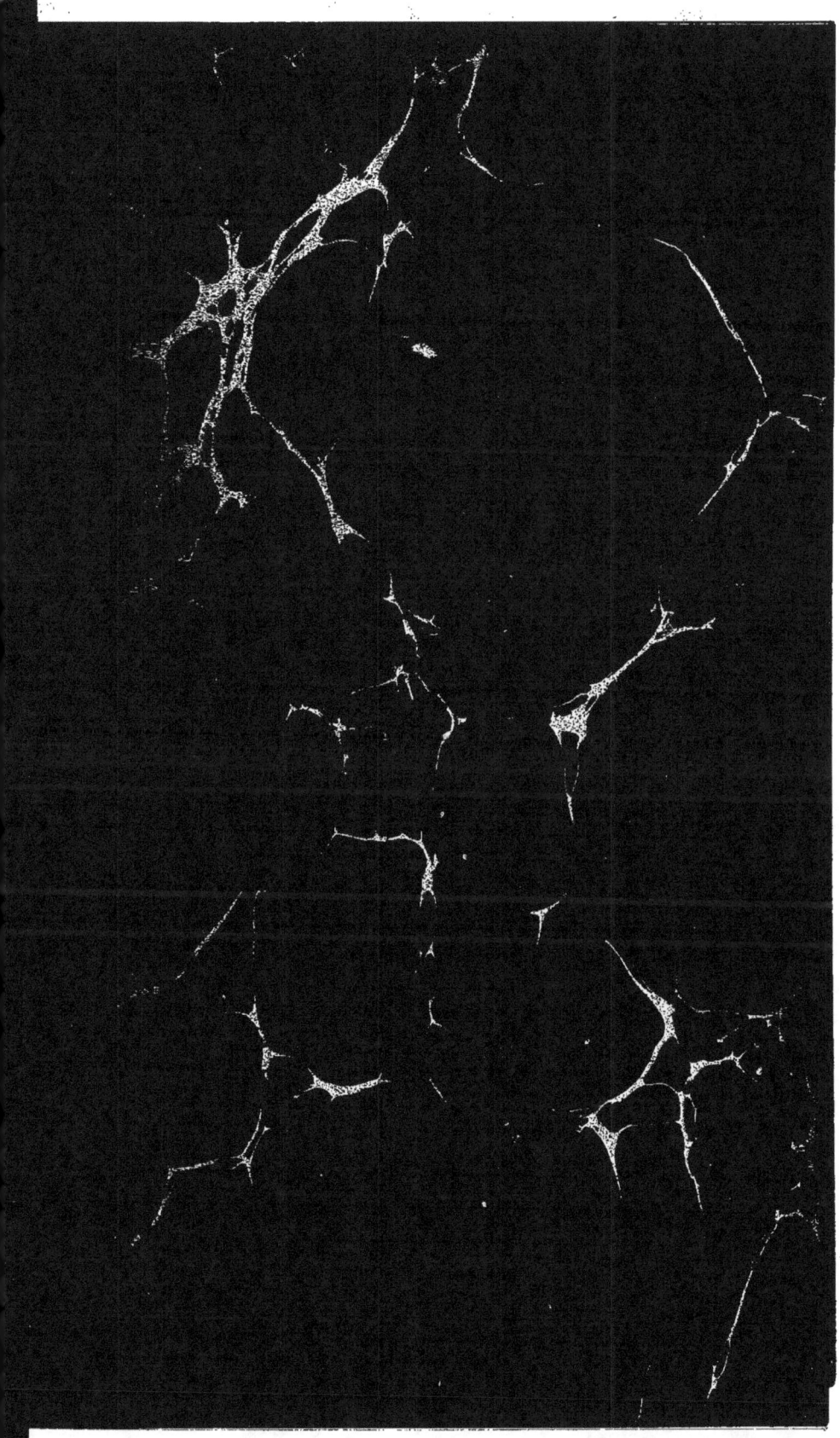

LA

FORTIFICATION A FOSSÉS SECS.

LA
FORTIFICATION
A FOSSÉS SECS

PAR

A. BRIALMONT

COLONEL D'ÉTAT-MAJOR.

TOME PREMIER.

BRUXELLES

E. GUYOT

IMPRIMERIE MILITAIRE

rue de Pachéco, 12.

C. MUQUARDT

HENRY MERZBACH, successeur

libraire de la Cour & de S. A. R. le Comte de Flandre.

MÊME MAISON A LEIPZIG.

1872

SOMMAIRES DES CHAPITRES

DU TOME I.

INTRODUCTION.

Sommaire.

Dangers que présentent la routine et la tradition au point de vue de l'enseignement de la fortification. — Exemple de la France. — Dernières polémiques au sujet des tracés bastionnés et polygonaux. — Réponse aux observations critiques du commandant Prévost : examen du mode d'attaque proposé par cet ingénieur pour le front d'Anvers. — Réfutation des arguments présentés contre l'emploi du tracé polygonal par le major Cosseron de Villenoisy, ancien professeur de fortification à l'école d'application de Metz. — Erreurs commises par le colonel du génie Lagrange dans la comparaison qu'il a faite entre les deux tracés. — Désaccord qui existe chez les partisans du tracé bastionné, au sujet des propriétés essentielles de ce tracé. — Examen des raisons invoquées par le général du génie Tripier, pour justifier son opposition au tracé polygonal. — Résumé et conclusion. 1

CHAPITRE PREMIER.

Réflexions sur la défense des États et sur la défense des places. — Organisation des camps retranchés.

1. Points à fortifier en première ligne; pivots stratégiques à établir en seconde ligne; pivot central de la défense. — Les militaires qui nient l'utilité des places frontières interprètent faussement les faits historiques. Le discrédit où est tombée la fortification, s'explique par l'abus qu'on a fait des forteresses et par l'insuffisance des ressources qui ont été mises à la disposition de leurs gouverneurs. — Situation fâcheuse des places dans la plupart des pays. — Les récents désastres de la France doivent être attribués en grande partie à cette cause. — Nécessité de confier la défense des places à des officiers instruits, doués d'une grande vigueur physique et morale. — Le nombre des points fortifiés doit être réduit dans presque tous les États : propositions judicieuses du général Sainte-Suzanne. — Fausses idées de Napoléon Ier sur la défense des places.— Les troupes de récente formation constituent de mauvaises garnisons. —Cas où il est possible de réduire la dotation des places

et l'effectif des troupes. — Conditions auxquelles doivent satisfaire les places destinées à défendre les chemins de fer. *Forts d'arrêt* proposés dans ce but par les ingénieurs prussiens. Description d'un de ces forts. Ils conviennent également pour la défense des défilés en pays de montagnes. Blockhaus, pour assurer la démolition opportune d'un pont de chemin de fer. — II. De l'influence du site sur la valeur des places : les meilleures ne sont pas celles qui occupent des terrains accidentés : preuves à l'appui de cette opinion. — III. Blocus des camps retranchés. Fausses idées de quelques stratégistes sur ce point. — Conclusions à tirer des blocus de Metz et de Paris. — Établissement des corps d'armée autour d'une place bloquée. — Inconvénients que présente, au point de vue de la défense, une population nombreuse, surtout dans les capitales. — Nécessité d'expulser une grande partie des habitants au moment de la mise en état de défense. — La proposition faite par quelques stratégistes de fortifier toutes les capitales, a peu de chances d'être admise : raisons qui doivent la faire rejeter dans la plupart des cas. — IV. Avantages que présentent les places purement militaires. Dans quelles circonstances on doit les préférer. — Comment on peut tirer parti des ressources d'une grande ville sans la fortifier directement. Idées de l'auteur à ce sujet. Applications de ces idées à la défense de Londres. Discussion du plan proposé par le colonel du génie Drummond Jervois. — V. Projet d'une place purement militaire; tracé, détails. Modifications à apporter à ce projet quand il s'agit d'un camp retranché temporaire : Exemples, etc. — VI. Du bombardement des places à camp retranché, en tenant compte des résultats obtenus à Paris. Examen de la place d'Anvers à ce point de vue. Distance à laquelle doivent être placés les forts. Intervalles des forts ; prescriptions diverses. Utilité d'un noyau fortifié au centre du camp retranché. Dans quels cas on doit construire une enceinte de sûreté, et dans quels cas une enceinte de siège. Réponse aux ingénieurs qui prétendent que l'enceinte d'Anvers a un excès de force. Circonstances où un pivot stratégique peut se passer de noyau fortifié. — Propositions de M. le colonel Lewal, pour l'organisation des places à camps retranchés. — Critiques de ces propositions. — Circonstances où l'enceinte d'un grand pivot stratégique exige des ouvrages à défense intérieure. — Comment les troupes doivent être établies et logées dans l'enceinte et dans le camp retranché. Abris à construire dans les intervalles des forts, pour les troupes de réserve. — VII. Emploi des chemins de fer et du télégraphe, dans l'attaque et dans la défense des places à camps retranchés. . 1

CHAPITRE II.

Application de la fortification au terrain.

Principes généraux expliqués et justifiés par un exemple. — Fortification d'une grande ville destinée à servir de pivot d'opération à une armée de 60 mille à 80 mille hommes. — Emplacements des ouvrages fermés permanents et des lignes de communication provisoires. — Tracé des forts et des redoutes. Grande simplification résultant de l'emploi de petits fortins à coupoles. — Tracé du retranchement général. — Conditions particulières : emplacements des caponnières, des réduits et des coffres de contrescarpe. — Prescriptions diverses concernant le tracé et le relief d'un corps de place. — Dissertation sur le tracé et sur l'emploi des lignes à crémaillères. — Principes auxquels doit satisfaire le tracé d'une enceinte permanente de sûreté ou de siége. Application de ces principes à un cas déterminé 91

CHAPITRE III.

Expériences et données diverses offrant de l'intérêt au point de vue de la fortification.

Influence des progrès des armes et de la balistique sur certains principes de fortification. — Nécessité, pour l'ingénieur, de suivre de près les expériences qui se font dans les polygones. — Les résultats de ces expériences doivent servir de point de départ aux déductions théoriques et aux applications pratiques. — **A.** *Expériences de brèches faites en 1863 et 1864 contre les escarpes du fort Liédot, dans l'île d'Aix :* Conclusions de la commission; examen de ces conclusions; nécessité de protéger les revêtements contre les obus dont l'angle de chute est de 14° (correspondant à une inclinaison de 1/4). Il ne suffit pas, comme le prétend le comité du génie français, que le revêtement soit couvert sur la moitié de sa hauteur; expériences de Juliers et de Vérone, citées à l'appui de l'opinion de l'auteur ; dangers qu'offrent les brèches faites de loin. — **B.** *Divers résultats obtenus à l'île d'Aix en 1864, à Vérone en 1862 et à Juliers en 1860 :* brèches faites à 80ᵐ de distance; tirs obliques, exécutés à des distances de 98 à 42 mètres ; rasement d'un parapet en terre ; blindages. — **C.** Tir en brèche exécuté en novembre 1869, contre un ouvrage détaché de Silberberg. — **D.** Expérience faite au même endroit, contre des abris voûtés, avec le mortier rayé de 8 pouces. — **E.** Conclusions de diverses expériences faites au polygone de Brasschaet depuis 1861. — **F.** Expériences faites à Magdebourg, en 1862. — **G.** Expérience faite à Shoeburyness, en 1869, pour apprécier l'effet de l'explosion des projectiles dans une casemate. — **H.** Expériences faites à Brasschaet, en 1869 et en 1870, dans le but de constater si les projectiles qui éclatent dans les parados sont dangereux pour les servants des pièces. — **I.** Tirs exécutés, en 1871, au polygone de Brasschaet, pour juger de l'effet que produisent les obus à fusée percutante, lorsqu'ils traversent des rideaux en branches d'arbres ou en paille. — **K.** Expérience faisant suite à la précédente. — **L.** Écrans en rondins et autres matériaux, destinés à produire l'éclatement prématuré des obus. — **M.** Expériences contre une traverse casematée, faites à Tegel, en 1870. — **N.** Conclusions pratiques des expériences anglaises sur la résistance des plaques. — **O.** Tirs contre un réseau en fils de fer et contre une grille, exécutés à Tegel, en 1869 et 1870. — **P.** Expérience faite, en 1870, au même endroit, pour apprécier la résistance d'une coupole tournante, armée de canons rayés de 15 centimètres. — **Q.** Canons et engins. — **R.** Angles de chute des canons rayés 143

CHAPITRE IV.

Principes généraux de la fortification.

A. Tracé : Préceptes généraux. — **B.** Batteries flanquantes : batteries flanquantes directes ; id. à feux de revers. Cas où l'on peut se contenter d'un flanquement de mitrailleuse ou de mousqueterie. Coffres, fossés diamants. — **C. Profil** : relief au-dessus du terrain. Commandement sur le glacis. Bermes. Talus extérieur : disposition préconisée par le général Todleben. Plongée. Règles pour le défilement des escarpes. Angle de dépression minimum pour le tir en brèche. — **D. Revêtement d'escarpe** : son utilité ; sa hauteur. Propriétés de l'escarpe terrassée ; idem de l'escarpe détachée. Cas où l'on peut construire, dans une escarpe terrassée, des locaux servant d'abris ou de magasins. **E. — Revêtement de contrescarpe** : ses propriétés. Diverses espèces de revêtements de contrescarpe. Quand on peut créneler ces revêtements. Nécessité de les renforcer à l'arrondissement du fossé. Cas où la contrescarpe ne doit pas être revêtue : précautions à prendre pour soutenir les terres sous un talus roide, ayant 1 de base pour 3 de hauteur. — **G. Largeur et profondeur du fossé** : principes qui règlent ces deux dimensions. — **H. Glacis intérieur** : propriétés, emploi. Cas où l'on peut remplacer, par une palissade, une grille ou un abatis, le revêtement de contrescarpe, situé au delà de ces glacis. — **I. Chemin couvert et glacis** : organisation du chemin couvert — nécessité d'abaisser son terre-plein pour soustraire les défenseurs aux coups plongeants : Principales dimensions. Discussion sur l'inclinaison qu'il convient de donner au glacis. Relief de ce dehors au-dessus du terrain. Réduits de places d'armes ; leurs propriétés ; types divers. Dans quel cas le chemin couvert doit être palissadé. Emplacements qu'il convient de donner aux palissades : proposition de Vauban. Possibilité de remplacer la palissade par une haie ou par une grille : proposition de Choumara. — **K. Ravelin appliqué** : ses propriétés. Quand on peut le supprimer. Rôle spécial du ravelin dans la fortification polygonale. Conditions auxquelles il doit satisfaire. Contre-gardes. Défauts que présentent les contre-gardes de Coehoorn, de Bousmard, de Noizet de St-Paul et de Cormontaigne. Dans quels cas on peut supprimer le revêtement du ravelin et celui de la contre-garde. — **L. Ravelin avancé** : circonstances où il est préférable au ravelin appliqué. Conditions qu'il doit remplir. Objections de Choumara et du général Tripier. Utilité du réduit de ravelin. Comment il doit être constitué. Types de ravelins avancés, sans réduit. — **M. Glacis de contrescarpe** : son utilité. — **N. Défilement des terre-pleins** : moyens employés. Traverses. Parados. Cas où ces masses couvrantes doivent être pourvues d'une banquette pour la mousqueterie 249

ERRATA.

TOME I.

Page	XXXII	ligne	1 *Au lieu de :* la contre-garde. *Lisez :* le couvre-face.
»	XXXV	»	1 *Après* maximum *mettez :* 130 mètres, correspondant à.
»	LIV	»	15 Effacez les mots : pour couvrir les flancs des bastions.
»	127	»	23 *Au lieu de :* redoutes 3 et 12. *Lisez :* forts 9 et 12.
»	130	»	18 *Au lieu de :* suivant à peu près la direction des courbes de niveau et. *Lisez :* alternant avec.
»	154	»	12 *Au lieu de :* 1/5. *Lisez :* 3/5.
»	175	»	15 *Au lieu de :* La fig. 12.... fait. *Lisez :* Les fig. 11 et 12.... font.
»	223	»	5 *Après* Sheffield *mettez :* (Voir fig. 2, 14 et 15, pl. XXX.)
»	257	»	24 *Au lieu de :* qui ne bat. *Lisez :* que ne bat.
»	266	»	19 *Au lieu de :* ligne de tir. *Lisez :* ligne de site.
»	267	»	14 *Effacez les deux lignes et demie qui suivent le chiffre* 17.
»	268	»	14 *Au lieu de :* $0^m,50$. *Lisez :* $1^m,50$.
»	»	»	25 *Au lieu de :* au-dessus. *Lisez :* au-dessous.
»	300	»	1 *Au lieu de :* puisque la brèche se fait. *Lisez :* lorsque la brèche peut se faire.

INTRODUCTION.

SOMMAIRE :

Dangers que présentent la routine et la tradition au point de vue de l'enseignement de la fortification. — Exemple de la France. — Dernières polémiques au sujet des tracés bastionnés et polygonaux. — Réponse aux observations critiques du commandant Prévost : examen du mode d'attaque proposé par cet ingénieur pour le front d'Anvers. — Réfutation des arguments présentés contre l'emploi du tracé polygonal par le major Cosseron de Villenoisy, ancien professeur de fortification à l'école d'application de Metz. — Erreurs commises par le colonel du génie Lagrange dans la comparaison qu'il a faite entre les deux tracés. — Désaccord qui existe chez les partisans du tracé bastionné, au sujet des propriétés essentielles de ce tracé. — Examen des raisons invoquées par le général du génie Tripier, pour justifier son opposition au tracé polygonal. — Résumé et conclusion.

I.

Le *traité de fortification polygonale* que nous avons publié en 1869, a provoqué de nouvelles discussions sur la valeur des tracés et sur l'enseignement de la fortification. Bien que les ingénieurs de la Prusse, de l'Autriche et du nord de l'Europe soient d'avis qu'il n'y a pas lieu de continuer cette polémique — au sujet de laquelle leurs idées sont fixées depuis longtemps — nous croyons devoir réfuter brièvement les arguments nouveaux qu'ont produits récemment des ingénieurs français, belges et hollandais restés fidèles aux vieilles doctrines. En essayant de les ramener à des idées moins absolues, nous cédons uniquement au désir de faire progresser un art que nous avons cultivé avec une constante prédilection et qui, plus qu'aucun autre, est utile aux nations pour assurer leur indépendance et leur liberté.

Depuis la publication de notre *traité*, une réforme importante a été introduite dans l'enseignement de la fortification en Belgique.

Les anciens types conçus dans l'esprit de l'école française, ont été modifiés d'après les idées qui ont prévalu dans la construction de la place d'Anvers ; et des professeurs, convaincus de la nécessité de cette réforme, ont pris la place de ceux qui avaient trop longtemps enseigné les doctrines des vieux maîtres pour en accepter d'autres ou pour les exposer avec autorité.

Lorsqu'en 1863 nous signalâmes, pour la première fois, dans nos *Études sur la défense des États*, les conséquences fâcheuses de l'immobilité dans les méthodes d'enseignement, et la nécessité de faire disparaître les comités « gar- » diens des bonnes traditions, » afin de donner plus d'influence aux hommes d'initiative et de talent, il n'était pas à prévoir que de graves événements infligeraient un si prompt démenti à ceux qui nous répondaient : « La » vraie sagesse consiste à se défier de la théorie et à con-

» sulter la pratique. Canons allemands, forteresses alle-
» mandes, rien de tout cela n'a subi l'épreuve du feu.
» Vauban est le premier ingénieur du monde, et le canon
» de Solférino a bien plus de titres que le canon de Juliers,
» dont la réputation n'a pas encore franchi les limites
» étroites du polygone. »

Avec la même assurance ils disaient alors : « Les géné-
» raux et les soldats français sont incomparablement supé-
» rieurs à ceux que produit le méthodisme allemand. Ils
» ont peut-être moins d'instruction, mais ils ont à coup sûr
» plus d'entrain, une intelligence militaire plus vive et de
» meilleures traditions. »

Quant à l'organisation des armées allemandes, fondée sur le principe du service et de l'instruction obligatoires, ils la déclaraient bonne tout au plus pour une guerre défensive de courte durée (1).

On a vu depuis ce que valent les places de Vauban, les canons de Solférino, les généraux et les soldats qui ont pour qualités principales l'entrain, un esprit vif et une foi robuste dans leur traditionnelle supériorité.

---

(1) On lit dans le cours *d'Art et d'histoire militaire*, donné à l'école d'état-major de Paris :
 « L'organisation de l'armée prussienne est regardée comme une excellente organisa-
» tion *défensive.* » P. 112, T. I.
 » Les hommes de la landwehr sont peu susceptibles de mouvements et impropres aux guerres lointaines. » P. 28, T. I.
 Le cours d'art militaire de l'école de Metz était encore plus précis ; on y lisait, en 1866 :
 « L'armée prussienne, dans laquelle le temps de service est très-court, n'est en
» quelque sorte qu'une école de landwehr ; c'est une organisation magnifique sur le
» papier, mais un instrument douteux pour la défense et *qui serait fort imparfait pen-
» dant la première période d'une guerre offensive.* »
 Ces derniers mots sont en italique dans le cours.

On a vu surtout quelle intelligence et quelle force possèdent les armées où toutes les classes de la société sont représentées et qu'à cause de cela on déclarait impropres à la guerre offensive — les officiers instruits, qu'on qualifiait de *pédants* — les soldats disciplinés, qu'on appelait des *automates*, et les canons perfectionnés, que l'on comparait à une *ingénieuse horlogerie*.

Nous ne rappelons ces faits que pour élever une dernière protestation contre l'intolérance d'une certaine école — trop influente encore dans toutes les armées — qui refuse d'admettre que les essais du polygone peuvent décider de la valeur d'un fusil ou d'un canon ; que ces essais, interprétés avec discernement, peuvent conduire à un bon système de fortification ; que l'étude et les exercices du temps de paix peuvent former des généraux et des soldats qui, du premier coup, se montrent supérieurs à des généraux et à des soldats moins instruits, moins bien préparés par la théorie, mais ayant pour eux l'expérience et les traditions de la guerre.

Faisons des vœux pour que cette salutaire leçon ne soit pas perdue et que désormais les gouvernements accordent quelque crédit aux théoriciens, qui pourront invoquer en faveur de leurs idées, l'autorité de la science et de la raison. Avoir fait la guerre est sans doute chose utile, mais savoir comment on doit la faire est plus utile encore.

II

I. M. Prévost, chef de bataillon du génie, a publié, dans le *Spectateur militaire* de 1869, une analyse critique de notre *Traité de fortification polygonale*.

L'auteur essaye tout d'abord de justifier le reproche qu'il nous avait adressé, dans ses *Études historiques sur la fortification*, de ne tenir aucun compte de l'expérience de la guerre, et de prendre pour seuls arbitres des questions militaires le *raisonnement* et *les expériences de polygone*.

Nous condamnons ou dédaignons si peu l'expérience, qu'à plusieurs reprises nous avons fait observer que l'histoire des siéges de Louis XIV a fourni, à Montalembert et à ses disciples, des arguments décisifs contre l'emploi du tracé bastionné. Sans doute l'expérience de la guerre n'a pas encore sanctionné les idées et les travaux des ingénieurs qui ont donné la préférence au tracé polygonal, mais ceux-ci ont du moins obtenu ce résultat que leurs adversaires, ne pouvant plus invoquer le témoignage des faits, appellent aujourd'hui à leur aide le raisonnement et l'autorité des vieux maîtres. Or sur ce terrain ils ne peuvent pas tarder à être vaincus, la discussion ralliant chaque jour de nouveaux partisans au tracé polygonal, et l'autorité des vieux maîtres s'effaçant de plus en plus devant celle des faits.

La façon dont les bastions de Strasbourg et de Paris ont résisté à l'artillerie allemande, n'est certes pas de nature à encourager leurs partisans. Il nous a suffi de voir les travaux de toute espèce qui avaient été faits pour rendre ces bastions à peu près habitables, et d'interroger les officiers qui s'y étaient maintenus sous le feu des Prussiens, pour avoir la certitude que tous les inconvénients signalés par Montalembert et constatés par le général Todleben, dans la défense des bastions de Sébastopol, se sont manifestés à un plus haut degré dans les places françaises, pendant la dernière guerre.

II. M. Prévost n'a pas su éviter l'erreur de quelques-uns de ses camarades, qui ont mis au compte du tracé polygonal les imperfections signalées par la critique, dans plusieurs applications de ce tracé.

Nous avons constaté que les revêtements des places allemandes sont généralement trop exposés aux coups des batteries éloignées. M. Prévost conclut de là que MM. Mangin et Maurice de Sellon ont eu raison d'attaquer le tracé polygonal : conclusion évidemment fausse, puisque toutes les places françaises (sans excepter Paris, Lille et Toulon, construites récemment) se trouvent dans le même cas.

Nous avons constaté également que les forteresses de Posen et de Kœnigsberg ont des casemates flanquantes qui peuvent être atteintes de loin; mais c'est encore un défaut provenant d'une application vicieuse du tracé polygonal et qui se manifesterait à un plus haut degré dans les places françaises, si les flancs de leurs bastions étaient casematés.

Aucun des défauts que nous avons signalés dans les places allemandes ne peut être imputé au tracé; les uns ont pour cause un profil insuffisant, les autres une mauvaise direction donnée aux côtés du polygone extérieur.

III. M. Prévost ne comprend pas que nous ayons pu dire : « les feux du corps de place sont *les seuls* sur les-
» quels on puisse compter jusqu'au dernier moment. »
Cette phrase renferme, selon lui, une condamnation de la caponnière, « qui est un ouvrage détaché. »

Pour nous, partisan de la fortification polygonale, la caponnière fait partie du corps de place, qu'elle en soit ou qu'elle n'en soit pas séparée par une coupure. Ses flancs, généralement soustraits aux feux éloignés, restent intacts jusqu'au couronnement du chemin couvert. Il n'en est pas de même des flancs des bastions, qui peuvent être atteints et détruits au début du siége ; or, comme le fait observer le commandant de Villenoisy, ex-professeur de fortification à Metz (1), il serait difficile de croire qu'une place puisse prolonger beaucoup sa résistance, lorsque les bouches à feu qu'elle possède auront été démontées. »

Quoi qu'en disent les partisans de la fortification bastionnée, il n'est pas vrai que « les flancs des bastions, parce
» qu'ils sont dans un rentrant, peuvent fonctionner jus-
» qu'à la fin. »

Jamais ils n'ont joué ce rôle, quand l'attaque était bien conduite. Vauban le reconnaît, et M. Prévost lui-même est obligé d'en convenir, puisqu'il fait observer que « toute batterie vue, est promptement réduite au silence de loin ; » or les flancs des bastions « voient la campagne par la

---

(1) *Essai historique sur la fortification*, p. 129, Paris, 1869.

trouée entre la demi-lune et le corps de place (1); ils peuvent donc être vus par cette trouée et « réduits au silence. »

M. Prévost arrive encore à la même conclusion, d'une autre manière.

Voici, en effet, ce qu'il dit à propos des flancs supérieurs de nos caponnières (qu'il suppose à tort organisées pour soutenir une lutte à grande distance) : « En tout cas, *il
» n'y a plus à compter pour la phase rapprochée sur celle
» de ces deux artilleries qui s'est battue de loin;* car, par
» cela seul que l'ennemi a pu s'approcher, c'est qu'il s'est
» débarrassé des batteries qui le gênaient aux grandes
» distances, et *il n'est pas sûr que l'assiégé puisse les réta-*
» *blir;* probablement il ne pourra y amener qu'un petit
» nombre de pièces. »

Ce raisonnement, qui serait exact si les flancs des caponnières battaient la campagne, est rigoureusement applicable aux flancs des bastions, dont les batteries sont en effet désorganisées quand l'ennemi approche du glacis. « Il n'est pas sûr qu'on puisse les rétablir, dit M. Prévost : » Cela est également vrai pour les flancs des bastions comme pour ceux des caponnières exposées aux coups éloignés de l'attaque.

M. Prévost prétend que les parties des parapets des faces du front d'Anvers, destinées à flanquer les dehors et leurs fossés, « seront détruites par l'attaque avant qu'elle
» n'arrive au chemin couvert et que dans ce cas il serait
» douteux qu'on pût y ramener de l'artillerie, pour le
» moment de la lutte rapprochée. »

---

(1) Le général Mengin Lecreux.

Si cela était, à plus forte raison en serait-il de même pour les flancs des bastions qui non-seulement peuvent être contre-battus de loin, mais encore ricochés et pris à revers par les batteries qui enfilent les faces.

M. Prévost a, sans y prendre garde, condamné très-explicitement le tracé bastionné et le mode de flanquement adopté pour ce tracé, en faisant les réflexions suivantes à propos des *moineaux* (voir p. 54 de ses *Études historiques*).

« Ce fait d'une artillerie amenée sur la contrescarpe est
» une innovation; auparavant on tirait aux parapets et l'on
» faisait brèche de loin. Il constitue une nouvelle preuve en
» faveur du rôle important des *moineaux*. On sait que ces
» pièces de fortification avaient non-seulement une action
» flanquante très-efficace, dont il fallait se débarrasser,
» mais qu'ils rendaient la défense rapprochée totalement
» distincte de la défense éloignée. *Avant eux, les deux dé-*
» *fenses étaient réunies au sommet du rempart;* l'une était
» obtenue par les machecoulis, l'autre par les embrasures,
» les créneaux et le tir à barbette. *La destruction du pa-*
» *rapet ruinait les deux moyens de défense en même temps,*
» tandis qu'avec les moineaux, la défense rapprochée sub
» sistait *jusqu'au moment où l'attaque amenait ses canons*
» *sur le bord du fossé.* »

Les lignes qui précèdent sont la justification la plus complète des caponnières, puisque ces ouvrages flanquants ne sont que des *moineaux* placés au milieu du front. Dans les flancs sans casemates du tracé bastionné, « *les deux*
» *moyens de défense se trouvent réunis au sommet du*
» *rempart, et la destruction du parapet ruine ces deux*
» *moyens en même temps.* »

Ainsi la logique a poussé, malgré lui, le commandant Prévost dans le camp de ses adversaires, où il ne tardera pas à être suivi par la plupart de ses camarades, si nous devons en juger par le langage qu'ils tiennent depuis la dernière guerre et par les travaux qu'ils ont exécutés durant cette guerre à Metz, Paris et Lyon.

IV. L'abandon successif du tracé bastionné, par les ingénieurs les plus distingués de notre époque (ceux de France exceptés), a paru à M. Prévost un argument assez précieux en faveur de nos idées, pour qu'il ait cru nécessaire d'en amoindrir la portée. Mais comment l'a-t-il fait? En affirmant que partout on revient au bastion et que nous-même nous sommes en train de faire une volte-face. Or les preuves qu'il en donne ont si peu de valeur qu'elles aboutissent même à une conclusion toute différente de la sienne. Nos lecteurs en jugeront :

« On nous a affirmé, dit-il, que quelques-uns des forts de » Portsmouth et de Vérone ont leur gorge bastionnée. »

Le fait est vrai, mais aucun ingénieur allemand, russe, belge ou anglais n'a soutenu que le tracé bastionné doit être rejeté d'une manière absolue. Tous, au contraire, sont d'avis qu'il peut être employé dans la fortification passagère, et qu'il convient pour les fronts de gorge des forts qui ne sont pas exposés à un siége en règle. L'infériorité de ce tracé ne se manifeste que lorsqu'on l'applique aux fronts d'attaque d'une place ou d'un fort détaché.

« Vérone et Rastadt, dit M. Prévost, ont des bastions ; » il est vrai qu'on les considère comme des places défec- » tueuses. »

« Les ingénieurs qui ont fortifié Minden en ont conservé les anciens bastions. »

« Kœnigsberg, que M. le colonel Brialmont regarde comme une des bonnes places de l'Allemagne, a des bastions. »

Ces preuves ont encore moins de valeur que la précédente.

Le corps de place de Vérone date de 1833. Le général Scholl, qui en dirigea la construction, utilisa la vieille enceinte dont les fondations, une partie des escarpes et les massifs des terrassements étaient encore intacts. Toutefois, pour parer à l'insuffisance des flancs à ciel ouvert, il établit de petites caponnières aux saillants et aux épaules des bastions.

Il est à remarquer, du reste, que, depuis cette époque, les Autrichiens ont fait une enceinte polygonale à Cracovie et un grand nombre de forts appartenant au même tracé, à Vérone, Comorn, Olmutz, etc.

Rastadt n'a des bastions que du côté où la place n'est pas exposée à une attaque pied à pied.

A Minden les Prussiens ont, par mesure d'économie, utilisé les anciens bastions, comme nous avons, à Anvers, tiré parti de la citadelle de Paciotto.

Quant à Kœnigsberg, M. Prévost se trompe du tout au tout en affirmant que cette place a des bastions. L'enceinte est flanquée par des caponnières centrales, et ce qu'il a pris pour des flancs de bastions, sont les batteries qui défendent les fossés secs des ravelins. On peut s'en assurer en jetant les yeux sur les fig. 15 et 16, pl. XXXI de l'atlas de nos *Études sur la défense des États*.

M. Prévost confirme, du reste, lui-même cette observation en disant. « Pour que Kœnigsberg fût une place com-
» plétement bastionnée, il eût suffi de mettre ses bastions
» aux angles du polygone et non pas au milieu des côtés. »
En effet, quand les bastions occupent le milieu des côtés, le tracé est incontestablement polygonal.

M. Prévost n'est donc pas fondé à soutenir qu'il existe en Allemagne « une tendance à revenir aux bastions. »

Nous, qui connaissons mieux que lui l'Allemagne et les ingénieurs allemands, nous affirmons que cette tendance ne se manifeste nulle part, ni dans les livres, ni dans les travaux.

V. « M. Brialmont, dit notre honorable contradicteur,
» est surtout indigné de ce que nous avons prétendu que
» lui-même avait admis des bastions dans ses tracés.

» Il ne peut cependant méconnaître avoir écrit que,
» tout en préférant, en général, la caponnière placée sur
» le milieu du côté, il aime mieux la mettre aux angles,
» dans le cas de *forts exposés à une attaque brusque.* Or
» les caponnières placées aux angles du polygone sont *de*
» *véritables petits bastions.* Cette disposition a été adoptée
» pour la citadelle du Nord, à Anvers. »

Nous nous bornerons à reproduire ici l'observation que nous avons faite plus haut, à savoir que le tracé bastionné peut être appliqué sans inconvénient et quelquefois même avec avantage, à des forts ou à des fronts exposés seulement à des attaques brusques. C'est la raison pour laquelle on a établi aux angles du polygone les caponnières de la citadelle du Nord d'Anvers, qui, par sa situation au bord de l'Escaut et au milieu de terrains inondables, est à l'abri de toute attaque pied à pied.

Il est à remarquer, du reste, que ces caponnières, composées de batteries basses à l'épreuve de la bombe, ne peuvent en aucune façon être assimilées à des bastions, ouvrages non casematés, à commandement élevé, ayant des faces exposées au ricochet, des flancs exposés aux feux de revers et un terre-plein exposé aux feux plongeants et aux feux verticaux.

VI. Les objections de M. le major Prévost contre l'emploi des caponnières, ont toutes pour point de départ cette erreur que les caponnières sont des *dehors* analogues aux demi-lunes.

« Lorsque, dit-il, dans un front bastionné, les dehors
» tombent aux mains de l'ennemi, le corps de place se
» suffit encore à lui-même. Dans la fortification polygonale,
» au contraire, la prise des ouvrages mis en saillie en avant
» du centre du côté polygone, a les plus funestes résultats,
» puisque les deux flancs qui défendent les faces du corps
» de place tombent à la fois. »

Selon nous, la caponnière n'est pas plus un dehors que ne le serait le bastion, si on le séparait du corps de place par des coupures.

A proprement parler, la caponnière est un redan casematé flanquant une ligne droite. Que ce redan fasse partie de l'enceinte ou qu'il en soit séparé, peu importe. Nous croyons avantageux, dans la plupart des cas, de l'isoler par une coupure ; mais ce détail n'a pas d'importance dans une discussion sur la valeur relative des tracés.

Nous admettons que la prise de la caponnière marquera à peu près la fin du siége, si l'enceinte n'a pas de retranchements, ou si elle n'est pas renforcée par des ouvrages à défense intérieure. Mais la conclusion que tire de là M. Prévost n'est pas admissible, s'il est vrai, comme nous le prétendons, qu'il en coûtera plus de temps et de sacrifices à l'assiégeant pour pénétrer dans la caponnière que pour s'emparer du saillant du bastion.

Voilà ce qu'il fallait examiner; or c'est ce que n'a point fait notre honorable contradicteur.

Après avoir appliqué à nos types de fronts un mode d'attaque qui sera discuté plus loin, et à l'aide duquel on pénètre dans la place par les batteries flanquantes, il constate avec une vive satisfaction « que l'on peut se rendre
» maître d'une place polygonale en attaquant les capon-
» nières et sans être obligé le moins du monde de contre-
» battre leurs flancs si puissamment organisés. »

En faisant cette remarque, M. Prévost semble ignorer que, dans nos projets, tout est disposé pour *obliger* l'ennemi à attaquer les caponnières plutôt que les saillants du corps de place, par la raison que les caponnières, se trouvant au centre des fronts, les cheminements dirigés contre ces ouvrages sont mieux battus que ne le seraient ceux dirigés contre les saillants du polygone.

Si les batteries flanquantes des caponnières pouvaient être détruites de loin, comme les flancs de bastions, l'ennemi, après avoir donné l'assaut au ravelin, passerait le fossé capital au saillant du corps de place, pour gagner du temps et diminuer les pertes.

M. Prévost n'a pas compris ce rôle des caponnières, s'il

faut en juger par l'étonnement qu'il manifeste au sujet du puissant armement que nous avons donné à ces ouvrages.

VII. En comparant nos fronts polygonaux aux fronts bastionnés, M. Prévost pose des prémisses inadmissibles qui, nécessairement, aboutissent à des conséquences erronées.

Ainsi, il affirme que le nombre des pièces d'artillerie qu'on peut mettre sur les remparts est le même dans les deux tracés.

Cette affirmation repose sur deux erreurs : D'abord, le nombre des pièces n'est pas proportionnel à la longueur des lignes de feu, lorsque les faces ne se trouvent pas dans les mêmes conditions. (Une face de bastion ricochable exige, en effet, plus de traverses qu'une face de polygone soustraite à l'enfilade.) En second lieu, la puissance de l'artillerie n'est pas proportionnelle au nombre des pièces. On admet généralement qu'une bouche à feu, établie sur une face non ricochée, vaut quatre bouches à feu établies sur une face ricochée, en ce sens que, pour démonter les dernières, il suffit d'un seul canon qui les prenne d'enfilade. M. Prévost ne tient pas compte de cette remarque : « Quant à la fameuse objection du ricochet, dit-il, auquel les faces
» du front polygonal seraient moins en prise que celles du
» front bastionné, M. le colonel Brialmont a reconnu lui-
» même que le front polygonal était loin d'échapper com-
» plétement au tir d'enfilade ; c'est donc une affaire de *plus*
» ou de *moins*. »

Nous prions l'auteur de vouloir bien considérer que nous avons soutenu une chose incontestable et incontestée : à savoir, que les faces du tracé polygonal *échappent complétement* au ricochet, dans une foule de cas où les faces du tracé bastionné n'y échappent point.

Quant à l'affaire du *plus* ou du *moins*, elle est d'une très-haute importance, puisque l'artillerie prise en rouage est promptement détruite et se trouve par conséquent dans de mauvaises conditions pour soutenir une lutte éloignée.

Sur ce point, nous pouvons invoquer la grande autorité de Vauban, qui disait, à propos de ses tours de Neuf-Brisach : « elles n'ont pas lieu de craindre le *ricochet*
» ni les *bombes*, qui sont les foudres des places de ce
» temps (1). »

Il est à remarquer, au surplus, que le tir à ricochet, avec les canons rayés lançant des projectiles creux à fusée percutante, est bien plus dangereux qu'il ne n'était autrefois avec les canons lisses lançant des projectiles pleins. Des expériences, faites en Belgique, en Prusse et en Autriche, le prouvent surabondamment.

VIII. Dans son évaluation du nombre des pièces qui peuvent battre la campagne, M. Prévost compte celles de la courtine. « Rien n'empêche, dit-il, de donner au parapet
» de la courtine du front bastionné le relief que M. Brial-
» mont donne à la sienne. »

Tel n'était pas l'avis de Cormontaingne, et tel n'est pas

---

(1) *Mémoire,* du 20 juin 1698.
Choumara dit : « un des moyens les plus terribles de l'attaque des places est l'emploi des batteries à ricochet (p. 23). »
Bousmard est du même avis.

non plus l'avis des généraux Noizet et Mengin-Lecreux, tous très-forts sur les propriétés du tracé bastionné.

Cormontaingne, pour mieux couvrir les angles d'épaule et la courtine, réduisit à deux pieds le commandement de ces parties sur la demi-lune ; et le général Noizet voulait que l'on donnât à la courtine le relief strictement nécessaire pour tirer dans la campagne « par-dessus les extrémités » des faces de la demi-lune. »

Le général Mengin-Lecreux dit, de son côté : « Rien » n'empêcherait d'élever davantage la courtine ; mais nous » jugeons ordinairement préférable de moins exposer cette » ligne, afin de mieux conserver ses feux pour les dernières » périodes du siége. »

Après ces témoignages, on ne comprend pas que M. Prévost dise : « Nous avons cherché vainement en quoi la » hauteur de la courtine est liée aux dimensions horizon» tales du front. »

L'exhaussement de la courtine donnerait lieu aux objections suivantes :

1° Ce serait un palliatif plutôt qu'un remède, parce que les dehors du front bastionné interceptent non-seulement les feux de la courtine, mais encore ceux d'une partie des faces ;

2° Dans certains cas, l'exhaussement de la courtine exposerait au ricochet la seule ligne du tracé bastionné dont il soit difficile de prendre le prolongement ;

3° Cet exhaussement aurait pour résultat de diminuer l'espace intérieur, déjà fort restreint dans le tracé bastionné, et de gêner la circulation sur les remparts ;

4° Si la courtine était transformée en cavalier, les canons de ses extrémités ne pourraient plus venir en aide à ceux des flancs, propriété à laquelle Vauban (1) et Cormontaingne attachaient une grande importance, parce qu'elle sert de correctif à l'un des plus grands défauts du tracé bastionné : *l'insuffisance du flanquement, à la fin du siége;*

5° L'exhaussement de la courtine équivaudrait à la création d'un cavalier; or, pour comparer deux tracés, on doit les placer dans les mêmes conditions, et négliger les moyens complémentaires de défense, tels que contre-gardes, traverses, cavaliers, parados, retranchements intérieurs, mines, etc.

La vieille École française n'a jamais proposé l'exhaussement de la courtine, et il n'en est pas question non plus dans les derniers tracés de Metz, ni dans l'*Essai historique*, publié récemment par le commandant de Villenoisy.

IX. Bien que M. Prévost soit prêt à prouver « *histoire en main* que le ricochet n'a pas eu dans les siéges la part que quelques officiers veulent lui attribuer, » il conseille « d'appliquer le principe de Choumara, et de tracer les crêtes de feu de manière à éviter le plus possible les effets du ricochet. »

La même inconséquence se remarque chez Noizet, qui, après avoir parlé du ricochet avec assez de dédain, recommande de « briser les parapets des faces pour rompre le ricochet, *si dangereux dans les siéges* (T. I, p. 151). »

Nous constatons que le principe de l'indépendance des

---

(1) Voir l'*Attaque des places*, édition Augoyat, p. 129, et les planches 12 et 13 de la *Défense des places*, édition Valazé.

escarpes et des parapets a été souvent invoqué par les partisans du tracé bastionné, pour repousser les conclusions de leurs adversaires, bien que dans la pratique ils n'aient pas encore admis ce principe. On n'en a fait jusqu'ici aucune application en France. Le général Tripier le qualifie « d'expédient (p. 213) ; » le général Noizet dit « ce n'est qu'exceptionnellement et lorsque les besoins de la défense l'exigent impérieusement, qu'il y a lieu de se départir de la règle admise par les anciens ingénieurs de faire suivre aux parapets la direction des escarpes ; » (T. I, p. 152) et le commandant de Villenoisy proclame que, « toute fortification qui oblige à faire de trop nombreuses brisures de crêtes est mal tracée (p. 258). »

Pour ce qui regarde l'aveu fait par nous que, dans les forts de 4 à 6 côtés, les fronts polygonaux sont plus exposés au ricochet que les fronts bastionnés, M. Prévost n'en peut tirer aucun argument en faveur de sa thèse, puisque les officiers du génie français sont généralement d'avis que le tracé bastionné donne de mauvais résultats, quand on l'applique à des fronts de moins de 250 mètres de longueur. C'est la raison pour laquelle ils ont construit à Lyon et à Cherbourg des forts qui se rapprochent du type polygonal, et qu'ils ont élevé tout récemment à Metz et à Paris des improvisés (1) qui sont une application rigoureuse de ce type.

X. M. Prévost dit que, pour lui « il est évident que les

---

(1) Le fort *des Bottes* à Metz ; ceux *des Hautes bruyères* et de *Montretout* à Paris.

« deux tracés sont dans les mêmes conditions au point de
« vue de la lutte éloignée. »

Cela n'est pas évident du tout, au contraire! Vauban, qui mieux que personne avait pu constater l'infériorité de l'artillerie de la défense, établie sur des remparts découverts et ricochables, ne la faisait agir qu'à la fin du siége.

Cormontaingne était, sur ce point, d'accord avec lui. « L'expérience de la guerre, dit-il, nous apprend que si le
« canon entrait en action au début de la défense, *il serait
« infailliblement démonté en peu de temps et mis hors de
« service pour tout le reste du siége.* »

Depuis cent cinquante ans cette opinion a été admise non-seulement en France, mais encore dans d'autres pays.

Le général d'Arçon, un des ingénieurs les plus distingués de la fin du siècle dernier, soutenait, avec l'approbation de ses camarades, que « le canon ne joue plus dans la défense qu'un rôle purement *accessoire.* »

Le commandant Prévost n'est pas de cette école et nous l'en félicitons ; mais pour démontrer que le front bastionné se prête aussi bien que le front polygonal à la défense éloignée, il est obligé d'admettre deux choses : 1° Que la courtine sera transformée en cavalier (ce qui est inadmissible, comme nous l'avons vu plus haut) ; et 2° que l'artillerie ricochée des faces de bastions agira sur la campagne avec la même efficacité que l'artillerie non ricochée des faces du tracé polygonal (ce qui est contraire à l'évidence).

XI. Suivons maintenant l'auteur dans la comparaison qu'il fait entre les deux tracés, au point de vue de la défense rapprochée.

Avant d'aborder cette question, il passe en revue nos divers types de fronts, au sujet desquels il fait des critiques qu'il nous est impossible d'admettre :

„ 1° Le type fig. 1 (pl. IX de l'atlas du *Traité de forti-*
„ *fication polygonale*) présente des angles morts, *préjudi-*
„ *ciables à l'assiégé*, au pied du talus du pan coupé et des
„ crochets du ravelin, au pied du talus extérieur des bat-
„ teries des ailes du ravelin et de la caponnière, entre les
„ flancs de la courtine et les extrémités des batteries
„ basses qui flanquent la caponnière. „

Si l'auteur avait fait attention aux profils, à la plongée des embrasures, à la dispersion de la mitraille et à la présence de l'eau dans les fossés, il aurait reconnu que la plupart de ces espaces morts n'existent pas et qu'aucun d'eux n'offre le *moindre danger*.

Lui-même, du reste, semble de cet avis, puisque, dans son projet d'attaque du type fig. 1 (projet qui sera exposé et discuté plus loin), il ne tire aucun parti de ces « dangereux angles morts. „ Sous le rapport du flanquement, le type dont il s'agit se trouve dans les mêmes conditions que le front d'Anvers ; or M. Cosseron de Villenoisy reconnaît, dans son *Essai historique,* « que le flanquement du fossé
„ de ce dernier front est parfaitement assuré, du moins
„ par le canon (p. 374). „

2° « L'ennemi attaquera probablement deux saillants de
„ ravelins en même temps. De cette façon, les feux de
„ l'un ne pourront plus venir en aide à l'autre, quand l'as-
„ siégé les aura abordés de près. „

L'observation serait exacte si les ravelins étaient organisés comme les demi-lunes des fronts bastionnés ; mais nous avons eu soin d'établir, aux saillants de ces ouvrages, des casemates à feux de revers que l'on peut masquer jusqu'au couronnement du glacis, et dont l'intervention opportune créera de très-grandes difficultés à l'assiégeant.

3° « Installées au saillant du chemin couvert du rave-
» lin, les contre-batteries se trouveront en présence des
» batteries des ailes ; mais ayant à leur disposition un
» plus grand espace, elles pourront leur opposer un plus
» grand nombre de canons. »

Pour arriver à cette conclusion, l'auteur suppose que tous les feux du corps de place seront éteints, et que les traverses et le réduit, au saillant du chemin couvert, seront rasés (de manière que l'ennemi puisse disposer de toute la crête du glacis).

Cette supposition est inadmissible ; acceptons-la cependant pour faire à la critique la part la plus large.

Rien ne prouve que des canons, mal installés dans une tranchée à ciel ouvert, doivent nécessairement réduire au silence un moindre nombre de canons, d'un plus gros calibre, établis dans de bonnes casemates.

On peut même se demander, en présence des effets de l'artillerie nouvelle, comment l'assiégeant parviendra à construire et à mettre en action les batteries du couronnement, sous le feu de deux casemates dont quelques embrasures seront protégées par des masques en fer. De cette grande difficulté qui préoccupe tous les ingénieurs, M. Prévost ne semble avoir aucun souci. Il suppose ses contre-batteries installées au saillant du glacis, et, pour écarter toute objection quant à leur efficacité, il fait la réflexion

suivante : « L'assiégeant peut opposer, à cette époque du
» siége, « *autant de canons qu'il lui plaira* à ceux de son
» adversaire. Les pièces qui voient le fossé du ravelin ne
» tarderont donc pas à être réduites au silence. »

Erreur. Après le couronnement du chemin couvert, l'ennemi ne peut opposer à l'assiégé que le feu de ses contre-batteries et celui de quelques mortiers et obusiers, établis dans la dernière parallèle. A cette époque du siége, les batteries éloignées sont généralement obligées de se taire, pour ne pas atteindre ou inquiéter les travailleurs et les gardes de tranchées.

XII. Vauban disait : « Il faut se conduire (dans l'attaque)
» par rapport au plus ou moins de pièces que les places
» peuvent opposer à l'ennemi; » et dans un mémoire de 1669, il faisait observer « qu'au siége de Montmédy, il y eut des temps où l'on n'avançait pas de 60 pas en 8 jours. »

M. Prévost, à l'exemple de Maurice de Sellon et de Mangin, avance prestement jusque sur la crête du glacis et éteint ensuite sans difficulté les batteries basses du ravelin, après quoi tout marche à souhait. Il passe le fossé
« presque sans autre difficulté que celle résultant de la
» présence de l'eau, » s'empare du ravelin et « à l'aide d'un
» nombre suffisant de fourneaux de mine, ouvre de *larges*
» *trouées* dans le ravelin, vis-à-vis des batteries basses de
» la courtine qui flanquent les fossés de la caponnière.

» Pendant ce temps, dit-il, l'assiégeant organisera son
» artillerie du glacis, et quand la trouée sera faite dans le
» ravelin, il luttera avec plus de canons que l'assiégé n'en
» possède en cet endroit.

» Les mêmes canons démoliront aussi la petite escarpe
» en maçonnerie de la face de la caponnière, ou tout au
» moins y amorceront des trous pour le mineur. D'ailleurs
» cette escarpe n'a que $4^m,50$ de hauteur (au-dessus de
» l'eau), et quelques gradins, installés à l'extrémité du
» passage du fossé, permettront de l'escalader. Nous ne
» tenons aucun compte des pièces de la courtine ; elles sont
» réduites au silence depuis longtemps. »

Voilà ce qui s'appelle marcher rondement ! Maurice de Sellon n'eût pas fait mieux. On sait que cet ingénieur, dans son projet d'attaque du fort d'Alexandre, après avoir réduit au silence l'artillerie du front principal, couronne le glacis et met en brèche le corps de place, en tirant par une trouée faite dans la contre-garde ; il monte ensuite à l'assaut, sans s'inquiéter des feux de la caponnière. « Le corps de place occupé, dit-il, il faudra prendre la tour à la Montalembert qui sert de réduit : *c'est une affaire d'artillerie.* »

On ne saurait traiter avec plus de dédain une arme qui depuis le commencement jusqu'à la fin du siége joue le principal rôle dans la défense !

Il est clair que si l'on ne tient compte ni de l'artillerie de la courtine, ni de la nature aquatique du sol, ni des travaux de mines de l'assiégé, ni de l'énorme difficulté de trouer un ravelin dont les branches ont plus de 40 mètres d'épaisseur dans le prolongement des fossés de la caponnière, ni des sorties de la garnison (qu'à Anvers on a cherché à rendre aussi faciles et aussi efficaces que possible), ni de la supériorité qu'ont les batteries casematées sur les batteries à ciel ouvert, ni de la prévoyance la plus vulgaire qui commande au gouverneur de conserver, coûte que coûte, l'artillerie nécessaire pour entraver le couronnement du chemin couvert, les passages de fossés et les logements sur les dehors; si de tout cela on ne tient nul compte, et si, de plus, on suppose que tout est possible à l'assiégeant, rien à l'assiégé, le mode d'attaque proposé par le commandant Prévost offre, sans doute, quelques chances de succès.

Mais si de la fiction on passe à la réalité, les choses se présentent sous un tout autre aspect :

Vauban a fait connaître, dans un mémoire manuscrit de 1703, comment Landau doit être attaqué. S'il avait cru qu'il est facile de pratiquer à la mine une large trouée dans une contre-garde précédée d'un fossé plein d'eau, il n'aurait point proposé de former une tranchée *à la pelle,* « pour donner jour aux batteries des chemins couverts et se » mettre en état de faire voir les tours bastionnées jus- » qu'au tiers de leur élévation... manœuvre très-possible, » dit-il, mais qui demande du temps et du travail. » Cette trouée, d'après ses calculs, exige 48 heures, « en la combinant avec un exhaussement de 3 pieds du terre-plein des batteries du chemin couvert, destinées à faire brèche. » On renverse ensuite par la mine la gorge de la contre-garde, pour combler le fossé de la tour et arriver à la brèche.

Cormontaingne et Choumara, peu convaincus de l'efficacité de ce moyen (en faveur duquel on ne pourrait, du reste, citer aucun fait concluant), supposent, dans leurs projets d'attaque du front de Neuf-Brisach modifié, que l'assiégeant établira ses batteries de brèche sur le terre-plein de la contre-garde et fera une descente dans le fossé, opération, qui d'après Cormontaingne exige 8 jours, et d'après Choumara 11 jours. Ce mode d'attaque a paru généralement plus sûr, bien que Vauban prétende « qu'on le pourrait à peine exécuter en *un mois!* »

Le déblai par la mine, dans un terrain sablonneux où la nappe d'eau se trouve à un mètre environ sous le terrain naturel et où les derniers fourneaux comblent souvent les entonnoirs formés par les premiers, est donc aussi peu admissible que le mode de dérasement des parapets par le tir des bombes, à l'aide duquel Bousmard voulait accélérer l'attaque du front de Coehoorn.

La trouée faite à Bapaume en 1847, dans une contre-garde, revêtue à l'escarpe et à la contrescarpe, ne change pas nos convictions à cet égard (1); et la preuve que cette expérience (la seule qu'on ait faite jusqu'ici) n'a pas modifié non plus les convictions des officiers du génie français, c'est que, dans le cours d'attaque donné à Metz, on ne propose pas de trouer la demi-lune, pour battre en brèche l'angle d'épaule du bastion, par le fossé du réduit.

Si ce mode d'attaque était praticable, les ingénieurs français ne reviendraient pas aujourd'hui au 3ᵉ tracé de Vauban, car il suffirait de faire une trouée dans la contre-garde de ce tracé pour battre en brèche, du couronnement du chemin couvert, les tours bastionnées qui flanquent son retranchement général.

---

(1) La contre-garde de Bapaume n'avait que 20 mètres d'épaisseur; pour la miner en 42 heures, on attaqua à la fois l'escarpe et la contrescarpe, ce qui ne serait pas possible dans un siège.

S'il l'on avait attaqué seulement par l'escarpe, on aurait eu besoin de 84 heures, de l'aveu de la commission d'expérience (voir son rapport publié en 1852). Nul ne saurait dire de combien de jours ce temps devrait être majoré, si le mineur de l'attaque était exposé aux camouflets et aux sorties de la défense.

M. le capitaine Ratheau, dans son *Étude sur la fortification polygonale*, publiée en 1862, propose, il est vrai, de déblayer à la mine le rentrant du couvre-face général du *Fort Royal* de Montalembert, pour battre en brèche le corps de place et la caponnière, au moyen de deux batteries logées dans les réduits des places d'armes rentrantes (1); mais les conditions dans lesquelles se ferait cette opération sont moins défavorables que celles où se place le commandant Prévost. En effet, par suite d'une organisation vicieuse des communications, l'assiégeant logé sur le couvre-face général du *Fort Royal*, serait à l'abri des retours offensifs de la garnison et pourrait, dès lors, compléter, au moyen de la pelle et de la drague, le travail toujours incomplet des mines.

Cette circonstance n'avait pas échappé à Maurice de Sellon, et néanmoins, dans son projet d'attaque du *Fort Royal*, il ne propose pas de trouer le couvre-face par la mine. Le procédé auquel il donne la préférence est le dérasement à l'aide du canon, moyen imaginé par Bousmard et reconnu inefficace par plusieurs expériences décisives.

M. Ratheau invoque, à tort, selon nous, l'opinion de Vauban pour justifier son mode d'attaque. Il est très-vrai que cet illustre ingénieur a proposé, dans le *Traité de la*

---

(1) M. Ratheau ne doit pas avoir une très-grande confiance dans ce moyen, puisqu'il dit, à propos du mode d'attaque proposé par Maurice de Sellon : « Je crains que » les boulets même creux ne suffisent pas pour enlever cette partie du couvre-face; le » travail devra donc se faire à la mine, *soit mieux encore avec des travailleurs,* quand » on sera maître de l'ouvrage avancé (p. 22). »

défense des places, de faire une trouée dans la demi-lune pour battre en brèche le réduit, au moyen des batteries du chemin couvert; mais tout prouve que c'était à l'aide de la pelle et de la drague qu'il entendait former cette trouée. Les termes « ouvrir et *aplanir* les brèches des demi-lunes » et, mieux encore, les explications dans lesquelles il entre à propos du même moyen proposé pour l'attaque de Landau, ne laissent aucun doute à cet égard.

Quoi qu'il en soit, si le mode d'attaque par la mine était efficace dans les conditions où M. Prévost propose de l'employer, on devrait l'appliquer dans les mêmes conditions aux fronts bastionnés, et comparer ensuite la durée de la défense dans les deux cas, avant d'en tirer une conclusion défavorable au tracé polygonal. Or c'est ce que n'a point fait notre honorable contradicteur.

XIII. M. Prévost continue, dans les termes suivants, la description de son mode d'attaque :

« L'ennemi, maître de la caponnière, ne fera pas la faute
» de s'aventurer dans le formidable rentrant de la courtine
» et des flancs. M. Brialmont fait observer avec raison
» que ces flancs, n'ayant joué aucun rôle dans la défense
» éloignée, seront intacts. Nous sommes aussi de cet avis,
» mais nous ignorons pourquoi M. le colonel Brialmont ne
» nous fait pas la même concession pour les flancs du front
» bastionné. »

La raison en est bien simple : les flancs bastionnés ne sont pas couverts par une caponnière, ils ne sont pas tracés perpendiculairement à une ligne non ricochable, et ils n'ont pas pour mission d'agir seulement au dernier moment. On les voit de loin, par la trouée entre la demi-lune et le corps de place, et ils sont pris à revers par les batteries qui ricochent les faces des bastions.

XIV. L'examen des types, figures 2 et 8, pl. IX, de notre *Traité de fortification polygonale,* inspire à M. Prévost la réflexion suivante :

« Les ailes du ravelin sont casematées ; l'ennemi aura dès
» lors souvent intérêt à les détruire de loin par la trouée du
» fossé, de manière à désorganiser les casemates. »

L'auteur veut parler, sans doute, des batteries basses à la Haxo, qui flanquent les branches du ravelin, batteries très-rases sur l'eau et dont il suffit de masquer les embrasures (avec de la terre ou du fer), pour les mettre à l'abri des coups plongeants des batteries éloignées.

Les canonniers ennemis pourront sans doute voir « s'ils manquent le fossé ; » mais on n'est pas en droit de conclure de là, comme le fait M. Prévost, que leur tir « sera facile à diriger et efficace. » Au lieu de : « ils peuvent être cer-
» tains que tout projectile qui longera ce fossé atteindra
» quelque chose d'important, » M. Prévost aurait dû dire :
« ils peuvent être certains que tout projectile qui longera ce fossé n'atteindra que de l'eau ou de la terre, les embrasures des batteries flanquantes étant invisibles de loin et masquées. »

XV. Dans son projet d'attaque du type fig. 4, pl. IX, M. Prévost propose d'installer sur le couvre-batteries les canons destinés à éteindre les feux des batteries qui flanquent la tête de la caponnière.

Ici à l'impossibilité de faire une trouée dans le massif du ravelin se joint une deuxième impossibilité, celle d'établir une puissante batterie sur un masque en terre de 10 mètres d'épaisseur, enfilé par le corps de place, qui a sur ce masque un commandement de 7 mètres.

Pour conseiller de pareils travaux, M. Prévost doit supposer qu'il n'y aura plus un seul canon sur les remparts et que le gouverneur manquera absolument de talents et de qualités militaires.

XVI. Dans l'attaque du type fig. 5, pl. IX, M. Prévost est amené à proposer un autre tour de force *inexécutable* : Pour démontrer que la tête de la caponnière peut être attaquée de loin (ce que nous avons nié), il dit : « un projectile lancé dans une direction parallèle à la » contrescarpe du couvre-face MN, et rasant l'extrémité » de la branche du ravelin, rencontrerait le flanc de la » caponnière, sous un angle tel, qu'il briserait facilement » les murs des casemates de ces flancs. »

Or cette contrescarpe, qui doit servir de jalon au canonnier ennemi, est à 1 mètre sous la crête du glacis, et son prolongement tombe sur le ravelin du front collatéral. Il est donc impossible d'en prendre le prolongement exact.

XVII. Passant à l'examen du dernier type, celui que représente la figure 6, pl. IX, M. Prévost dit qu'il le préfère aux deux autres, parce qu'il y trouve « du bastionné. »

Cependant la perpendiculaire n'est que de $1/40^e$; les flancs, de 11 mètres de longueur, ne battent pas la campagne, et les parapets des faces sont parallèles au côté extérieur.

Mais tout bizarre que soit ce tracé, il comporte 2 pièces casematées, situées en arrière du côté extérieur, et battant l'escarpe des faces; cela suffit pour que l'honorable critique le trouve digne d'être recommandé.

Il n'a pas fait attention que, lorsque l'ennemi sera maître de la caponnière, les deux flancs bastionnés joueront exactement le même rôle que les deux seconds flancs des tracés polygonaux purs, représentés par les fig. 1, 2, 3, 4 et 5, pl. IX.

M. Prévost soutiendra sans doute qu'après avoir pris la caponnière, l'assiégeant exécutera le passage du fossé au saillant du polygone, et qu'alors les colonnes d'assaut seront prises en flanc dans l'étroit couloir qui existe entre l'escarpe et le couvre-faces.

Cela est vrai, mais il suffira d'écrêter le couvre-face à coups de canon (1) ou de lancer des fascines, des gabions ou des sacs à terre dans le couloir, pour préserver les colonnes de ce danger, les flancs n'ayant pas de batterie haute.

XVIII. Le fossé du ravelin étant très-large au saillant, « il y a là, dit M. Prévost, une vaste trouée par laquelle » on peut contre-battre de loin ceux des feux de l'enceinte » et du couvre-face qui flanquent le ravelin et son fossé. »

---

(1) Cette opération aura pour résultat de combler en partie le couloir avec les terres provenant des entonnoirs formés par l'explosion des obus.

Nous lui ferons observer que la contre-garde (simple masque, de 8^m d'épaisseur) ne procure pas de feux à la défense et que l'artillerie des faces de l'enceinte peut être contre-battue de tous les points de la campagne.

L'ennemi n'est donc pas obligé d'établir ses pièces à l'arrondissement de la contrescarpe, sous le feu rapproché et dominant du corps de place.

La grande largeur du fossé est justifiée par l'intérêt qu'a la défense d'augmenter les difficultés de la construction du passage, qui est l'opération la plus dangereuse du siége.

XIX. Le type, fig. 6, pl. IX, suggère encore à M. Prévost d'autres réflexions que nous ne pouvons laisser sans réponse.

  « Puisque, dans ce type, M. Brialmont admet un tracé
» bastionné, il reconnaît donc que rien ne s'oppose à ce
» que ce tracé soit adopté pour l'enceinte.

» Dans tout ce qu'il a écrit sur les caponnières, les ra-
» velins, les contre-gardes, leurs fossés, leurs chemins
» couverts et dans toutes les dispositions, formes et
» dimensions qu'il a adoptées pour ces dehors si savam-
» ment organisés, rien ne suppose que le tracé du corps
» de place soit polygonal ou bastionné ; avec de légères
» modifications, ils peuvent rester les mêmes, dans un cas
» comme dans l'autre. »

Si M. Prévost avait essayé d'appliquer nos dispositions essentielles à une enceinte bastionnée, il n'aurait pas fait cette remarque. Comme beaucoup de ses camarades, il a négligé de vérifier ses assertions avec le compas et l'équerre. Nous avons donné des types de fronts polygonaux, où rien n'est omis. Nos contradicteurs prétendent que les propriétés de ces types peuvent être assurées aux fronts bastionnés, mais ils ne produisent aucun dessin à l'appui de cette assertion.

Nous avons la conviction que la discussion ferait un grand pas et que nous finirions peut-être par nous entendre, si nos projets étaient comparés à des types de fronts bastionnés, dessinés avec le même soin.

Nous déclarons volontiers à notre honorable contradicteur que, s'il modifiait son tracé favori, de façon que les bastions fussent petits, bas et entièrement casematés (comme le sont ceux de la citadelle du Nord d'Anvers), que le corps de place se confondît avec le côté du polygone et pût tirer au-dessus des bastions, nous ne ferions aucune difficulté d'admettre ce tracé, qui ne serait, en réalité, qu'une modification peu importante du tracé polygonal pur (avec caponnière centrale), auquel nous donnons la préférence.

Nous accepterions encore le tracé bastionné pour des fronts de grandeur moyenne, si la perpendiculaire était réduite à $1/40^e$, si les flancs bas n'avaient que 11 mètres de longueur et étaient casematés, si les flancs hauts étaient supprimés et si les lignes de feu étaient tracées parallèlement au côté extérieur, comme dans la fig. 6, pl. IX, de notre *Traité de fortification polygonale*. Mais si l'on appliquait ce même tracé à des fronts de 1,000 mètres ou si l'on allongeait ses flancs, tous les défauts du tracé bastionné classique reparaîtraient ; c'est la raison pour laquelle nous nous sommes prononcé en faveur du tracé polygonal pur, tel qu'il est appliqué à Anvers.

XX. On ne peut nier que, dans la fortification bastionnée, il n'existe une liaison étroite et nécessaire entre le tracé et le profil, liaison qui, dans la généralité des cas, s'oppose à ce qu'on donne un grand commandement au corps de place. C'est encore un point contesté par notre honorable contradicteur et qui est cependant admis par les chefs de son école.

Le général Noizet établit la crête des flancs à $2^m,50$ au-dessus du cordon (1). « Voilà, dit-il, une disposition qui
» convient essentiellement aux flancs, puisqu'il importe
» que les coups qui en partent aillent se ficher au plus près
» dans le fond du fossé.

» La longueur de la courtine doit être réglée de façon
» que les coups les plus plongeants des deux flancs (tirés
» sous l'inclinaison de 1/6) ne se croisent pas avant d'at-
» teindre le sol. »

Or plus on raccourcit la courtine, plus les bastions deviennent grands, plus la ligne de défense diminue. La condition énoncée plus haut s'oppose donc à ce que l'on agrandisse les bastions et le relief des fronts, tant il est vrai que tout se tient dans le tracé bastionné et qu'il est impossible de créer un avantage sans tomber aussitôt dans quelque inconvénient. Pour être convaincu de cette vérité, il suffit de réaliser par le dessin la plupart des améliorations qui ont été proposées dans ces derniers temps.

Le minimum de longueur de la courtine avec un relief

---

(1) « Dans les cas ordinaires, dit-il (l'escarpe ayant 10 mètres de hauteur), on ne
» doit guère dépasser 2 ou 3 mètres pour la hauteur des talus extérieurs. »

absolu de 12 mètres, est 122 mètres, et le maximum, 300 mètres, limite extrême de la ligne de défense admise par l'école française.

La position, la longueur et le relief du flanc déterminent tous les éléments du tracé bastionné.

Noizet de Saint-Paul dit : « C'est donc le côté du poly-
» gone et la hauteur des flancs au-dessus du fossé, qui
» doivent régler la longueur des faces, ainsi que celle
» de la courtine; mais pour que la fortification soit d'une
» bonne proportion, il faut que l'ingénieur cherche à
» arranger les parties de manière que les faces ne varient
» qu'entre 60 et 40 toises environ, et la courtine entre
» 30 et 80 : car une courtine qui a plus de 80 toises ne
» peut pas être bien couverte. » (p. 55.)

Choumara approuve ce passage, tout en demandant qu'on donne plus de longueur aux faces.

A l'École militaire de Bruxelles on enseignait, il y a peu de temps encore : 1° que la profondeur des fossés est limitée par la nécessité d'éviter les angles morts, et 2° que la largeur maximum des fossés dépend de la longueur des flancs.

Vauban, pour satisfaire aux nécessités du tracé bastionné, a dû réduire le commandement du corps de place de Neuf-Brisach et de Landau à $6^m,50$. Cormontaingne est descendu à $5^m,80$, Bousmard à $6^m,20$, Noizet à 6 mètres ; Haxo a pu l'élever à $7^m,20$, et le front de Noizet modifié, qui servait encore en 1870 de type à l'École d'application de Metz, donne aux saillants des bastions un commandement de $7^m,50$. On ne pourrait aller au delà, sans violer les principes auxquels l'école française tient à rester fidèle.

Or tous les ingénieurs que nous venons de citer ont reconnu qu'il est très-avantageux de donner au corps de place un commandement élevé (1).

Depuis Deville et Pagan, le relief au-dessus du sol (il était alors de 9 mètres) a été successivement diminué par ceux-là même qui concluaient à la nécessité de l'augmenter. En présence de ce fait, nous avons le droit de dire que le tracé bastionné conduit logiquement à la fortification rasante, et qu'il méconnaît ainsi les besoins actuels de la défense qui rendent *indispensable* un grand relief au-dessus du sol. Sur ce point, nous sommes entièrement d'accord avec M. de Villenoisy, ex-professeur à l'école de Metz: « Si » l'on emploie, dit-il, le flanquement par des batteries » placées sur les remparts, l'obligation d'enfoncer les ma- » çonneries, d'avoir des crêtes assez basses pour battre » des fossés assez profonds, et celle non moins absolue de » conserver un grand commandement sur la campagne, » conduiront presque toujours à composer la fortification » de deux crêtes, l'une haute, l'autre basse (2). » (Ce qui revient à doubler l'enceinte au moyen d'un retranchement général, formant cavalier).

XXI. La fin du travail de M. Prévost est consacrée à l'examen du front d'Anvers.

---

(1) Cormontaingne disait : « on ne saurait avoir trop de commandement. »
(2) *Essai historique*, p. 396.

Haxo, Carnot, Choumara et Merkes ont proposé des fronts d'un relief plus considérable; mais ces fronts ont des défauts auxquels il n'a été possible de remédier qu'en multipliant les dehors, les casemates, les flancs bas, les glacis intérieurs, etc. C'est ce qui explique que la plupart des ingénieurs français les trouvent inférieurs, et de beaucoup, au front de Neuf-Brisach. (Voir les ouvrages de Prévost de Vernois, Tripier, de Villenoisy, etc.).

L'auteur reconnaît que ce front " est supérieur à ce
" qui a été fait, en général, jusqu'à ce jour, dans le
" système polygonal.

" Les détails y sont étudiés avec un soin minutieux,
" mais ils sont entachés du vice originel qui pèse sur la
" plupart des tracés de cette école, à savoir : *faire défendre*
" *par des dehors que l'ennemi abordera forcément les pre-*
" *miers... une enceinte qui reste à peu près à la merci de*
" *l'assiégeant, quand les dehors sont pris.* "

Nous avons réfuté plus haut cette objection (*Voir*, p. vi).
Il en est de même de la suivante :

« L'enceinte d'Anvers eût été bastionnée, qu'elle aurait
" opposé à l'artillerie de l'attaque tout autant de canons
" qu'avec sa forme actuelle. " (*Voir* p. xiv.)

XXII. « Le centre de la courtine, dit M. Prévost, là où
" trouve la caserne défensive, pourra seul prendre part à
" la lutte éloignée, les autres parties de cette courtine ne
" pouvant pas tirer par-dessus les ouvrages en avant, à
" moins qu'on ne dégarnisse ces derniers de leurs défen-
" seurs. Cette observation s'applique également aux oril-
" lons qui terminent les faces de l'enceinte.

" En outre, sur chaque face nous remarquons une
" centaine de mètres qui paraissent destinés à contribuer
" au flanquement des dehors et de leurs fossés. Cela sup-
" pose qu'on renoncera à utiliser cette portion de la face
" pour la défense éloignée. "

Ce passage renferme plusieurs inexactitudes : En effet,
l'enceinte et le ravelin peuvent tirer simultanément aux
grandes distances; pour s'en convaincre, il suffit de con-

struire les trajectoires correspondant à des portées de 1,000 à 2,000 mètres.

Le front d'Anvers se trouve, du reste, sous ce rapport, dans de meilleures conditions que n'importe quel front bastionné, exécuté ou proposé jusqu'à ce jour, son enceinte ayant un commandement de $5^m,50$, et sa caserne défensive, un commandement de 8 mètres, sur le ravelin.

Quant aux parties réservées sur chaque face pour la défense rapprochée, rien n'empêche de les utiliser pour la défense éloignée, puisqu'elles ne reçoivent la première destination qu'après le couronnement du chemin couvert. Leur situation est exactement la même que celle des parties de faces de bastions qui battent le fossé et le chemin couvert de la demi-lune.

XXIII. M. Prévost énonce dans les termes suivants un principe qui mérite d'être examiné avec soin :

« Il est une vérité qui finira forcément par se faire jour :
» c'est que la partie de la fortification qui doit agir de
» loin, doit être distincte de celle qui fonctionnera de près. »

Interprété logiquement, ce principe signifie que les flancs destinés à jouer un rôle à la fin du siége, ne doivent pas être confondus avec les remparts, destinés à porter des feux au loin. Il implique donc la condamnation de l'école française, qui admet des flancs situés au niveau du rempart et battant la zone extérieure, dans les secteurs privés de feux des bastions.

M. Prévost reconnaît que nous avons cherché à réaliser dans nos projets la « vérité, qui finira forcément par se faire jour. »

« Les flanquements de M. Brialmont, dit-il, sont géné-
» ralement doubles : ceux du haut luttent avec l'artillerie
» éloignée; ceux du bas sont réservés pour le moment où
» l'ennemi arrive au chemin couvert. »

Nous devons constater ici que l'honorable critique nous a très-mal compris. Il est un principe sur lequel nous revenons sans cesse, et auquel nous attachons la plus grande importance : c'est que les batteries flanquantes *doivent être soustraites autant que possible aux feux de l'ennemi.* Pour y satisfaire, il faut qu'on renonce absolument à l'idée de battre le terrain des attaques avec l'artillerie des flancs ; car ce qui voit est vu, et ce qui détruit peut être détruit (1). Nos batteries hautes n'ont d'autre but que de renforcer le flanquement du fossé (2) et la défense du chemin couvert, en créant un double étage de feux dont l'un rasant, l'autre plongeant. Ce dernier est éminemment utile pour lutter avec la contre-batterie. Sous ce rapport, nous ne sommes pas de l'avis de quelques ingénieurs allemands qui se contentent d'un seul étage de feux rasants. Selon nous, cette disposition n'est suffisante que pour des forts détachés et des fronts d'enceinte qui n'ont pas à redouter une attaque pied à pied.

XXIV. M. Prévost critique la direction et l'emplacement des deux grandes portes de ville du front d'Anvers.

---

(1) Nous avons constaté plus haut (à propos de la discussion sur les flancs des bastions) que M. Prévost est également de cet avis.

(2) Aussi proposons-nous de ne les armer qu'à la fin du siége, pour soustraire leur artillerie aux coups directs, d'enfilade ou de revers des batteries éloignées de l'attaque.

« Elles sont exposées, dit-il, à être battues de loin. L'en-
» nemi ne manquera pas de les canonner d'une manière
» continue, jusqu'à ce que ses cheminements soient arrivés
» au pied du glacis. »

Nous avons fait cette remarque avant lui : On lit, en effet, tome II, page 37, de notre *Traité de fortification polygonale* :

« Les débouchés des portes de ville, bien que sous-
» traits à la vue de l'assiégeant, peuvent être battus de
» loin par des pièces établies dans le prolongement des
» grandes communications, et tirant à feux plongeants
» au-dessus de la contre-garde de la caponnière. Si l'on
» n'avait pas été *obligé* de tenir compte, dans le tracé de
» ces portes, des exigences de l'autorité civile, on les
» aurait fait déboucher derrière les ailes de la caponnière
» (voir pl. XI, fig. 2). En même temps, on eût remplacé
» l'escarpe avec voûtes en décharge par un talus en terre,
» avec deux ou trois bermes. »

Le temps est passé où l'on pouvait tracer les grandes communications en zig-zag, comme l'étaient celles de la vieille enceinte d'Anvers, construite en 1540. (Voir l'atlas de M. Villenoisy, pl. 1, fig. 19.)

Nous ne connaissons pas une seule forteresse moderne, bastionnée ou polygonale, dont les portes de ville ne soient pas plus ou moins exposées aux feux plongeants de l'attaque.

Ce défaut a, du reste, peu d'importance lorsque la place possède, outre les grandes issues dont il s'agit, des poternes bien couvertes, par lesquelles les troupes pourront sortir jusqu'au dernier moment. Or chaque front de l'enceinte d'Anvers est pourvue de deux de ces passages purement militaires.

XXV. « Le colonel Brialmont, dit M. Prévost, ne nie
» pas la possibilité de tourmenter et de dégrader de loin
» les casemates qui flanquent les ravelins et les capon-
» nières, *surtout celles de la batterie basse du deuxième*
» *flanc* du corps de place. »

Nous n'admettons cette possibilité que pour les batteries basses, qui flanquent les ravelins. Celles qui flanquent les caponnières ne peuvent être atteintes que par des *coups de hasard*, l'ennemi n'ayant aucun moyen de prendre le prolongement du fossé de ces ouvrages et devant tirer au-dessus de deux masses couvrantes : le ravelin et la contregarde. Quant aux batteries basses des seconds flancs, il est certain qu'on ne peut les atteindre, ni directement, ni indirectement, d'aucun point des dehors. Il suffit de jeter les yeux sur nos plans, pour en être convaincu.

XXVI. M. Prévost prétend que la caponnière du front
» d'Anvers a le grave défaut de pouvoir être prise, sans
» qu'il soit nécessaire d'en contre-battre les flancs. »

(Nous avons vu, p. XIII, que cette objection n'a aucune valeur.)

Il juge très-dangereuses les traverses de la batterie haute de cette caponnière, et suppose qu'on les fera sauter au dernier moment, afin que l'ennemi ne puisse pas s'en servir pour protéger ses cheminements.

Il suffit d'examiner la situation de cette prétendue sape debout, dominée, enfilée et prise à revers par le corps de place et par la caserne défensive, pour comprendre que l'assiégeant n'en saurait tirer aucun parti. Au reste, les traverses dont il s'agit n'ont pas une si grande utilité qu'on ne puisse les démolir, s'il est prouvé qu'elles présentent le moindre danger.

XXVII. Il nous reste à examiner le mode d'attaque préconisé par M. Prévost pour le front d'Anvers.

Ce mode ne diffère pas de celui que nous avons réfuté, p. XXIII. Les mêmes impossibilités se présentent ici à un plus haut degré, puisqu'il s'agit d'une place à grand développement, pourvue d'une garnison nombreuse et dans laquelle tout est disposé pour faciliter les retours offensifs.

Après avoir réduit au silence les batteries du ravelin et l'artillerie du corps de place, qui flanque ce dehors, M. Prévost exécute le passage du fossé, se loge dans le talus extérieur du ravelin et attaque la batterie de revers par la mine.

« Quand l'assiégeant aura détruit cette batterie, il pra-
» tiquera avec ses fourneaux de larges trouées dans les
» parapets des ravelins, pour permettre à ses batteries,
» placées dans le couronnement du chemin couvert, de tirer
» à travers ces ouvertures, contre les pièces du corps de
» place qui subsisteraient encore et qui verraient le fossé
» sec de la contre-garde. »

(Comme il s'agit ici de raser le parapet et non de faire une large trouée dans le massif du ravelin, l'opération est exécutable).

« Quelques kilog. de poudre placés au pied de la
» palanque ou du mur détaché, achèveront de rendre

» l'assiégeant complétement maître de ce fossé. Il pourra
» donner l'assaut à la contre-garde et, se logeant dans le
» massif de la plongée, empêcher les assiégés de revenir
» occuper cet ouvrage. »

(Si quelques fusiliers, établis dans le parapet de la contre-garde, pouvaient empêcher l'assiégé de reprendre ce dehors, on devrait admettre, à plus forte raison, que l'artillerie et la mousqueterie de l'enceinte, et les sorties de la garnison empêcheraient l'assiégé de se loger dans une plongée de 7 mètres d'épaisseur.)

« Les défenseurs du petit système de mines, situé au
» saillant de la contre-garde, resteront donc isolés, et, pour
» ainsi dire, sans communications avec le corps de place. »

(Erreur : la galerie de la contre-garde a une porte donnant sur le fossé et par laquelle les mineurs pourront se retirer en barque pendant la nuit.)

« Dès lors, la guerre des mines cessera bientôt, parce
» que l'attaque, installée très au large dans le fossé sec
» *qui lui sert de parallèle,* prendra en flanc les rameaux
» de la défense. »

(Singulière parallèle qu'un fossé enfilé et plongé par l'artillerie et la mousqueterie du corps de place! La mousqueterie seule suffirait pour la rendre inhabitable.)

L'attaque formera ensuite une trouée dans la contre-garde, pour éteindre les batteries qui flanquent les fossés de la caponnière et faire brèche à l'escarpe des faces de cet ouvrage, au moyen de canons établis sur le ravelin ; « on
» évitera donc l'obligation de contre-battre directement
» les gigantesques flancs de la caponnière, si dispendieux
» à construire. »

— XLIV —

(Sans doute; mais on devra établir une batterie sur le ravelin, opération qui, d'après Vauban, exigera *un mois* (1), et on devra, en outre, faire par la mine une trouée dans la contre-garde, opération bien plus difficile et plus longue que ne le croit M. Prévost. Ce dernier suppose, il est vrai, que l'assiégé viendra en aide à l'assiégeant en déblayant une partie de la contre-garde, au moyen de ses fourneaux; mais il est prudent de ne pas trop compter sur l'ignorance de ceux que l'on combat. Évidemment le mineur de la défense se contentera d'enfoncer les rameaux de l'attaque au moyen de camouflets.)

M. Prévost soutient que « pour permettre aux pièces
» établies dans la trouée du ravelin de contre-battre celles
» du second flanc (c'est premier flanc qu'il fallait dire) qui
» protégent le fossé de la caponnière, on doit déraser uni-
» quement le parapet de la contre-garde. »

Nouvelle erreur! L'inspection de la planche X prouve, en effet, que, pour atteindre la batterie basse casematée du premier flanc — bien autrement efficace que la batterie haute — l'assiégeant devra déblayer non-seulement le parapet, mais encore le terre-plein de la contre-garde, sur une hauteur de plus de 2 mètres.

Tel est le mode d'attaque que propose M. Prévost. Il est peu probable que les camarades de l'auteur s'y rallient,

---

(1) A Anvers, la difficulté serait bien plus grande qu'à Landau : Vauban supposait la contre-garde mise en brèche, et faisait monter les pièces par la rampe ainsi formée. A Anvers, au contraire, le talus extérieur du ravelin serait intact au débouché du passage, et l'on devrait y pratiquer une rampe à la pelle.

La place d'Anvers offre aussi plus de facilités que Landau, pour les retours offensifs.

malgré leur désir de voir la fortification polygonale succomber dans la discussion que nous avons ouverte sur la valeur relative des tracés.

XXVIII. « En résumé, dit M. Prévost, nous n'avons rien
» trouvé dans le livre de M. Brialmont qui prouve que le
» grand principe du bastionnement des enceintes soit à
» abandonner.

» Nous croyons, au contraire, qu'il doit être plus que
» jamais conservé et qu'il augmentera de beaucoup la
» valeur des fortifications que l'auteur propose d'adopter. »

Ici M. Prévost fait allusion à un projet qu'il indique vaguement, et qui satisfait, selon lui, à toutes les nécessités de la défense :

« Pour nous, dit-il, une place ne sera véritablement en
» état de lutter contre les armes nouvelles, que si elle se
» compose de hautes batteries en terre, soit casematées,
» soit à ciel ouvert, ayant à leur pied une enceinte bas-
» tionnée basse qui ne devra agir que de près. »

Conformément à ce principe, il voudrait remplacer chaque front d'attaque de la place d'Anvers par « trois fronts
» bastionnés, en arrière desquels on construirait un cava-
» lier de 1,000 mètres de développement, pour satisfaire
» aux exigences de la défense éloignée. »

Que M. Prévost dessine ce triple front dans tous ses détails, qu'il en détermine la dépense et l'armement, nous verrons ensuite laquelle des deux combinaisons offre le plus d'avantages. Il n'est pas à supposer que cette comparaison fût défavorable au front d'Anvers.

La même remarque s'applique à la modification que

M. Prévost propose d'apporter à ce dernier front par le bastionnement de l'enceinte (1).

En donnant au corps de place des flancs casematés, armés de trois pièces (sans rien changer à la caponnière ni aux dehors), il espère obliger l'ennemi « à établir ses » contre-batteries dans le couronnement, au saillant du » polygone »; et en brisant le parapet des faces de manière à former trois crochets parallèles au côté du polygone, il croit « rendre ces faces aussi peu ricochables que celles du » front d'Anvers, tout en créant ainsi deux flancs complé- » mentaires sur chaque face. »

M. Prévost ne fait pas attention que ses flancs casematés, perpendiculaires à la berme du fossé capital, pourraient être battus, et par conséquent détruits de loin, rien n'étant plus facile que de prendre le prolongement de cette berme, jalonnée par les saillants des trois crochets.

Il n'est donc pas vrai que ces flancs seraient exposés seulement aux canons que l'ennemi installerait dans le chemin couvert, après la prise de la caponnière.

« Les crochets, dit M. Prévost, comme tout ce qui est » flanc, ne devront être armés que quand l'ennemi aura » commencé ses cheminements sur le glacis. »

Si cela est possible, pourquoi l'auteur n'admet-il pas qu'on puisse armer au dernier moment les parties des faces des fronts d'Anvers qui battent les fossés et les chemins couverts des ravelins?

Nous ajouterons que la construction de trois crochets sur

---

(1) Voir le *Spectateur militaire* : Février 1870.

chaque face augmenterait de beaucoup le cube des terrassements et donnerait lieu à un inconvénient que le commandant de Villenoisy a signalé dans les termes suivants :

« Il existe une relation obligée entre les crêtes et les
» magistrales, pour que le champ de tir ne soit pas trop
» limité dans le sens vertical; il y aurait aussi un incon-
» vénient grave à perdre un très-grand espace entre la
» magistrale et le parapet en arrière, par suite d'une
» direction entièrement divergente de la crête, et l'on peut
» dire avec certitude que *toute fortification qui oblige à
» faire de trop nombreuses brisures de crêtes n'a pas été
» bien tracée.* »

Somme toute, la proposition de M. Prévost « de marier les deux systèmes dans un même front, » ne nous semble pas très-heureuse. Cette union produirait des *métis* qui auraient la plupart des défauts de leurs parents, sans posséder leurs qualités essentielles.

III.

XXIX. *L'essai historique sur la fortification*, publié par M. Cosseron de Villenoisy en 1869, est écrit avec un grand esprit de modération. Si l'on tient compte de la situation de l'auteur et des ménagements que lui imposaient ses fonctions de professeur de fortification à l'École de Metz, on doit reconnaître qu'il appartient à la fraction la plus avancée du corps du génie.

« M. Prévost, dit-il, pense que si la fortification théori-
» que, telle qu'il l'a vu enseigner, n'est pas arrivée à la
» perfection absolue, elle en approche cependant beau-
» coup, et que les dispositions adoptées pour résister
» aux anciennes armes suffisent et suffiront longtemps
» encore, pour braver tous les efforts de l'artillerie mo-
» derne. Je ne puis me ranger à cet avis, et je crois
» qu'il y a énormément à faire pour maintenir l'art
» défensif au niveau des progrès de l'attaque et de l'ar-
» mement. »

Depuis Carnot, M. de Villenoisy est le premier officier du génie français qui ait rendu justice à Montalembert. Il le juge dans les termes suivants : « Montalembert est peut-
» être l'homme qui a fourni le plus d'idées nouvelles à la
» fortification (p. 271).....

» Ses productions se ressentent de son ignorance des
» règles de la construction ; mais il était homme de guerre,

» avait l'intuition de la puissance qu'étaient au moment
» d'acquérir le canon et les petites armes, et comprenait
» mieux qu'aucun de ses contemporains ce dont avait
» besoin la défense pour lutter contre l'ascendant irrésis-
» tible de l'attaque (p. 302).....

» On a cherché à atténuer la force des critiques de
» Montalembert, et malgré les assertions de ses contra-
» dicteurs, la plupart des défauts qu'il a signalés existent
» au moins en partie, mais il en a beaucoup exagéré l'im-
» portance (p. 274).

Il n'est pas étonnant qu'un esprit aussi éclairé et aussi impartial reconnaisse que « les systèmes polygonaux ont
» l'avantage de la simplicité et qu'ils se dérobent à l'enfi-
» lade et au ricochet » (p. 287). Avec la même loyauté, il avoue que « le défaut imputé aux flancs des bastions d'être
» battus de revers par les pièces qui enfilent les faces, est
» *grave* (p. 275). »

« Tout le monde, dit-il, devra reconnaître avec Monta-
» lembert que le canon est l'âme et la base de la défense
» des places; que cette défense n'est possible que si les
» ouvrages, portés très au loin, permettent à la garnison
» d'écarter l'ennemi des murailles, et si l'on a eu le soin
» de préparer des abris pour elle, son artillerie, ses vivres
» et ses munitions. Tout le monde aussi accepte la sim-
» plification des formes de la fortification, les petits
» ouvrages et les petites chicanes devenant de plus en
» plus impuissants à lutter contre la force irrésistible du
» boulet. »

Bien que le tracé bastionné lui semble préférable (pour des raisons que nous examinerons plus loin), il admet que, dans certains cas, le tracé polygonal convient mieux (1) et, dans d'autres, le tracé en crémaillère. *Tout dépend*, dit-il, *du terrain.*

Cette formule un peu vague, qui revient à chaque instant sous sa plume, permet à M. de Villenoisy d'esquiver la difficulté de préciser davantage ses idées et de faire connaître les cas où le tracé bastionné est supérieur au tracé polygonal.

Le seul renseignement précis que nous ayons trouvé à cet égard dans son livre est le suivant : « le tracé bastionné, « composé de lignes courtes dont la longueur et l'inclinai- « son peuvent varier dans de larges proportions, paraît « d'une application plus commode dans les terrains acci- « dentés, où il doit être souvent difficile d'établir et de « flanquer les longues lignes d'un système polygonal « (p. 288). »

Cette observation n'est pas fondée. La fortification polygonale admet, en effet, des fronts de toutes longueurs (depuis 50 jusqu'à 1,000 mètres), tandis que les fronts bastionnés sont soumis à des limites que l'on est convenu de fixer entre 200 et 600 mètres. Ces derniers ont en outre l'inconvénient d'être repliés en dedans, suivant une règle qui ne laisse pas toujours une grande latitude à l'ingénieur. Il en résulte que les fronts polygonaux sont plus faciles à appliquer aux terrains accidentés : conclusion admise du reste par la plupart des ingénieurs et justifiée par les fortifications de Coblentz, d'Ulm, de la citadelle de

---

(1) *Essai historique*, p. 374.

Posen et de la place de Kertch, construites toutes en pays de montagnes. Si M. de Villenoisy avait besoin d'une preuve plus directe pour être convaincu, nous accepterions volontiers le défi d'appliquer, au site de Metz, des forts polygonaux occupant les mêmes emplacements que les forts bastionnés et se pliant mieux au terrain que ces derniers.

XXX. Dans les systèmes polygonaux, dit M. de Villenoisy, « on ne parvient pas à supprimer entièrement les
» angles morts, même avec le secours des casemates et
» des batteries basses.
» Le tracé bastionné est le seul qui remplisse les conditions
» d'un flanquement complet (p. 287). »

Cette remarque ne serait fondée que si l'on pouvait supprimer la tenaille, ouvrage éminemment utile et dont le rôle est devenu plus important que jamais, depuis l'introduction de l'artillerie rayée. La tenaille couvre en effet le débouché de la poterne et la place de rassemblement en capitale du front, protége les revêtements des flancs et de la courtine, permet à l'assiégé de former un retranchement partiel, et fournit des feux rasants dans le fossé capital et dans les dehors.

« La sûreté primitive du corps de place, dit avec raison
» Choumara, a été altérée par l'introduction de la tenaille
» dans le rentrant de la courtine (p. 296). »

Il n'y a peut-être pas en Europe une seule place bastionnée qui soit exempte d'angles morts. Ce défaut, du reste, lorsqu'il ne dépasse pas certaines limites, a moins de gravité que ne le prétend mon honorable contradicteur.

La condition la plus importante pour toute fortification est d'avoir *des flancs indestructibles de loin, et des faces non ricochées, dominant le terrain des attaques.*

Or le tracé bastionné ne satisfait qu'imparfaitement à cette condition. On en trouve la preuve dans le livre même de M. de Villenoisy.

« Vauban, dit-il (p. 171), ne croyait pas prudent de
» compter sur le seul flanquement par le canon, qui peut
» faire défaut à la fin d'un siége, et il a rarement accepté
» des lignes de défense dépassant 250 mètres. »

C'est également parce que l'expérience lui avait appris que l'artillerie des flancs est généralement éteinte avant le couronnement du chemin couvert, qu'il conseille, dans son *Attaque des places,* de construire des embrasures biaises aux extrémités de la courtine (lesquelles, à cause de ce rôle spécial, s'appelaient *flancs de courtine).*

Un aveu plus explicite de la faiblesse des flancs se trouve dans la remarque suivante de Vauban, faite à propos des tours bastionnées de Landau : « Les embra-
» sures de ces tours ne peuvent pas être embouchées
» (atteintes) des batteries de l'attaque, non plus que celles
» de leurs casemates, *auquel cas toutes ces pièces subsis-*
» *teront,* et pourront, à l'aide des fossés pleins d'eau cou-
» rante, faire une deuxième défense qui sera très-bonne. »

Ce grand désir de soustraire les flancs aux atteintes des batteries éloignées, est une preuve manifeste du peu de confiance que lui inspiraient les flancs mal protégés des contre-gardes de ses deuxième et troisième tracés.

XXXI. M. de Villenoisy émet, au sujet des flancs, une

opinion qui s'écarte beaucoup de celle qu'une longue expérience avait suggérée à Vauban. Ce dernier, en effet, cherchait à les cacher de plus en plus pour les soustraire à l'action des batteries éloignées. M. de Villenoisy, au contraire, veut que les flancs prennent part à la lutte dès le début du siége. « De nos jours, dit-il, la zone dans laquelle
» s'exerce l'action de la défense s'étant agrandie avec la
» portée des armes, on *ne saurait conserver au flanque-*
» *ment le rôle restreint qu'il avait il y a peu d'années*
» *encore*. Il ne faut pas en limiter l'action au fossé et au
» couronnement du chemin couvert. La fortification d'une
» place doit être tracée de manière à diriger des feux
» croisés sur tous les points où l'ennemi aura intérêt à
» s'établir. » (p. 87) (1).

Nous admettons la nécessité des feux croisés, mais ce n'est pas à l'aide des flancs qu'on doit y pourvoir. *Tout flanc battant de loin peut-être détruit de loin et manque dès lors son but*. Il n'existe pas de principe moins contestable que celui-là.

Les feux croisés doivent être obtenus par l'emploi des dehors, et c'est pourquoi Vauban (2), Haxo, Choumara et la plupart des ingénieurs jugent la demi-lune indispensable à toutes les places organisées pour une défense active.

---

(1) En réponse à une objection de Montalembert contre le tracé bastionné, M. de Villenoisy dit, p. 316 : « On peut diriger des feux suivant la ligne des capitales, en
» appliquant le principe de l'indépendance des parapets et des escarpes ou *en utilisant*
» *les crêtes des flancs* et des demi-lunes. »
Des demi-lunes, oui, mais des flancs, non !

(2) L'ingénieur Thomassin, dont M. de Villenoisy a compulsé les manuscrits, dit que la demi-lune était « l'ouvrage de prédilection de Vauban. » (Thomassin fut pendant de longues années le secrétaire de Vauban.)

Tel n'est pas l'avis de l'honorable professeur de Metz :
« *La demi-lune*, dit-il, *est un dehors accessoire* que l'on
» peut très-bien supprimer sans faire abandon du principe
» fondamental du flanquement. Si elle masque les feux de
» la courtine, elle en donne d'autres dont la direction
» peut, selon les circonstances, être meilleure ou moins
» avantageuse; on ne peut donner de règle générale à
» cet égard (p. 275). »

A notre sens, toutes les fois que la demi-lune est supprimée, le front bastionné perd une grande partie de sa valeur. Non-seulement ce dehors est nécessaire pour donner des feux croisés sur les secteurs privés de feux des bastions, il est encore indispensable pour couvrir les flancs dans certaines directions, pour favoriser les retours offensifs contre les travaux rapprochés de l'assiégeant, pour couvrir les flancs des bastions et augmenter les difficultés du tir plongeant contre l'escarpe de la courtine. M. de Villenoisy fait observer avec raison, que Vauban n'a « cessé de se préoccuper de réunir par la demi-lune les avantages des systèmes bastionnés et tenaillés (p. 421). »

« Quand il n'y a pas de demi-lune, dit Choumara, (p. 447), les flancs peuvent être contre-battus de plusieurs points... » « Ce dehors offre donc des avantages précieux. » Haxo est du même avis : il considère la demi-lune comme un dehors indispensable à toute place qui doit être organisée pour une défense active.

XXXII. L'auteur de l'*Essai historique* n'aime pas les *systèmes* de fortification; pour s'en moquer avec plus d'autorité, il prétend que Vauban « n'a jamais eu de *système*,

» et qu'il a toujours donné des prescriptions spéciales pour
» chaque place, pour chaque ouvrage à construire (p. 168). »

C'est une erreur :

Dans un mémoire du 7 octobre 1687, Vauban dit, à propos du projet de fortification de Landau : « J'ai pris
» l'occasion de ce projet pour proposer *un système* qui a
» bien quelque air de nouveauté, mais qui pourtant n'est
» qu'une simple amélioration de l'ancien.

» ... Je crois qu'on le pourrait rendre praticable et
» très-utile à toutes les places où l'on voudrait l'employer,
» spécialement à celles de la 2e et 3e ligne. »

Il énumère ensuite longuement les propriétés de ce système, qu'il appelle *un enfant de la nécessité*.

Dans son *Traité de la défense des places*, il dit : « De
» tous les *systèmes* de fortification que l'usage a intro-
» duits, celui des tours bastionnées est, sans contredit, le
» meilleur. » (p. 26., éd. de 1829.)

Le colonel Augoyat (t. I, p. 145 de son *Aperçu historique*) fait observer que « ce *système* est le seul qui soit véri-
» tablement propre à Vauban. »

M. de Villenoisy donne du reste un démenti à son assertion, dans le passage suivant :

« Les tours bastionnées occupent une place importante
» dans le *système* défensif imaginé par Vauban à la fin de
» sa carrière; mais elles ne sont qu'un détail du *système*
» qui devait, dans la pensée de l'auteur, réunir les immu-
» nités d'une enceinte polygonale et non ricochable aux
» avantages du tracé bastionné, comme celui-ci, par l'ad-
» jonction des demi-lunes, s'était déjà approprié ceux du
» tracé tenaillé (p. 180). »

L'honorable critique tire donc un peu sur ses compatriotes, ses amis et ses camarades, lorsqu'il dit : « C'est » une *manie* assez inoffensive que d'inventer des fronts de » fortification, de les douer de propriétés aussi superbes » que chimériques et d'en prôner l'application en tout lieu » (p. 393). »

Cette *manie*, Vauban l'a eue, et Dieu sait s'il attribuait de grandes propriétés à ses fronts de Landau et de Neufbrisach (1)! Cochoorn l'a eue au même degré, bien qu'il fût d'avis que « chaque terrain réclame une fortification spéciale. » L'un et l'autre se sont dit, sans doute, que si les maîtres de l'art n'arrêtaient pas d'avance quelques *types* de fronts, les ingénieurs ordinaires seraient souvent embarrassés dans la pratique.

Tout le monde connaît le *front* de Cormontaingne que les ingénieurs français ont appliqué « en tout lieu » sans tenir compte de la supériorité que présente, de l'aveu de M. de Villenoisy, le tracé polygonal « pour certains sites. »

Plus récemment, le général Haxo a créé un *front* dans lequel M. de Villenoisy trouve « qu'il y a des idées heureuses. » (p. 255.)

Le général Noizet a suivi cet exemple, et son *front*, légèrement modifié, servait encore de modèle aux élèves de l'école de Metz, en 1870.

---

(1) Dans son mémoire du 20 juin 1698 sur Neuf-Brisach, il dit, entre autres : « Il faut avouer que toutes ces propriétés qui ne se trouvent point dans les autres *systèmes* et notamment cette prolongation certaine de la défense *d'un grand tiers ou de la moitié de plus*, sans exposer la place à être emportée, acquiert un grand mérite au *système* et le met fort au-dessus des autres. »

M. de Villenoisy lui-même a esquissé un véritable *front type*, en faisant l'observation suivante (1) :

« Ce que l'on doit surtout remarquer, c'est la difficulté
» extrême d'obtenir un relief de rempart qui satisfasse à
» la fois aux exigences du commandement sur la campagne
» et de la surveillance des fossés. De notre temps, il s'y
» en joint une autre, par suite de l'obligation où l'on se
» trouve de couvrir très-strictement la maçonnerie. Il
» semble bien difficile d'y satisfaire par un seul et même
» ouvrage, ce qui amènera peut-être à composer les
» enceintes d'une double ligne, l'une de combat, l'autre
» destinée surtout à assurer la sécurité de la place
» (p. 134.) »

Cette observation confirme ce que nous avons dit au sujet de l'impossibilité de remplir, avec le tracé bastionné, la condition si importante de donner aux remparts un commandement élevé sur la campagne. Logiquement, ce tracé conduit à la fortification rasante et à la construction de deux enceintes, l'une basse, propre seulement à la défense rapprochée, l'autre haute, disposée pour le combat aux grandes distances.

---

(1) Puisque M. de Villenoisy, par la force du raisonnement (appuyé sans doute sur l'expérience), est amené à proposer un *front* ou un *type* différent de celui de l'École de Metz, il a eu tort, nous semble-t-il, de faire la réflexion suivante (p. 393) : « On a beau-
» coup écrit, beaucoup disputé sur le mérite comparatif des systèmes bastionnés
» polygonaux, tenaillés... Le temps est venu, à ce qu'il semble, de faire justice de
» discussions *oiseuses et surannées*, car l'on n'arrive ainsi à rien de pratique. La force
» du boulet est d'une autre nature que celle du raisonnement. »
Sans doute ; mais quand le raisonnement tient compte de la force du boulet, il devient invincible. Or c'est ce qu'a fait Vauban en créant ses fronts de Landau et de Neuf Brisach, et c'est ce qu'ont fait également les auteurs des *fronts* exécutés ou proposés depuis cinquante ans, en Allemagne, en Angleterre, en Belgique et ailleurs.

Le commandant Prévost est arrivé à la même conclusion ; et elle a été admise également par les auteurs des nouveaux forts de Metz, puisque les batteries hautes de ces forts sont entourées d'une enceinte à faible commandement, destinée seulement à les mettre à l'abri d'une attaque d'emblée.

L'idéal des ingénieurs français est actuellement le troisième tracé de Vauban, dans lequel le retranchement général serait transformé en cavalier.

Lorsqu'on examine de près cette disposition, on reconnaît non-seulement qu'elle est très-onéreuse, mais qu'elle offre encore de sérieux inconvénients au point de vue de l'action directe et de la protection réciproque des ouvrages. Dans le front de Neuf-Brisach, les détails ont été coordonnés avec une précision si grande et si minutieuse, qu'il serait difficile d'y toucher sans troubler l'harmonie de l'ensemble et sans altérer ses qualités primitives. Pour être fixé sur ce point, comme sur la question financière et la question de l'armement, attendons que les ingénieurs français aient dessiné le nouveau front-type auquel ils semblent donner la préférence en ce moment.

V.

XXXIII. Le colonel du génie Lagrange, ancien professeur de fortifications à l'École militaire de Bruxelles, fut un adversaire déterminé de la fortification polygonale (1), et il a été loué après sa mort pour avoir condamné dans son enseignement les principes de fortification qui ont été appliqués à Anvers.

Nous croyons avoir répondu victorieusement à ses critiques, dans le n° 232 du *Journal de l'Armée belge*.

Elles n'offrent pas assez d'intérêt pour être reproduites ici ; nous n'en excepterons que deux ou trois, qui ont été reproduites par son successeur, le capitaine Deboer et par d'autres adversaires de l'école allemande.

» Il faut, dit le colonel Lagrange, six batteries casematées basses par front polygonal, pour flanquer entièrement l'escarpe, tandis que deux suffisent au front bastionné, dans les cas les plus défavorables. »

C'est une erreur : les fronts polygonaux bien conçus n'exigent que quatre batteries basses casematées. Les types d'Anvers et ceux que nous décrirons dans le chap. VIII, en fournissent la preuve.

Quant aux deux batteries casematées qui suffisent pour

---

(1) Voir la note insérée par cet ingénieur, dans le Tome II du *Cours d'art militaire* du major Fallot. Cette note porte la date de 1865.

flanquer le front bastionné « *dans les cas les plus défavorables,* » on a vu plus haut que ces batteries laissent sans défense les fossés des flancs et de la courtine, lorsque le front est pourvu d'une tenaille ; dans ce cas, le flanquement complet par l'artillerie devient *impossible,* comme l'a reconnu loyalement le major du génie Fallot : « On objectera pro-
» bablement dit-il, que, par ce tracé de la tenaille, tout le
» contour de l'orillon et du crochet est privé de feu, ainsi
» que le fossé du flanc ; mais nous avons fait voir, à diffé-
» rentes reprises, l'impossibilité de le défendre par les feux
» du rempart, dans tous les tracés, en tenant compte du
» relief, dès qu'on admet une tenaille. » (T. III. p. 287.)

Pour remédier au mal, le major Fallot, et après lui le colonel Lagrange, ont proposé de remplacer le revêtement plein des flancs et de la courtine par un revêtement en décharge « en sorte que, par cette substitution, sans aug-
» mentation de frais, les fossés longeant les revêtements
» fussent défendus sur tous les points par une mousque-
» terie à bout touchant. »

Que devient en présence de cet aveu l'argument si souvent reproduit, que la fortification bastionnée est la seule qui assure un flanquement rigoureux à l'escarpe, sans l'intervention de casemates ou de flancs bas ?

XXXIV. « La comparaison entre une place polygonale et une place bastionnée de même grandeur et de même forme ne peut se faire équitablement, dit le colonel Lagrange, que si l'on adopte, pour les fronts de l'une et de l'autre, *la même longueur de ligne de défense, et non la même longueur de côté extérieur.* »

En procédant de la sorte, on augmente le nombre des fronts et l'amplitude des angles du polygone de la place bastionnée; en adoptant au contraire l'autre base, les angles des deux polygones restent les mêmes. Dans le premier cas, on parvient à prouver que les faces du bastion sont plus facilement interceptées par les dehors que les faces du front polygonal; dans le second, on arrive à une conclusion tout opposée.

Quoique le colonel Lagrange appelle la comparaison entre les polygones de même nombre de côtés, « un subterfuge aussi vain que puéril, » nous prétendons que c'est la seule qui soit équitable et rationnelle.

Comparer un octogone polygonal de 750 mètres de côté extérieur à un dodécagone bastionné de 500 mètres de côté extérieur, sous prétexte qu'ils ont la même longueur de ligne de défense, serait aussi peu logique, selon nous, que de comparer entre eux, comme l'a fait M. Ratheau, un hexagone polygonal de 560 mètres de côté, un décagone bastionné de 360 mètres et un carré polygonal de 910 mètres, sous prétexte que ces polygones « enceignent la même surface. »

Par conséquent, toutes les conclusions que tire le colonel Lagrange de la comparaison des deux tracés, au point de vue de la ricochabilité des faces, n'ont aucune valeur et doivent être rejetées comme fausses. Cette remarque s'applique surtout à la fameuse allégation que, dans le tracé polygonal, « tout est face » et non « courtine, » comme le prétendent les partisans de ce tracé.

XXXV. « Le demi-front polygonal, dit le colonel La-

» grange, n'est autre chose qu'un front bastionné irrégulier
» à courtine brisée... Un front bastionné régulier, tracé
» entre les deux saillants, serait plus avantageux. »

Cet argument a été produit pour la première fois par le général Tripier. Nous l'avons réfuté tome I, page 73, du *Traité de fortification polygonale*.

N'est-il pas étrange qu'après avoir reconnu toute espèce de défauts au tracé polygonal, certains adversaires de ce tracé prétendent qu'il constitue un double tracé bastionné ? Il serait sans doute plus conforme à leur thèse de soutenir qu'il n'a rien de commun avec ce tracé. — Constatons aussi que ces adversaires reprochent tantôt à la caponnière d'être un dehors, tantôt d'être un bastion déguisé. C'est une inconséquence semblable à celle dans laquelle sont tombés les partisans de la fortification bastionnée qui, tout en reprochant au tracé polygonal d'exiger des batteries flanquantes séparées du corps de place, établissent les batteries casematées de leurs fronts dans la tenaille, véritable *dehors* dont la surveillance n'est pas plus facile que celle de la caponnière et qui offre moins de facilités pour assurer les communications de la place avec la demi-lune, en même temps que pour soustraire les casemates flanquantes aux batteries éloignées de l'attaque.

Invoquant ce fait, que le tracé bastionné a de plus grandes lignes de défense, pour une même longueur de front, que le tracé polygonal, le colonel Lagrange se croit en droit de qualifier « d'erronée » l'opinion de ceux qui prétendent que le tracé polygonal convient mieux aux petits fronts que le tracé bastionné.

Si l'on n'avait à considérer que l'étendue du champ de

tir, le colonel Lagrange aurait raison ; mais ce qui rend le tracé bastionné si défectueux, comparé au tracé polygonal, quand on l'applique à de petits polygones de quatre à six côtés, c'est l'exiguïté des bastions, l'impossibilité de donner aux flancs une longueur convenable et le rétrécissement excessif de l'espace intérieur. Sur ce point, le capitaine Deboer est d'accord avec MM. de Villenoisy, Ratheau et la plupart des ingénieurs français qui fixent à 200 ou 250 mètres la limite inférieure du front bastionné.

« Si le côté extérieur, dit le capitaine Ratheau, descend
» au-dessous de cette limite, le tracé bastionné n'a plus de
» valeur, n'a plus de raison d'être. »

Le même auteur avoue que « le tracé polygonal se prête
» plus facilement que son concurrent à l'allongement et
» *au raccourcissement* du front. »

Telle était aussi l'opinion du major Fallot, qui, ayant à tracer, en 1835, une citadelle sur la Montagne de tous les Saints, à Diest, conclut que le terrain n'avait pas assez d'étendue pour admettre des bastions. Il proposa en conséquence une espèce de fort polygonal, composé de 6 fronts de 100 mètres de longueur.

Nous ferons à ce sujet une remarque qui frappera sans doute le lecteur : c'est que les partisans de la fortification bastionnée sont aujourd'hui en désaccord sur tous les points essentiels de leur doctrine ;

Le croisement des lignes de défense que le général Prévost de Vernois, le commandant de Villenoisy [1] et le

---

[1] *Résumé des leçons sur l'application de la fortification au terrain* (autographié).

capitaine Deboer, considèrent comme un « défaut, » semble « une propriété » au colonel Lagrange et au général Mengin-Lecreux, et constitue, d'après le général Tripier, « le *principal* mérite » du tracé.

MM. Noizet, Ratheau, de Villenois, Fallot, Deboer et d'autres ingénieurs (1), considèrent le tracé bastionné comme perdant ses propriétés essentielles lorsqu'on l'applique à de petits côtés; le colonel Lagrange, au contraire, prétend que c'est dans ce cas surtout qu'il est supérieur aux autres tracés.

MM. Prévost et de Villenoisy soutiennent que la demi-lune n'est pas une partie essentielle du front bastionné; Bousmard, Chasseloup, Choumara et Fallot soutiennent le contraire, et l'ingénieur Thomassin nous apprend que la demi-lune était « l'ouvrage de prédilection de Vauban. »

MM. Noizet, de Villenoisy et Deboer sont d'avis que « le » tracé bastionné est le seul qui remplisse les conditions d'un » flanquement complet; Choumara, au contraire, reconnaît » qu'il y a un espace mort en avant de la tenaille (2) » et le major Fallot fait observer que l'on ne peut arriver à ce flanquement complet qu'en établissant des galeries d'escarpe crénelées sous les flancs et sous les courtines.

M. Prévost ne veut pas que les flancs prennent part à la lutte éloignée; MM. Tripier et de Villenoisy sont d'un avis tout opposé.

---

(1) La même opinion fut soutenue par le général Bertrand, en 1833, à propos des fortifications de Paris.

(2) Page 115, édition de 1847.

La plupart des ingénieurs français prétendent que la longueur de ligne de défense doit être réglée sur la portée efficace du fusil, et ils fixent en conséquence cette longueur à 250 mètres, au plus à 350. Chasseloup, Choumara, Ratheau et Merkes croient, au contraire, qu'en fait de flanquement, on doit compter avant tout sur la mitraille, la mousqueterie étant impuissante à briser les échelles et à retarder l'exécution des travaux de sape que l'assiégeant doit exécuter dans le fossé, avant de donner l'assaut.

« Les courtines, dit Choumara, ne servent presque à rien
» pour la défense; leur véritable destination est d'empêcher
» les angles morts; donnons-leur la grandeur nécessaire
» pour atteindre ce but ; » Cormontaingne dit, au contraire : « la courtine est la partie la plus forte de l'en-
» ceinte.... ainsi les courtines doivent être longues. »

Le commandant de Villenoisy et le colonel Lagrange prétendent que la fortification bastionnée s'applique mieux au terrain que la fortification polygonale; MM. Noizet, Ratheau, de la Barre du Parcq, Bernaldez (1), Fallot et Ratheau, sont d'un avis contraire.

M. le colonel Lagrange avoue que les constructeurs des nouvelles places allemandes « ont saisi le terrain avec un
» incontestable talent et neutralisé de la sorte, en partie,
» les défauts inhérents au système; » c'est également l'avis du général Todleben (2) ; M. de Villenoisy le conteste for-

---

(1) Voir les opinions de ces ingénieurs, page 228, Tome I de nos *Etudes sur la défense des États*.
(2) Voir notre *Traité de fortification polygonale*, Tome I, page 93.

mellement, dans les réflexions qu'il fait sur les places de Coblentz et de Rastadt.

D'après ce même ingénieur, un *grave défaut* du tracé bastionné est d'exposer les flancs aux feux de revers des batteries qui ricochent les faces des bastions; le général Mengin Lecreux trouve ce défaut « léger et facile à corriger, au moyen de parados. »

Le colonel Lagrange et le général Mengin-Lecreux sont d'avis que le tracé bastionné est dans de meilleures conditions que le tracé polygonal pour résister au ricochet; MM. Fallot, Ratheau, Noizet et Prévost sont d'un avis opposé.

MM. Deboer et Choumara prétendent qu'on peut donner aux flancs des bastions telle longueur que l'on juge convenable; le général Noizet dit, au contraire « le tracé usuel » du front bastionné a l'inconvénient de proportionner » toutes les parties de la fortification à la longueur du côté » extérieur.

Le général Noizet et Noizet de St-Paul admettent que le tracé bastionné établit une relation souvent gênante entre les directions et les longueurs des diverses parties du front; sur ce point, le colonel Lagrange est d'un avis différent, puisqu'il dit dans sa note : « Rien de plus simple que le tracé bastionné. »

« Le tracé bastionné, dit le capitaine Deboer, est le seul » qui se flanque complétement sans le secours de casemates » basses; » le major Fallot est d'un avis contraire, puisqu'il déclare qu'il est impossible d'obtenir un flanquement rigoureux dans le tracé bastionné, sans casemater les flancs de la tenaille et sans donner aux flancs et à la courtine des escarpes crénelées.

La même divergence de vues se remarque à propos du ricochet, que les uns qualifient, avec Vauban, de « foudre des places » et que les autres (MM. Noizet, de Villenoisy et Prévost) trouvent « peu redoutable. »

Le général Mengin soutient que la surveillance du fossé est plus difficile dans le tracé polygonal que dans le tracé bastionné; le commandant de Gaubert est, au contraire, d'avis que cette surveillance « est plus facile. »

Ces citations prouvent qu'il règne une grande anarchie dans le camp des défenseurs du tracé bastionné, et qu'ils auront beaucoup de peine à se mettre d'accord sur les propriétés *actuelles* de ce tracé.

VI.

XXXVI. M. le général Tripier a publié, dans la *Revue militaire française* (n° de janvier 1870), un article qui a pour titre *la Fortification polygonale de M. le colonel Brialmont*. Le but de cet article est de justifier le passage suivant d'un livre du même auteur (*la Fortification déduite de son histoire*), dont nous avons fait la critique dans notre *Traité de fortification polygonale* :

« Le front bastionné est une forme que l'on n'a pas faite
» à plaisir, qui s'est faite d'elle-même par la force des
» choses, qui s'impose et qui s'est imposée à Montalembert
» comme à tout le monde ; tout front polygonal (fig. 8, pl. I)
» n'est rien autre chose que la réunion de deux fronts bas-
» tionnés ABCGHI, IJKDEF, dont les courtines CG, KD
» sont très-petites, parce que les fossés sont flanqués par
» des galeries dont les feux sont peu élevés au-dessus de
» leur fond. »

La principale raison qui nous a déterminé à combattre cette assimilation du front polygonal à deux fronts bastionnés, est la suivante :

A ne considérer que le tracé, on peut sans doute soutenir que la caponnière GHIJK est un petit bastion ; mais la comparaison cesse d'être vraie, lorsque l'on fait attention au relief de cet ouvrage, qui doit être réglé de façon à ne pas intercepter les feux de la courtine CD.

» Dans le tracé bastionné, au contraire (fig. 9), le bastion GHIJK doit être au même niveau que les courtines ; de sorte qu'on ne pourrait pas réunir les points C et D par une ligne non ricochable, ayant la même action sur le terrain des attaques que la courtine CD du front polygonal (fig. 8). »

M. le général Tripier oppose à cette objection des raisonnements et des allégations au sujet desquelles nous aurons plusieurs observations à présenter.

« Pour que, dit-il, les coups partant des flancs HG et
» JK (fig. 8) battent bien le fossé, il faut les tenir au
» niveau du plafond ; et pour que les faces HI et JI soient
» flanquées, il faut les voir par des flancs BC et DE.
» Voilà donc le croisement des feux, ici comme partout
» ailleurs ; et relevez un peu les flancs, *ce qui est nécessaire*,
» vous avez deux fronts bastionnés ; Montalembert et son
» école ne s'en sont pas aperçus. »

La seule analogie qu'il y ait entre le front polygonal et le front bastionné, c'est que dans l'un comme dans l'autre il y a croisement de feux ; mais ce croisement, dans le premier, n'a pas pour résultat de diminuer la longueur du front, comme dans le second. Ainsi, avec une ligne de défense de 500 mètres, par exemple, le côté extérieur du front polygonal peut avoir 1000 mètres de longueur, tandis que celui du front bastionné est limité à 750 mètres environ.

Cette différence justifie les ingénieurs qui considèrent le croisement des lignes de défense du tracé bastionné comme un défaut, et il condamne ceux qui, à l'exemple de M. le général Tripier, disent : « Ce n'est pas un défaut, vous n'y
» avez pas fait attention. Le croisement des feux et des

« traits dans la défense est vieux comme le monde. »

Il y a bien des choses vieilles comme le monde qui n'en sont pas meilleures pour cela. Le croisement des lignes de défense est de ce nombre. Il pouvait être utile à l'époque où l'attaque s'adressait aux courtines; il a cessé de l'être depuis que les brèches se font aux bastions.

Quant à prétendre qu'il suffit de « relever un peu « les flancs de la caponnière, *ce qui est nécessaire* » pour avoir deux fronts bastionnés, nous ferons observer 1° que la nécessité de relever les flancs n'existe pas pour des fronts exposés seulement aux attaques de vive force, et 2° que, même dans le cas où il est indispensable de donner aux batteries flanquantes un commandement sur la contre-batterie, on peut tenir la caponnière à un niveau assez bas pour qu'elle n'intercepte pas les feux du rempart.

En affirmant que nous préconisons « exclusivement les flancs bas, » M. le général Tripier a commis une erreur contre laquelle protestent nos projets et nos écrits.

« Montalembert, dit-il, partisan des feux de flanc élevés, » a raison sur M. Brialmont, qui les repousse. »

Nous repoussons si peu les flanquements élevés, que les caponnières de l'enceinte d'Anvers et celles des fronts types du *Traité de fortification polygonale* (voir pl. IX et XI) ont des batteries hautes qui dominent de 4 mètres la crête du glacis, devant les saillants du polygone, et sur lesquelles néanmoins la courtine du corps de place a un commandement de 4^{m}50 à 6 mètres.

Il résulte de là 1° que nous apprécions tout aussi bien que les ingénieurs de l'école française la nécessité de donner aux flancs un commandement sur le glacis, *quand ceux-ci peuvent être couronnés;*

2° Que nous n'avons pas donné prise à ce dilemme de M. le général Tripier dont il prétend qu'il nous est « impossible de sortir : »

« De deux choses l'une : ou la caponnière est enterrée, » comme le veut M. Brialmont, et alors le flanquement » est décapité; ou elle s'élève au-dessus des ouvrages » qui la couvrent, et alors elle masque le corps de place » en arrière, qui perd une partie de ses feux. »

Les caponnières d'Anvers ne sont pas enterrées et elles ne masquent pas non plus les feux du corps de place en arrière. Nous avons eu soin d'éviter ce dernier défaut, qui dépare les caponnières de Montalembert, avec lesquelles il serait injuste de confondre les nôtres.

XXXVII. Le saillant de la demi-lune, dit le général » Tripier, n'est que l'avant-garde de celui du bastion, si » l'on peut s'exprimer ainsi; ces deux saillants n'en font » qu'un, ou plutôt ils sont soumis à une seule et même » attaque; celui de la masse couvrante de la caponnière » est à lui seul un saillant complet que l'on a d'autant plus » d'intérêt à attaquer, qu'il est le cœur de la défense, que » sa prise vous livre la place. »

Cette remarque n'est pas fondée. La vérité est : 1° que le front polygonal comme le front bastionné a un saillant (celui du ravelin) sur lequel l'assiégeant doit cheminer; 2° qu'il n'en a pas deux, et que par conséquent il n'est pas exact de dire que le tracé polygonal « crée un saillant de plus sur chaque côté du polygone; » 3° que les cheminements sur la capitale du ravelin sont plus efficacement contre-battus par l'artillerie du corps de place, que les cheminements sur la capitale de la demi-lune.

L'avantage reste donc sous ce rapport au tracé polygonal.

Est-il vrai, comme le dit le général Tripier, que l'ennemi a plus d'intérêt à attaquer le ravelin que la demi-lune, parce que le ravelin « est le cœur de la défense? »

Nous ne le pensons pas; l'intérêt est le même des deux côtés, car, ni le bastion ni la caponnière ne peuvent être attaqués avant la prise de la demi-lune ou du ravelin.

Au reste, ce n'est pas le ravelin, mais bien la caponnière qui est « le cœur de la défense. » Or, dans les fronts polygonaux bien conçus, la tête de ce dernier ouvrage est protégée par une contre-garde, dont l'assiégeant doit s'emparer pied à pied, après la prise du ravelin.

Dans l'attaque du front bastionné, l'assiégeant peut, lorsqu'il est logé sur la demi-lune et sur son réduit, faire brèche au bastion et pénétrer dans la place.

Dans l'attaque du front polygonal, au contraire, l'assiégeant, après avoir pris le ravelin et la contre-garde, doit faire brèche à la caponnière, prendre cet ouvrage, faire brèche ensuite au saillant du corps de place et pénétrer dans la ville par cette trouée, ou (ce qui est plus difficile encore) faire brèche à la courtine et franchir ensuite le fossé en arrière de la caponnière.

L'attaque du corps de place polygonal comporte donc plus de travaux que celle du front bastionné, et ces travaux exigent plus de temps et plus de sacrifices, étant mieux contre-battus par l'artillerie de la défense.

XXXVIII. De même que MM. Prévost, de Villenoisy et Prévost de Vernois, le général Tripier est d'avis que le progrès en fortification ne consiste pas à suivre les traces de Montalembert, mais bien à prendre pour point de départ le troisième tracé de Vauban.

« Vauban, dit-il, est arrivé à la double enceinte, dès
» qu'il a cherché à corriger les défauts du tracé bastionné
» simple et à corriger notamment *la faiblesse des flancs*,
» en les divisant et en les multipliant... »

« Les petits flancs ont l'avantage : 1° de donner pour le
» corps de place des fronts très-aplatis, c'est-à-dire s'ap-
» prochant de la ligne droite, maintenant si préconisée;
» 2° d'obliger l'ennemi à diviser ses feux ; 3° d'être
» plus facilement garantis des feux d'enfilade et de
» revers. »

Ces propriétés sont incontestables ; mais elles n'existent qu'à la condition de créer, pour le combat éloigné, une première enceinte à flancs ordinaires ; or cette enceinte étant ricochable et ayant des flancs exposés aux batteries des parallèles, offre peu de résistance et n'assure pas à l'artillerie une action suffisante sur le terrain des attaques.

C'est sans doute pour ce motif que MM. Prévost, Tripier, et de Vernois, proposent d'exhausser le retranchement général de Vauban, de telle sorte qu'il puisse battre la campagne par-dessus la contre-garde ; idée moins judicieuse et moins facile à réaliser qu'ils ne le supposent et qui, dans tous les cas, ne peut être attribuée à Vauban, comme l'a fait M. le général Tripier en disant :

» La tour bastionnée que Vauban était obligé de cacher

» *et qu'il montrerait avec les batteries blindées actuelles* (1),
» qui n'est rien autre chose que la caponnière de Monta-
» lembert et la grande traverse casematée en capitale de
» Choumara, représente l'accolement de deux flancs se
» garantissant réciproquement des feux de face et cou-
» verts par le haut contre les feux verticaux. »

Ce passage contient en effet deux erreurs :

1° Les tours bastionnées de Vauban, placées aux angles du polygone, ne ressemblent en rien aux caponnières de Montalembert, placées au centre du front. Ce ne sont que des bastions casematés, soustraits à l'action des feux verticaux et des feux d'enfilade.

2° Il est peu probable que Vauban, s'il vivait aujourd'hui, consentirait à transformer son retranchement général de Neuf-Brisach en cavalier, pour tirer par-dessus les contre-gardes.

Sur ce point nous sommes de l'avis du commandant de Villenoisy, qui dit : « L'intention formelle de Vauban
» est que le corps de place, entièrement masqué aux vues
» du dehors, ne soutienne pas de lutte avec les batteries
» de l'attaque, et n'entre en action qu'après la prise des
» bastions détachés qui sont les véritables ouvrages de
» combat, fortement armés afin de soutenir tout l'effort
» de l'assiégeant, mais entièrement soumis aux feux de
» l'enceinte en arrière.

---

(1) Le même général dit dans un autre passage de son livre : « Ce n'était pas la
» pensée de Vauban que d'annihiler l'action extérieure de la tour, mais les moyens
» d'exécution lui manquaient. On ne connaissait pas encore les casemates à la Haxo. »

» L'escarpe et les parapets du corps de place, se trou-
» vant ainsi cachés, pourront rester intacts jusqu'à la fin
» du siége. Ceci répond au reproche fait si souvent aux
» remparts de Neuf-Brisach, de manquer de vues exté-
» rieures. *Il n'y a pas là un oubli de Vauban, mais une
» disposition habilement calculée.* »

Nous sommes convaincu que tout projet de front dans lequel le retranchement général du tracé de Neuf-Brisach serait transformé en cavalier, présenterait de graves défauts. Cette transformation affaiblirait notamment la défense de la première enceinte, dont une partie ne serait plus soumise au feu du retranchement général. L'esprit sagace de Vauban ne s'y est pas trompé.

XXXIX. M. le général Tripier avait, dans son livre de 1866, préconisé le double front bastionné (fig. 9), comme étant préférable au meilleur front polygonal.

Il a depuis, reconnu les défauts de ce double front, qui crée un saillant en I, et expose au ricochet les courtines CG et KD, ainsi que les faces HI et IJ. Cependant il l'appelle encore « le front polygonal amélioré; mais en même temps il avoue que si le point I était sur la ligne AF, il n'y aurait plus que deux saillants au lieu de trois; que les courtines seraient parallèles au côté du polygone et que les faces HI et IJ seraient, sous le rapport du ricochet, dans les mêmes conditions que les deux autres faces.

C'est donc le front fig. 12 que le général Tripier propose de substituer définitivement au tracé polygonal, comme satisfaisant mieux à la « loi des rentrants et des saillants, » qu'il considère comme « l'ouvrage du temps

» et des événements dans la marche de la fortification
» à travers les siècles. »

« Les flancs HG et IK, dit-il, défendent les fossés.
» La batterie du saillant I voit une partie de ces fossés;
» mais elle agit principalement sur les saillants A et F
» et sur le terrain en avant.

» HG et IK doivent être blindés contre les coups de
» revers ; la grande traverse I complète ce qui leur
» manque. »

Notre discussion avec les ingénieurs de l'école française aboutit donc à ce résultat, que les opposants au tracé polygonal proposent : les uns de revenir au troisième tracé de Vauban, dans lequel le retranchement général serait transformé en cavalier; les autres, de remplacer le tracé polygonal par un double front avec traverse casematée à la Choumara, établie en capitale du bastion intermédiaire.

Nous avons fait connaître notre opinion sur la première de ces propositions; il ne nous reste plus qu'à exposer sommairement les raisons qui nous portent à rejeter la seconde.

Le tracé polygonal peut s'appliquer à des fronts de toute longueur, ce qui est un de ses grands avantages. Or si l'on employait le double front bastionné (proposé par le général Tripier) pour fortifier des côtés de 100 à 200 mètres, au lieu de deux flancs accolés formant un seul poste, on aurait six flancs formant cinq postes. Les résultats seraient donc ceux-ci : complication, surcroît de dépense, surveillance plus difficile.

Indépendamment de ces défauts, le nouveau tracé présenterait (à un moindre degré, il est vrai) ceux qui apparaissent lorsqu'on l'applique à des fronts d'une grande longueur.

Pour fixer les idées à cet égard, supposons qu'il s'agisse de construire un front dont le côté extérieur ait 700 mètres.

La figure 10 représente le corps de place de ce front, tracé d'après les indications de la figure 12. Notre honorable contradicteur ne dit pas si, en avant de ce corps de place, on construirait des contre-gardes analogues à celles du troisième tracé de Vauban, ou des demi-lunes, ou un simple chemin couvert.

Admettons, pour ne pas tomber dans un cas déjà traité, que l'on s'arrête aux deux derniers moyens. Le front de gauche représente le dispositif avec demi-lune, et le front de droite, le dispositif plus simple, n'ayant pour tout dehors qu'un chemin couvert, avec blockhaus de place d'armes rentrante.

Dans les deux dispositifs, on remarque le même défaut, et ce défaut est *irrémédiable*, parce qu'il tient à l'essence du tracé. En effet, la contrescarpe doit avoir une direction telle, que l'étage inférieur casematé de la grande traverse I (qui joue ici le rôle de la tour dans le front de Neuf-Brisach) batte le fossé devant les saillants A et F du corps de place. Par suite de cette nécessité, la distance entre les contrescarpes et les courtines devient si grande, que l'on ne peut plus soustraire le revêtement de celles-ci au tir plongeant des batteries éloignées de l'attaque. Ce défaut, jadis peu important, est devenu assez grave, depuis l'introduction de l'artillerie rayée, pour qu'il doive entraîner le rejet de tout tracé qui le présente.

La tenaille, au moyen de laquelle on corrige ce défaut dans les fronts bastionnés ordinaires, n'est pas admissible dans ce cas-ci, à cause de l'étage casematé des flancs; aussi Vauban, qui tenait beaucoup à cet étage, a-t-il eu soin de supprimer la tenaille dans ses derniers tracés de Landau et de Neuf-Brisach (1).

On ne pourrait pas non plus employer, dans le cas dont il s'agit, le glacis intérieur de Choumara, lequel du reste serait insuffisant pour couvrir l'escarpe aux extrémités de la courtine.

Nous ferons une dernière observation sur les flancs multiples du troisième tracé de Vauban. Ces flancs améliorent sans doute le tracé bastionné, puisqu'ils exigent l'établissement de plusieurs contre-batteries et qu'ils rendent plus difficile le tir à ricochet contre les faces des bastions ; mais, d'un autre côté, ils peuvent tous (à l'exception des flancs des tours ou des traverses 1, fig. 12) être détruits soit par des batteries éloignées tirant à feux plongeants, soit par des batteries rapprochées, établies dans le chemin couvert, sur le prolongement des flancs BC et DE. Or, dès que ces flancs sont détruits ou désorganisés, le passage du fossé devant les tours ou les traverses I ne présente plus aucune difficulté.

C'est le côté faible et même très-faible du front double proposé par le général Tripier.

---

(1) Il s'agit de la tenaille entre les flancs du retranchement général et non de celle qui se trouve entre les flancs des contre-gardes.

Sans doute la batterie de la traverse I, *lorsqu'elle est casematée,* assure une défense efficace aux fossés et aux chemins couverts des saillants A et F ; mais ce n'est point dans ces fossés que l'assiégeant descendra pour établir son passage. Après la prise des demi-lunes, il couronnera le chemin couvert devant le saillant I, construira une batterie pour ouvrir le revêtement de ce saillant, renversera la contrescarpe ou fera une descente du fossé, et cheminera ensuite vers le pied de la brèche.

A ce point de vue, le troisième tracé de Vauban, qui comporte autant de tours ou de traverses I qu'il y a de bastions, est bien préférable au tracé du général Tripier, puisqu'il assure une protection égale à tous les fossés et à tous les saillants du chemin couvert.

En résumé, nous n'avons rien trouvé, dans les écrits du général Tripier ni dans ceux de MM. Prévost et de Villenoisy, qui puisse ébranler ou modifier notre opinion sur la supériorité du tracé polygonal. Cette supériorité, reconnue aujourd'hui par la majorité des ingénieurs, frappera également l'école française, le jour où elle comparera aux *meilleurs types* de fronts polygonaux les tracés bastionnés qui répondent le mieux aux nécessités actuelles de la défense.

CHAPITRE PREMIER.

RÉFLEXIONS SUR LA DÉFENSE DES ÉTATS ET SUR LA DÉFENSE DES PLACES. — ORGANISATION DES CAMPS RETRANCHÉS.

SOMMAIRE :

I. Points à fortifier en première ligne; pivots stratégiques à établir en seconde ligne; pivot central de la défense. — Les militaires qui nient l'utilité des places frontières interprètent faussement les faits historiques. Le discrédit où est tombée la fortification, s'explique par l'abus qu'on a fait des forteresses et par l'insuffisance des ressources qui ont été mises à la disposition de leurs gouverneurs. — Situation fâcheuse des places dans la plupart des pays. — Les récents désastres de la France doivent être attribués en grande partie à cette cause. — Nécessité de confier la défense des places à des officiers instruits, doués d'une grande vigueur physique et morale. — Le nombre des points fortifiés doit être réduit dans presque tous les États : propositions judicieuses du général Sainte-Suzanne. — Fausses idées de Napoléon Ier sur la défense des places. — Les troupes de récente formation constituent de mauvaises garnisons. — Cas où il est possible de réduire la dotation des places et l'effectif des troupes. — Conditions auxquelles doivent satisfaire les places destinées à défendre les chemins de fer. *Forts d'arrêt* proposés dans ce but par les ingénieurs prussiens. Description d'un de ces forts. Ils conviennent également pour la défense des défilés en pays de montagnes. Blockhaus, pour assurer la démolition opportune d'un pont de chemin de fer. — II. De l'influence du site sur la valeur des places : les meilleures ne sont pas celles qui occupent des terrains accidentés : preuves à l'appui de cette opinion. — III. Blocus des camps retranchés. Fausses idées de quelques stratégistes sur ce point. — Conclusions à tirer des blocus de Metz et de Paris. — Établissement des corps d'armée autour d'une place bloquée. — Inconvénients que présente, au point de vue de la défense, une population nombreuse, surtout dans les capitales. — Nécessité d'expulser une grande partie des habitants au moment de la mise en état de défense. — La proposition faite par quelques stratégistes de fortifier toutes les capitales, a peu de chances d'être admise : raisons qui doivent la faire rejeter dans la plupart des cas. — IV. Avantages que présentent les places purement militaires. Dans quelles circonstances on doit les préférer. — Comment on peut tirer parti des ressources d'une grande ville sans la fortifier directement. Idées de l'auteur à ce sujet. Applications de ces idées à la défense de Londres. Discussion du plan proposé par le colonel du génie Drummond Jervois. — V. Projet d'une place purement militaire ; tracé, détails. Modifications à apporter à ce projet quand il s'agit d'un camp retranché temporaire : Exemples, etc. — VI. Du bombardement des places à camp retranché, en tenant compte des résultats obtenus à Paris. Examen de la place d'Anvers à ce point de vue. Distance à laquelle doivent être placés les forts. Intervalles des forts ; prescriptions diverses. Utilité d'un noyau fortifié, au centre du camp retranché. Dans quels cas on doit construire une enceinte de sûreté, et dans quels cas une enceinte de siége. Réponse aux ingénieurs qui prétendent que l'enceinte d'Anvers a un excès de force. Circonstances où un pivot stratégique peut se passer de noyau fortifié. — Propositions de M. le colonel Lewal, pour l'organisation des places à camps retranchés. — Critiques de ces propositions. — Circonstances où l'enceinte d'un grand pivot stratégique exige des ouvrages à défense intérieure. — Comment les troupes doivent être établies et logées dans l'enceinte et dans le camp retranché. Abris à construire dans les intervalles des forts, pour les troupes de réserve. — VII. Emploi des chemins de fer et du télégraphe, dans l'attaque et dans la défense des places à camps retranchés.

I

Nos idées sur la défense des États sont exposées dans le chapitre Ier du *Traité de fortification polygonale*. Nous les résumerons comme suit :

Doivent être fortifiés en première ligne :

a) Les nœuds des routes et des chemins de fer qui ont une grande importance stratégique;

b) Les points de passage principaux des fleuves et des rivières;

c) Les cols des montagnes (1);

d) Les grandes rades où les flottes peuvent se réfugier pendant la tempête ou après un désastre;

e) Les digues et les routes qui traversent un grand marais ou une inondation considérable.

Parmi les places désignées sous les rubriques *a* et *b* sont comprises *les places de dépôt*, construites dans un but offensif, et les centres administratifs et industriels où se prépare l'alimentation incessante de l'armée en soldats, vivres, munitions, objets d'habillement, etc.

En seconde ligne, on créera *des places à camps retranchés* (une par frontière attaquable), destinées à servir de pivots de manœuvres; elles occuperont un point important de la ligne d'opération principale.

Enfin au cœur du pays, on érigera une grande place à camp retranché, qui sera le pivot central de l'armée et son dernier refuge.

Quelques esprits absolus, tirant de l'histoire des dernières guerres une conclusion fausse, ont nié l'utilité des places-frontières. Ils seraient arrivés, sans doute, à une conclusion différente s'ils s'étaient rendu compte des faits et des cir-

---

(1) Tout au moins ceux qui ont des routes carrossables. C'est le principe qu'ont appliqué les Autrichiens à la défense de toutes leurs frontières, celui qui a été admis par la commission permanente de défense du royaume d'Italie, et celui qu'adopteront également les ingénieurs allemands chargés de fortifier les Vosges.

constances qui expliquent le rôle insignifiant qu'ont joué les places dans ces guerres.

Il est prouvé, en effet, que, depuis Louis XIV, le nombre des points fortifiés s'est accru dans tous les États, et que plusieurs, notamment la France, la Hollande, la Belgique, la Prusse et l'Italie, avaient exagéré sous ce rapport leurs moyens permanents de défense, quand éclata la révolution française.

C'était évidemment une faute, car toute forteresse inutile affaiblit numériquement l'armée active.

Une faute plus grande fut la parcimonie avec laquelle on avait constitué la dotation des places.

Elles n'avaient pas le quart des canons nécessaires à une bonne défense, et les munitions, ainsi que les abris voûtés et les casemates n'étaient pas même en rapport avec cet armement réduit. Quant aux garnisons, insuffisance complète. Les troupes du génie, qui jouent un rôle si important dans la défense, et l'artillerie de siége, qui en est pour ainsi dire l'âme, faisaient défaut dans la plupart des places.

Il n'est pas étonnant dès lors, qu'en 1672 les Français occupèrent si facilement les places de la Hollande; qu'en 1745 le maréchal de Saxe envahit la Belgique, sans éprouver aucune résistance de la part des forteresses; que Napoléon, après Iéna, s'empara de toutes les places prussiennes, et que, dans les campagnes de 1814 et de 1815, les armées alliées purent se mouvoir librement au milieu des lignes fortifiées qui couvraient le Nord et l'Est de la France.

Napoléon, frappé du peu de résistance qu'offraient les places, de son temps, chargea, en 1811, le général Carnot de rédiger une instruction pour rappeler aux gouverneurs les devoirs de leur position. Ce n'était pas l'art ni le courage qui faisaient défaut à ces fonctionnaires, c'étaient les moyens matériels de défense : canons et troupes spéciales, sans lesquels l'héroïsme même est impuissant ou stérile. Carnot ne trouvant pas ou ne voulant pas indiquer la source réelle du mal, attribua à l'incapacité et à la lâcheté une foule de redditions qui étaient le résultat de la négligence et de l'incurie des gouvernements ou des chefs d'armée.

Depuis cette époque, la situation des places, à de rares exceptions près, est restée la même.

Tout récemment on a vu se renouveler, en France, les faits qui avaient signalé les invasions de 1814 et de 1815, tant, il est vrai, que les mêmes causes produisent toujours les mêmes effets Au début de la guerre de 1870, aucune place n'avait l'armement ni les munitions nécessaires à une bonne défense, et les garnisons se composaient exclusivement de bataillons de mobiles ou de gardes nationaux (1).

Deux places seulement furent attaquées pied à pied : Strasbourg et Belfort.

---

(1) Il est digne de remarque que le gouvernement le plus prodigue que la France ait eu depuis un siècle se soit montré d'une parcimonie sans égale quand il s'agissait d'améliorer les places fortes. Voici un fait qui nous est révélé par le général Frossard, ex-président du comité du génie. (Voir son *Rapport sur les opérations du 2ᵉ corps*, p. 160) :

« Sur un état de 110 millions de travaux de fortifications, reconnus urgents par le
» comité du génie (en 1867), le gouvernement n'osa pas demander plus de 50 millions
» au Corps législatif (en 1868), qui n'en accorda que 32 ; de telle sorte qu'on ne pou-
» vait construire que quatre forts à Metz au lieu de cinq, deux à Langres au lieu de
» quatre, un seul à Belfort au lieu de deux ou trois, etc., et qu'il n'était possible d'en
» faire aucun ni à Mézières, ni à Besançon, ni à Toulon, etc. »

L'une se rendit avant que la brèche au corps de place ne fût praticable et avant que le passage du fossé ne fût construit. Ce fait doit être attribué à la pression des habitants, si cruellement éprouvés par le bombardement, et à la circonstance, révélée par le général Ulrich (dans une lettre du 14 août 1870), « qu'on avait abandonné Strasbourg sans
» garnison, *sans troupes d'artillerie suffisantes, sans le plus*
» *petit détachement du génie.* »

Belfort résista plus longtemps, parce qu'elle avait des fortins détachés, une garnison nombreuse (1) et un chef qui, par son activité, son intelligence et son énergie, sut pourvoir à ce qui lui manquait.

Metz avait 600 canons en batterie et une armée de plus de 170,000 hommes (2); sous ce rapport, il n'y manquait rien; mais, chose incroyable, cette grande place n'avait pas un officier ni un soldat d'artillerie de siége !

Nous étonnerons sans doute nos lecteurs en leur apprenant que les autres places, y compris même Paris, se trouvaient sous ce rapport dans la même situation (3).

La vérité est que la France n'avait pas d'artillerie de place ! Le maréchal Niel, dans son organisation de 1867, avait annexé, à chacun des 15 régiments d'artillerie, 4 bat-

---

(1) Cette garnison, forte de 16.200 hommes, était composée en grande partie de garde nationale mobile. Comme troupe de ligne, elle avait un bataillon du 84e, un bataillon du 45e, le dépôt de ce régiment, cinq demi-batteries à pied des 7e et 12e régiments d'artillerie et une demi-compagnie du 2e du génie : Total environ 3,000 hommes.

(2) Les pertes en tués, blessés et disparus se sont élevées, pendant le siège, à 38,138 hommes.

(3) « Le génie, dit le général Trochu, l'artillerie de bataille et de rempart furent » constitués au moment du siége, c'est-à-dire improvisés. » *Une page d'histoire contemporaine*, p. 82.

teries à pied, « destinées au service des bouches à feu fixes » pour l'attaque et la défense des places et la défense des » côtes; » mais, au moment de la guerre, le personnel de la plupart de ces batteries fut requis pour compléter les batteries montées et en créer de nouvelles.

Peut-on croire qu'un État qui possède encore aujourd'hui 74 places fortes et 92 citadelles, forts et postes fortifiés (1) n'eut pas, en 1870, de troupes spéciales pour leur défense, et que sa dernière organisation portait seulement à 60 le nombre des batteries destinées au service des pièces fixes de *siége*, de *place* et de *côte?*

Ce nombre serait à peine suffisant pour la défense de Paris.

La même incurie se remarque dans l'organisation des troupes du génie. Partout, excepté à Metz, ces troupes ont fait pour ainsi dire complétement défaut; à Belfort, il n'y en avait qu'une demi-compagnie (2).

Cette circonstance, la faiblesse de l'armement et l'insuffisance des troupes d'infanterie qui composaient les garnisons, expliquent pourquoi, dans la guerre de 1870, les places ont joué un si triste rôle (3).

---

(1) Avant le décret du 26 juin 1867, la France avait 88 places fortes et 97 citadelles, forts, postes, etc., etc.

(2) Elle fut secondée par une compagnie du génie, formée dans la *mobile* du Haut-Rhin.

(3) On lit dans la relation de la défense de Belfort, écrite sous le contrôle du colonel Denfert-Rochereau :

« La résistance souvent courte et inefficace de nos places fortes, dans la guerre que » nous venons de soutenir contre les Allemands, a dû nécessairement frapper l'opinion » publique, et il est à craindre que l'on ne soit tenté d'en conclure à l'impuissance et à » l'inutilité de la fortification. Cependant, la cause de ces faits se trouve bien plutôt

On ne peut imputer ce fait qu'à la négligence ou à l'incurie du gouvernement, qui n'a pas su faire les sacrifices ni prendre les mesures nécessaires pour assurer la défense des points fortifiés.

Il ne viendrait à l'esprit de personne de condamner l'infanterie parce qu'un bataillon mal armé et mal exercé aurait été enfoncé par un peloton de cavalerie. De même on ne peut pas reprocher aux places leur impuissance lorsqu'on les met dans l'impossibilité de se faire valoir.

Le mal que nous signalons ici est général en Europe. Nulle part on n'a pourvu à toutes les nécessités de la guerre de siége. Uniquement préoccupés des besoins de leurs armées actives, les gouvernements ont négligé plus ou moins le matériel et le personnel des places fortes.

Trop souvent aussi la défense des places a été confiée à des gouverneurs qui n'étaient pas préparés à ce rôle. Les commandants d'armées ont cru, à toutes les époques (les plaintes réitérées de Vauban l'attestent), que de vieux officiers, n'ayant plus la force physique ni la vigueur morale nécessaires pour faire campagne, peuvent être employés comme gouverneurs de places fortes. Il est très-probable qu'ils n'ont soutenu et fait prévaloir cette opinion que dans la crainte d'être privés de généraux dont ils avaient besoin pour le commandement des troupes. Quoi qu'il en soit, l'histoire de la guerre des siéges prouve éloquemment

» dans le manque des éléments nécessaires pour utiliser convenablement nos forte-
» resses que dans la nature même de leur rôle et des services qu'elles peuvent ren-
» dre. » ..... « L'exemple de Belfort peut servir à montrer que les places fortes sont
» susceptibles de jouer un rôle utile et de premier ordre dans la défense d'un pays. »

que pour bien défendre les places il faut des gouverneurs doués d'une énergie morale, d'une vigueur physique et d'une aptitude exceptionnelles. Si, dans ces derniers temps, Sébastopol et Belfort ont, par leur résistance, étonné le monde, c'est que l'une et l'autre eurent des commandants qui possédaient ces qualités.

La France sait ce qu'il lui en coûte d'avoir négligé et dédaigné ses forteresses. Un de ses ministres, le général Cubières, disait, en 1841, à la Chambre des Pairs : « Nos lignes de places fortes n'ont été dépassées, en 1815, » que parce que les places étaient dégarnies. »

La même cause a produit les mêmes effets en 1870, et cependant les avertissements n'avaient pas manqué à l'Empire.

Parmi toutes les fautes qu'il a commises, celle-ci est l'une des plus graves.

Il est certain, en effet, que si Strasbourg, Schlestadt, Vitry, Toul, La Fère, Soissons, Péronne (1) et d'autres places, situées sur les principales lignes de chemins de fer, avaient été bien armées et pourvues des troupes spéciales nécessaires à une défense énergique, les Prussiens auraient été dans l'impossibilité d'approvisionner leurs corps devant Paris et d'envoyer promptement des secours aux commandants de leurs armées en campagne.

Un membre du comité du génie de Berlin, dans un

---

(1) La prise de ces places, de même que celles de Belfort, Metz et Paris, était une *nécessité* pour l'armée prussienne. Parmi les places peu utiles à conquérir se trouvaient Thionville, Verdun, Longwy, Montmédy, Mézières, Brisach, Rocroy et Marsal. L'occupation de ces places n'aurait servi qu'à augmenter la sûreté de l'armée conquérante.

Étaient complétement inutiles à cette armée : Bitsch, Phalsbourg, Langres, Besançon et Auxonne.

article remarquable sur la défense de l'Alsace et de la Lorraine, publié en novembre 1871 (1), fait la réflexion suivante, qui corrobore entièrement ce que nous venons de dire : « Les vivres nécessaires pour des armées d'un demi-million de soldats et 150,000 chevaux, les nombreuses pièces de canon indispensables pour le siége de grandes places, et le matériel de guerre de toute espèce, ne peuvent plus être emmenés aujourd'hui, et surtout avant la moisson, sans le secours des chemins de fer.

« Si, l'année dernière, la place de Toul avait résisté plus longtemps, on n'aurait pu songer à bombarder Paris, la ligne des Ardennes nous étant fermée. Le ravitaillement de l'armée devant Paris eût aussi été extrêmement pénible et difficile. »

Langres aurait joué un rôle non moins important, si les Français n'avaient commis la faute d'établir à Chaumont une bifurcation de chemins de fer, réunissant les lignes de Paris à Mulhouse et de Paris à Belfort. « La route transversale de Blesme à Chaumont, ainsi abandonnée, dit un officier du génie français (2), dispensait nos adversaires de se préoccuper de la position de Langres. »

La place de Metz offre un autre exemple de l'utilité des points fortifiés destinés à défendre les lignes de chemins de fer. La grande voie ferrée de Sarrebruck à Paris passe par cette place ; afin de pouvoir s'en servir, les Prussiens furent obligés de construire une voie de contournement

---

(1) *Jahr bücher für die Deutsche Armee und Marine.*
(2) Le colonel de Villenoisy. Voir *la Fortification actuelle*, dans le *Journal des sciences militaires* de 1872.

entre Remilly et Pont-à-Mousson, d'environ 35 kilomètres de longueur, et qui exigea cinq semaines de travail.

Pour créer un bon système de défense, sans affaiblir les ressources et l'effectif des armées en campagne, il faut supprimer les forteresses inutiles, réduire l'importance de celles qui ont un rôle secondaire à jouer et mettre les autres dans les meilleures conditions possible ; armer fortement toutes les places, leur donner une garnison en rapport avec cet armement et avec leur rôle stratégique, et y faire entrer l'artillerie de siège et le génie pour une part importante, à déterminer d'après des bases nouvelles.

Napoléon III, dans sa *Note sur l'organisation militaire de la Confédération de l'Allemagne du Nord*, reproche au comité du génie français de n'avoir pas reconnu « que la » moitié des places fortes de la France aurait dû être » démolie et l'autre moitié reconstruite dans le système » qui a fait d'Anvers une des premières places fortes du » monde (1). »

---

(1) Le colonel d'état-major Lewal, dans son livre *la Réforme de l'armée*, publié récemment, est plus sévère encore pour le corps du génie français, « d'autant plus coupable, dit-il, que toutes les idées nouvelles, en fait de fortification, sont nées en » France, ont été préconisées par des officiers français, et avec tant de talent que » l'étranger les a adoptées, tandis que le fétichisme à l'égard de Vauban les faisait re- » pousser en France. » Mais cet officier va trop loin quand il dit : « les villes fortifiées » sont condamnées par la théorie comme par l'expérience. Il ne faut plus que des points » essentiels, très-forts, vides d'habitants et assez vastes pour abriter une armée. »

Le colonel Lewal ne fait pas attention qu'il y a des lieux habités d'une importance stratégique telle, qu'on ne peut se dispenser de les fortifier, et que la rapidité avec laquelle les places françaises ont succombé, tient moins à l'insuffisance des fortifications qu'à la faiblesse de l'armement et à la mauvaise composition des garnisons.

On ne peut pas soutenir non plus que toutes les places d'un État doivent avoir des camps retranchés. Pour défendre une gorge de montagne, un chemin de fer ou un pont, il suffit d'une petite place ou d'un fort.

Ce reproche est fondé, mais le corps du génie français eût encore mieux fait de suivre les conseils du général Sainte-Suzanne, qui proposa, en 1819, de réduire le nombre des forteresses à 21, savoir : 1 point central *(Orléans)*, 4 places à grand développement en seconde ligne *(Laon, Langres, Clermont, Auch)*, 10 places de première ligne *(Lille, Mézières, Metz, Strasbourg, Besançon, Macon, Grenoble, Perpignan, le fort de Bellegarde, Bayonne)*, et 7 places maritimes *(Toulon, Rochefort, La Rochelle, Lorient, Brest, Cherbourg, Calais)*.

Le général Ducrot a repris, en 1866, le thème du général Sainte-Suzanne, qui était également celui de Gouvion Saint-Cyr, à l'instigation duquel Sainte-Suzanne, dit-on, écrivit sa brochure. Mais deux colonels du génie français lui ont répondu, avec l'approbation de leurs camarades, que les places existantes sont nécessaires pour retenir l'ennemi le plus longtemps possible sur la frontière et lui disputer pied à pied le sol de la patrie. « C'est dans cet ordre d'idées, disent-ils, que
» Louis XIV et Vauban ont construit *ce beau système*
» de places fortes, que les étrangers nous envient, qu'ils
» voulaient détruire en 1815, et qu'ils ont dû se borner à
» entamer (1). »

On ne saurait se payer de plus mauvaises raisons !

La première nation qui a eu le bon esprit de démolir toutes les places inutiles, est la Belgique ; elle a été suivie

---

(1) Voir *de l'État-major et des différentes armes*, par le général A. Ducrot ; p. 115 et suivantes).

timidement par la Hollande, à qui il reste encore un grand pas à faire (1).

La Confédération du Nord de l'Allemagne n'avait, en 1870, que 9 places de 1re classe, 14 de 2e classe et 6 de 3e classe. Quoique ce nombre ne soit pas exagéré pour un État d'une aussi grande étendue, l'Empereur d'Allemagne vient de décider la démolition de plusieurs petites places. On ne peut qu'approuver cette résolution. Les bicoques ont fait leur temps. Il ne faut plus désormais que de grandes places, pouvant servir de pivots de manœuvres, et des forts ou de petites places purement militaires, destinés à défendre des nœuds de routes, des lignes importantes de chemins de fer, des ponts, des digues ou des cols de montagnes.

L'Italie ne semble pas devoir entrer dans cette voie, s'il faut en juger par les propositions de sa *commission permanente de défense de l'État*. Le rapport de cette commission conclut en effet : 1° à la construction de 47 places de guerre et postes fortifiés ; 2° à la transformation de 19, et à la conservation, dans leur état actuel, de 31 : total 97 places et postes fortifiés, dont 6 grands pivots stratégiques, savoir : Gênes, Alexandrie, Plaisance, Vérone, Bologne et Rome.

Il serait impossible de justifier par des considérations stratégiques un système de défense aussi compliqué et aussi coûteux. Espérons pour ce pays si digne d'intérêt qu'il

---

(1) Ce pays ne sera bien défendu que lorsqu'il aura une grande place, *toujours prête* et bien pourvue, dans laquelle son armée pourra résister six mois à des forces quadruples des siennes. Il a encore trop de points fortifiés et il compte trop aussi sur ses inondations, qui constituent un moyen de défense onéreux et peu sûr (à cause du temps qu'il exige). Les petits États qui, désormais, auront besoin de plus de huit jours pour mobiliser leur armée et approvisionner leurs forteresses, seront exposés à de cruels mécomptes. Ils tomberont misérablement, ne sauvant pas même leur honneur !

finira par donner raison à ceux qui prétendent qu'il lui suffirait de défendre les principaux passages des frontières et des Apennins, de protéger les grandes rades, de construire un petit nombre de têtes de pont et de créer deux grands pivots stratégiques : Plaisance et Rome, au plus trois : Plaisance, Rome et Bologne.

On a cru longtemps, d'après le témoignage de Napoléon (1), de Soult, de Pelet, de Rogniat et d'autres généraux distingués, que la défense des places peut être confiée à des troupes de récente formation, à des volontaires ou à des gardes nationaux.

Mais l'expérience n'a pas justifié cette opinion; loin de là !

Il suffit, pour apprécier l'influence de la qualité des soldats, de comparer la belle défense de Sébastopol, soutenue par des troupes de ligne, à la pitoyable défense des places françaises, confiées en 1870, à des mobiles, des francs-tireurs et des gardes nationaux.

Nous pouvons, sur ce point, invoquer l'autorité du général Faidherbe, qui écrivait le 5 janvier 1871 au Ministre de la guerre : « Si un commandant voulait se défendre
» à outrance dans une ville, il pourrait avoir pour lui les
» troupes régulières, une partie des mobiles et le peuple

---

(1) Napoléon avait d'étranges idées sur la défense des places. Quand Masséna lui demanda des artilleurs pour Gênes, il répondit qu'il suffisait de dresser des fantassins ; et quand, plus tard, il fallait des garnisons pour défendre les places menacées de la France, il disait : « Les garnisons des places fortes doivent être tirées de la population et non
» pas des armées actives..... C'est la plus belle prérogative de la garde nationale. »
(*Mémoires de Napoléon.*)

A Sainte-Hélène, à propos de la défense de Paris, il dicta les lignes suivantes, qui

» qui ne possède rien, et dont le patriotisme pourrait être
» facilement surexcité; mais il aurait contre lui presque
» toute la bourgeoisie, la garde nationale sédentaire et,
» sans doute, les mobilisés. »

La relation de la défense de Belfort ne laisse aucun doute sur l'insuffisance des troupes de récente formation, à qui elle impute de nombreux actes de faiblesse, d'incurie et de lâcheté. Le colonel Denfert attribue tout l'honneur de la belle résistance de cette place à la ligne et surtout à l'artillerie et au génie, dont il signale la fermeté et l'intelligence avec une justice qu'on n'a pas toujours rendue à ces troupes spéciales (1).

En 1866, un colonel du génie français écrivait au général Ducrot : « Les places fortes de la frontière doivent être
» défendues non par l'armée qui aura autre chose à faire
» alors qu'à s'abriter derrière des murailles, mais par les
» éclopés, les dépôts, les traînards, qui, sans ces places
» auraient été faits prisonniers, et enfin par le ban et l'ar-
» rière-ban de tous les Français qui, pouvant porter un
» fusil, seraient pourtant hors d'état de tenir devant l'en-
» nemi en rase campagne. »

---

prouvent qu'il ne se rendait compte ni de la nature des ouvrages de défense, ni des ressources en hommes et en matériel qu'exigent les grands pivots stratégiques :

« Comment, dira-t-on, vous prétendez fortifier des villes qui ont 12,000 à 15,000
» toises de pourtour? Il vous faudra 80 ou 100 fronts, 50,000 ou 60,000 soldats de
» garnison, 800 ou 1,000 pièces d'artillerie; mais 60,000 soldats sont une armée, ne
» vaut-il pas mieux l'employer en ligne? Cette objection est faite, en général, contre
» les grandes places fortes, mais elle est fausse en ce qu'elle confond un *soldat* avec
» un *homme*. Sans doute il faut, pour défendre une grande capitale, 50,000 à 60,000
» hommes, mais non 50,000 à 60,000 soldats. » (*Commentaires de Napoléon* Ier.
Paris, 1867, in-4º, tome V, p. 104-106.)

(1) Voir l'ordre du jour, adressé le 14 mars 1871, par le colonel Denfert *aux mineurs et aux artilleurs de la ligne* : *Défense de Belfort*, etc., p. 442.

Nous ne saurions trop vivement protester contre cette opinion, dont la guerre de 1870-1871 a fait justice et que nous avons, du reste, combattue, dès 1863, dans nos *Études sur la défense des États*, etc. Nous disions en effet dans ce livre (T. 1, p. 127) :

« La garde nationale peut être employée utilement pour défendre les places les moins importantes, garder l'enceinte d'un grand pivot stratégique et concourir à quelques opérations secondaires....; mais la défense des forts détachés exige des troupes de ligne de la meilleure espèce. »

Cette appréciation diffère peu de celle de Carnot, qui assignait aux jeunes troupes la mission de garder les places de 2e et de 3e ligne. Cependant nous croyons devoir la modifier en ce qui concerne les gardes nationales ou civiques, qui, par leur composition et surtout par le mode de nomination de leurs officiers, n'offrent aucune garantie.

Selon nous, il est nécessaire de poser en principe que toute place pouvant être attaquée au début des hostilités ou donner lieu à une lutte vive et prolongée, exige pour sa défense de bonnes troupes et de bons officiers.

Les cas où l'on peut réduire la dotation des places et l'effectif des garnisons ont été indiqués par le commandant Villenoisy, dans le paragraphe suivant de son *Essai historique sur la Fortification* :

« S'il s'agit de maîtriser une route, une voie ferrée, un
» passage important ; d'occuper un point stratégique dont
» la possession soit nécessaire pour couvrir la ligne d'opé-
» ration et laisser aux armées actives toute liberté de ma-
» nœuvre, une place de médiocre étendue, formée par une
» simple enceinte ou pourvue d'un petit nombre de dehors,

» sera très-suffisante. Elle sera plus convenable qu'une
» grande place, parce qu'elle immobilisera un moindre
» nombre de troupes. Il faudra seulement la munir d'assez
» d'artillerie pour braver les efforts de l'ennemi jusqu'à ce
» qu'il se soit décidé à faire venir un parc de siége, et sou-
» vent, avant son arrivée, la garnison aura pu être déga-
» gée par l'armée de secours, dont les mouvements seront
» plus rapides qu'ils ne l'étaient autrefois » (p. 389).

Pour défendre les chemins de fer importants qui n'aboutissent pas à des pivots d'opérations, on emploiera tantôt des forts ou des redoutes établis à cheval sur la voie, tantôt des retranchements destinés à protéger les principales gares, tantôt des blockhaus occupés par des postes qui auront pour mission de faire sauter un pont ou un viaduc à l'approche de l'ennemi.

Il est nécessaire que les chemins de fer traversent les places fortes, et que les gares se trouvent à l'intérieur. Lorsqu'ils les contournent, le matériel d'exploitation est à la merci de l'ennemi et le canon de l'enceinte a moins d'action sur la voie. Il est aussi plus difficile d'approvisionner et de secourir rapidement les places, quand les gares sont à une grande distance de leurs murs.

Toutefois, les gares intérieures favoriseraient les surprises, si l'on ne prenait des précautions pour arrêter et visiter les trains avant leur entrée dans la place et pour les empêcher, au besoin, de continuer leur route.

Plusieurs gouvernements ont eu le tort de négliger ces intérêts. En France, on a fait dévier les chemins de fer pour éviter Phalsbourg, Thionville, Aire, Maubeuge, Sedan, Strasbourg, et d'autres places.

En Allemagne, cette faute n'a été commise qu'à Torgau, petite place que contourne le prolongement de la ligne d'Interbock à Paderborn.

Les ingénieurs, prussiens ont créé, pour la défense des lignes importantes, un type de fort qui exige peu de troupes et peu d'artillerie, et qu'ils désignent sous le nom de *Sperr forts;* nous les appellerons *forts d'arrêt.* La pl. III, fig. 3, représente un de ces forts, projeté par le major du génie Schumann, pour la défense d'un pont de chemin de fer à Hämerten, sur l'Elbe.

L'idée en est venue aux Prussiens, après qu'ils eurent constaté, en 1866, que les petites forteresses de Königstein, en Saxe, de Theresienstadt et de Kœniggrätz, en Bohême, avaient empêché leurs armées de se servir des chemins de fer directs qu'elles défendent.

Le problème résolu par le major Schumann avait été posé dans les termes suivants :

« Garantir la destruction opportune d'un pont dans
» toutes les éventualités et permettre d'ajourner cette des-
» truction le plus longtemps possible, afin de pouvoir faire
» usage de la ligne jusqu'au dernier moment. »

Il est très-important que les ouvrages de cette espèce ne soient pas prodigués, parce que toute défense qui conduit à l'éparpillement des forces est impuissante ou dangereuse.

On doit donc :

1° Restreindre autant que possible l'emploi des *forts d'arrêt;*

2° Constituer ces forts de manière qu'ils puissent être défendus avec peu d'hommes et peu de canons ;

3° Les mettre autant que possible à l'abri d'une attaque de vive force, tentée avec des troupes ayant une grande supériorité numérique.

Dans le projet du major Schumann, la garnison nécessaire à la défense du fort est évaluée à 250 hommes (effectif d'une compagnie prussienne sur le pied de guerre). Il ne serait pas prudent de descendre au-dessous de cet effectif, parce que le courage et la confiance s'affaiblissent trop lorsqu'un petit nombre de défenseurs occupent un ouvrage isolé, pouvant être attaqué par des forces supérieures. Tous les soldats ne sont pas des Spartiates et tous les commandants de postes ne sont pas des Léonidas.

Il va sans dire que des forts de chemins de fer, établis dans ces conditions, ne peuvent donner lieu qu'à une défense passive.

Leur action sur le terrain extérieur est due uniquement à l'artillerie. Pour qu'elle soit efficace et qu'un petit nombre d'hommes y suffisent, on emploiera des pièces de gros calibre, et on les établira de façon que l'ennemi ne puisse pas les démonter de loin par un feu convergent direct, plongeant ou vertical. Cette condition n'est pas facile à remplir dans un petit ouvrage attaquable de tous les côtés.

On n'y parviendra qu'au moyen de coupoles. Ce sont, en effet, les seules batteries qui protègent complétement les bouches à feu et leurs servants, qui aient un champ de tir illimité et qu'on puisse établir sans inconvénient dans des positions isolées et commandées.

Les autres conditions à remplir sont les suivantes :

1° Choisir pour le fort un emplacement d'où l'on découvre bien le terrain environnant;

2° Parmi les points qui satisfont à cette condition, donner la préférence à celui que l'ennemi aura le plus de difficultés à tourner en déplaçant la voie (par exemple, l'entrée d'une vallée profonde, les approches d'un tunnel ou une partie de ligne traversant soit un marais, soit une large inondation) (1);

3° Construire des logements bien aérés et bien ventilés pour la garnison, et des magasins en nombre suffisant pour les vivres et les munitions.

Lorsque les locaux sont obscurs, humides, mal ventilés et lorsque les hommes ne sont pas amplement pourvus de vivres, de spiritueux et d'eau potable, les forces morales et physiques de la garnison s'affaissent d'autant plus promptement que la garnison est plus petite;

4° Faire en sorte que l'ennemi ne puisse pas détruire, même de près, les défenses du fort avec de l'artillerie de campagne;

5° Battre efficacement le glacis du fort et défendre ce glacis au moyen de fils de fer et de torpédos (éclatant sous la pression du pied), pour que l'assiégeant ne puisse pas s'y loger et attaquer la contrescarpe à la mine;

6° Pour éviter les surprises de nuit, approvisionner le fort de torches ou d'autres moyens d'éclairage, qui permettent de voir distinctement tout ce qui se passe dans un rayon de 100 à 150 pas.

---

(1) Dans ce dernier cas, le fort ne pouvant être attaqué que de front, il sera possible de supprimer les coupoles et de défendre la ligne au moyen d'un fort ordinaire.

Ces diverses conditions sont remplies par le projet du major Schumann, que nous décrirons succinctement. (Pour les détails, voir le plan).

Le fort est placé perpendiculairement à la voie. Sa plate-forme supérieure, peu élevée au-dessus du terrain naturel, est occupée par deux coupoles armées chacune de deux canons rayés de 24. Ces coupoles ont une épaisseur suffisante pour résister au canon court de 24, la plus grosse pièce rayée qu'une armée en campagne puisse amener devant un fort de l'espèce.

Les ponts sont pourvus d'un mécanisme qui permet de les faire descendre dans le fossé lorsqu'on doit interrompre la voie. Vingt-quatre hommes sont nécessaires pour le service des coupoles et cinquante pour la défense par la mousqueterie. Il faut, en outre, un poste de vingt-cinq hommes pour surveiller et manœuvrer la partie tournante du pont. Ce poste occupe un logement préparé dans la pile sur laquelle pivote la partie mobile du pont. On peut également l'établir dans un tambour en fer construit sur cette pile.

La nuit, on rétablit le passage, mais seulement pendant le temps nécessaire pour relever le poste d'observation.

Chaque fort doit avoir au moins deux canons en réserve.

Les revêtements d'escarpe ont cinq à six mètres de hauteur et ceux de contrescarpe, six à sept mètres.

Les fenêtres sont grillées et fermées avec de volets à l'épreuve de la balle.

Un fort de cette espèce a été construit à Hamm, près de Dusseldorf, sur la ligne de Dusseldorf à Neuss (rive droite du Rhin). Il coûte environ 500,000 francs.

Avant la dernière guerre, les Prussiens avaient résolu de construire un fort semblable pour la défense de Ruhbank, à la bifurcation des chemins de fer de Hirchberg (Berlin), de Waldenburg (Breslau) et de Kœniggrätz (Vienne).

Lorsqu'on veut simplement assurer la démolition d'un pont, on peut atteindre le but à moins de frais, par des corps de garde blockhaus.

Les fig. 4 et 2, pl. III, indiquent les dispositions qui ont été prises dans la construction du pont de Kottbus, sur lequel la ligne de Gorlitz à Berlin traverse la Sprée. Ces dispositions ont pour objet de permettre d'arrêter l'ennemi pendant le temps nécessaire pour préparer l'explosion des fourneaux qui doivent renverser la culée. Elles consistent en deux blockhaus défendant des portes grillées en fer, destinées à barrer le passage.

C'est par le même moyen qu'a été protégé le pont de l'Elbe, sur le chemin de fer de Paris à Hambourg.

Quelques rails enlevés à proximité des blockhaus suffisent pour empêcher que les trains ne forcent le passage avant la destruction du pont.

Les forts à coupoles que nous venons de décrire ont une propriété qui les rend extrêmement utiles pour la défense des défilés dans les pays de montagnes : c'est qu'on peut les établir à portée de hauteurs dangereuses, sans compromettre leur défense.

Les forts ordinaires, dans les gorges profondes, ne sont défendables que si l'on occupe les points d'où l'ennemi peut diriger contre eux des feux plongeants d'artillerie.

Ce cas se présente à Phalsbourg, petite place défendant un des principaux passages des Vosges. Pour que cette place, dominée par deux ou trois sommets (situés à 1,500 et 2,000 mètres environ de ses remparts), pût, dans l'état actuel de l'artillerie, résister à un siége en règle, il faudrait qu'on établît des forts sur ces points. Cette nécessité n'existerait pas si les routes qui traversent Phalsbourg étaient défendues par un ou deux forts à coupoles.

Les ingénieurs italiens auront vraisemblablement recours à ce dernier type d'ouvrage pour fortifier les passages carrossables des Alpes.

II

Le choix des points à fortifier étant subordonné à des considérations stratégiques, il est inutile de savoir si les forteresses en pays accidenté sont préférables aux forteresses en pays de plaines. Cependant, comme il pourrait arriver qu'on eût le choix entre deux localités offrant les mêmes avantages stratégiques, il y a lieu de nous arrêter un moment à cette question, plus intéressante à coup sûr que celle qui divisa les ingénieurs, du temps de Vauban, à savoir : « s'il est opportun de prendre une place par le
» côté fort ou le côté faible (1). »

On enseignait à Metz que « les terrains montueux méri-
» tent une préférence indiscutable » (voir le *Résumé des leçons sur l'application de la fortification au terrain*).

» Les places réputées les plus fortes de l'Europe, disait-
» on, Gibraltar, Luxembourg, Mayence, sont assises sur
» un sol fortement accidenté ou protégées par des fleuves,
» des marécages, des inondations, défenses accessoires de
» premier ordre. »

Le général Noizet invoque d'autres raisons à l'appui de cette thèse : « Ce serait à tort, dit-il, qu'on croirait
» la fortification en terrain accidenté inférieure à la for-

---

(1) De Villenoisy, p. 47.

» tification des pays de plaines ; si son action extérieure
» est morcelée, son armement et ses communications dif-
» ficiles, si ses moyens de flanquement sont peu puissants,
» si ses abords ne sont pas toujours complétement battus,
» sa position lui donne néanmoins une valeur toute parti-
» culière. Les commandements qu'elle prend sur une grande
» partie du terrain sont considérables, et si ce n'est pas là
» un avantage pour l'emploi de l'artillerie, c'en est du
» moins un très-grand pour la mousqueterie ; il est tel que,
» sur les parties ainsi dominées, on peut regarder les che-
» minements de l'ennemi comme tout à fait impossibles. Si
» l'artillerie de la défense ne trouve que des emplacements
» étroits et d'où elle n'exerce qu'une action restreinte sur
» le terrain, l'ennemi, de son côté, ne peut souvent faire
» lui-même que difficilement usage de cette arme. Ce n'est
» qu'à grand'peine qu'il fait arriver ses pièces devant la
» place, et quand il les y a amenées, il ne trouve pas tou-
» jours d'emplacement convenable pour les établir. Les
» ouvrages, d'ailleurs, placés autant que possible sur des
» escarpements, ne sont pas d'un abord facile, et, si l'on ne
» peut multiplier les dehors, il n'en est pas de même des
» retranchements intérieurs, dont chacun peut assez sou-
» vent avoir la même valeur que le corps de place. Cette
» fortification a donc des avantages et des inconvénients,
» qui, considérés d'une manière générale, semblent se com-
» penser, mais tels, cependant, qu'un ingénieur habile
» saura faire pencher la balance en faveur de la dé-
» fense (1). »

---

(1) *Principes de fortification*, T. II, p. 115 et 116.

Nous admettons cette supériorité des sites montagneux, lorsqu'il s'agit de petites places ou de forts situés sur des hauteurs escarpées ou sur un terrain rocheux qui rend les cheminements presque impossibles; mais, dans tous les autres cas, cette supériorité n'existe pas. Ainsi, une grande place à camp retranché sera généralement plus forte en pays plat ou légèrement accidenté qu'en pays montagneux. Dans ce dernier cas, en effet, il suffit, pour rendre inhabitable une partie du camp retranché ou de l'enceinte, que l'ennemi s'empare d'un ouvrage établi sur un point culminant du terrain, comme le sont, par exemple, le fort Alexandre, à Coblentz, le mont Valérien, à Paris, les Perches à Belfort, les forts Plappeville et Saint-Quentin, à Metz.

Cette objection est si grave que le général Noizet conseille, « lorsque la fortification en plaine se trouve rapprochée d'un piton qui la domine immédiatement..... de pousser le corps de place jusque sur la hauteur ; » moyen inadmissible la plupart du temps, à cause de la dépense qu'il exige.

Dans les terrains accidentés, il est quelquefois très-difficile de faire avancer des corps de troupes avec la cavalerie et l'artillerie qui doivent les appuyer. Lorsque ce cas se présente, l'offensive est gênée et l'assiégeant peut concentrer ses feux sur les rares accès par lesquels doivent déboucher les colonnes. C'est encore un inconvénient que ne présentent pas les forteresses en pays plat ou légèrement accidenté.

Enfin, les contrées montagneuses, qui généralement sont boisées, offrent à l'assiégeant de très-grandes facilités pour l'établissement des lignes de contrevallation. Les blocus de Metz et de Paris ne laissent aucun doute à cet égard. Les terrains boisés et ravinés qui entourent ces deux places permirent aux corps prussiens de se retrancher si promptement et si solidement, que les sorties purent rarement dépasser les lignes d'obstacles qui couvraient les avant-postes.

Le meilleur site, selon nous, est celui qui présente, entre l'enceinte et le camp retranché, de légères ondulations, qui permettent d'abriter les réserves, et d'établir les forts et les batteries sur des mamelons d'où l'on découvre toutes les parties du terrain environnant dans un rayon de 5 à 6 kilomètres.

III

Le siége de Paris a fixé les idées des ingénieurs sur quelques points jusqu'ici fort contestés.

Vauban disait dans son mémoire sur la défense de Paris :
« Si la ville était pourvue de vivres *pour un an et plus*,
» il n'y a point d'armée qui pût subsister si longtemps de-
» vant Paris, parce qu'il est à présumer que la plupart des
» vivres qui se trouveraient à quinze lieues à la ronde aussi
» bien que les habitants, auraient été retirés dans la ville.
» Je dis même que les armées qu'il faudrait pour y pouvoir
» simplement former un blocus n'y pourraient pas sub-
» sister ce temps-là. Or, du moment qu'elles ne pourraient
» plus tenir la campagne, les assiégés seraient en état
» de s'y mettre et de les aller chercher dans leurs quar-
» tiers, qui, étant séparés et nécessairement éloignés les
» uns des autres, ne pourraient pas se maintenir. »

Ce raisonnement a cessé d'être rigoureusement exact depuis l'invention des chemins de fer.

Grâce à ces voies de communication, l'armée prussienne a non-seulement pu faire venir des vivres et des renforts des confins de la Baltique jusqu'à Paris, mais encore diriger chaque jour, sur les ambulances du Rhin et du fond de l'Allemagne, les malades, les blessés, en un mot, toutes les bouches inutiles et tous les objets encombrants.

Quelques stratégistes, à idées absolues et dogmatiques,

ont soutenu, en s'appuyant sur la propriété de la circonférence d'être égale à six fois le rayon du cercle, qu'il faut, pour bloquer une place à camp retranché, six fois plus de troupes que n'en a l'assiégé; et, partant de là, ils sont arrivés à la conclusion que le blocus des grands pivots stratégiques est *impossible*, aucune armée ne pouvant aujourd'hui mettre en campagne une force sextuple de celle de l'ennemi : conclusion évidemment fausse, bien qu'il soit incontestable qu'une armée opérant suivant le rayon a une très-grande supériorité stratégique sur celle qui opère suivant la circonférence. Cette supériorité a donné naissance au principe des lignes intérieures. Mais, comme tous les principes, celui-ci doit être appliqué et surtout interprété avec un tact et un discernement que n'ont pas toujours les stratégistes, qui font mouvoir les armées sur la carte comme des pions sur un échiquier. « Toutes les ques-
» tions de grande tactique, disait Napoléon, sont des pro-
» blèmes physico-mathématiques indéterminés, qui sont à
» plusieurs solutions et qui ne peuvent être résolus par les
» formules de la géométrie élémentaire. »

S'il est vrai que, dans certains cas, le blocus *rigoureux* d'une place à camp retranché exige une force quintuple ou sextuple de celle de l'armée défensive, il n'est pas moins vrai que, généralement, l'assiégeant n'aura pas besoin d'une aussi grande supériorité numérique pour intercepter la plupart des convois de vivres dirigés sur la place. Telle était l'opinion de Napoléon, qui disait, dans ses remarques sur les camps retranchés de Rogniat : « L'armée
» envahissante, étant supérieure d'un tiers en infanterie,
» cavalerie et artillerie, empêcherait les convois d'y arri-

» ver, et, sans les bloquer hermétiquement, comme on
» bloque les places, elle rendrait les arrivages si difficiles,
» que la famine serait dans le camp (1). »

Un de nos camarades ayant émis, en 1849, l'idée de faire de Bruxelles le pivot de la défense nationale et le refuge de l'armée belge, nous réfutâmes cette idée dans une publication qui porte la date de 1850 (2) :

« On soutient, disions-nous, qu'il ne serait pas possible
» de bloquer une ville de l'importance de Bruxelles et dé-
» fendue par 100,000 hommes de bonnes troupes; mais
» c'est une grave erreur ; car, pour empêcher l'introduc-
» tion de vivres dans cette place, l'ennemi n'aurait pas
» besoin de déployer des forces considérables. Il suffirait
» que, dès le premier jour de son arrivée, il interceptât,
» par ses coureurs, tous les arrivages du dehors. L'assiégé
» aurait beau faire des sorties, il n'en rapporterait jamais
» 1,500 voitures de vivres (nécessaires pour les besoins
» journaliers de 300,000 soldats et bourgeois), pût-il même
» tenir la campagne pendant deux ou trois jours, car l'en-
» nemi, non-seulement se serait fait un devoir d'épuiser
» tous les environs, il aurait encore eu soin d'établir ses
» grands magasins loin du canon des forts (3). »

Depuis, nous n'avons cessé de soutenir, contre les partisans de la fortification de Bruxelles, que cette capitale, dépourvue en temps ordinaire d'approvisionnements de toute

---

(1) *Mémoires de Napoléon*, T. VIII, p. 66.
(2) *Faut-il fortifier Bruxelles?* p. 83. Bruxelles, 1850.
(3) Mathieu Dumas, Duvivier, Roquancourt et de Ternay ont exprimé la même opinion.

espèce, et vivant, pour ainsi dire, au jour le jour, des ressources que lui fournissent Louvain, Termonde et Anvers, n'offrirait pas des garanties suffisantes à la Belgique, exposée (comme tous les petits États) à des invasions rapides, par lesquelles on cherchera à la surprendre au milieu de ses préparatifs de défense.

« L'armée qui assiégerait Bruxelles, disions-nous en
» 1869 (T. I, p. 121 du *Traité de fortification poly-*
» *gonale*), pouvant librement se mouvoir sur toute la cir-
» conférence de la position, empêcherait l'arrivée des se-
» cours en vivres et en hommes.

» Il n'en serait pas de même à Anvers, la plus grande
» partie du périmètre de cette place étant couverte par
» des inondations, lesquelles, aussi bien que l'Escaut,
» mettraient les défenseurs en communication sûre avec
» l'Angleterre et avec la Hollande, d'où viendraient vrai-
» semblablement les secours. »

Le blocus de Paris, bien plus difficile, à coup sûr, que ne le serait celui de Bruxelles, nous a donné raison contre ceux qui, invoquant les propriétés du rayon et de la circonférence, soutenaient que les places à camp retranché ne peuvent pas être bloquées.

En effet, le blocus de Paris a été maintenu *très-rigoureusement* par 240,000 hommes; or il y avait dans la place 300,000 combattants (1), à la vérité moins bien

---

(1) La garnison de Paris comprenait, au début du siége :
15,000 artilleurs et soldats du génie ;
60,000 hommes de troupes de ligne (14e et 15e corps);
105,000 mobiles ;

formés, organisés, armés et commandés que les Prussiens, mais possédant néanmoins des qualités militaires que les sorties des 29 et 30 novembre, du 2 décembre et du 19 janvier ont mises en relief. On peut admettre que ces troupes, dont une partie provenait de l'armée permanente et de la marine, avaient une valeur au moins égale à celle de 150,000 soldats réguliers (1).

A Metz, 120,000 hommes d'excellentes troupes (2) ont été bloqués par 200,000 Prussiens, divisés en deux armées de 100,000 hommes, dont l'une pouvait renforcer facilement l'autre sur un point quelconque de la ligne d'investissement. Cette ligne avait douze lieues d'étendue.

Sans doute, des fautes ont été commises dans la défense de l'une et l'autre de ces places, mais nous en tiendrons largement compte en disant qu'on pourra avec des forces à peu

---

7,000 fusiliers de la marine ;
5,000 douaniers, gardes forestiers, anciens sergents de ville, etc. ;
15,000 hommes appartenant à 60 corps francs ;
80,000 hommes appartenant à 120 bataillons de garde nationale ;
10,000 hommes de troupes de ligne, formant la garnison de Saint-Denis.

Le plébiscite du 3 novembre 1870 a permis de constater qu'il y avait à Paris 226.000 soldats de la ligne, mobiles, marins et douaniers.

Sur les 300,000 hommes dont se composait la garnison totale de Paris, il n'y en avait, au témoignage du général Trochu, que 85,000 « à peu près en état de combattre. »

Nous ne citerons que pour mémoire les 146 bataillons de garde nationale sédentaire, qui furent créés après le 13 septembre. (A la fin du siége, il y avait 277.000 gardes nationaux répartis dans 266 bataillons).

(1) Au combat de Champigny, Ducrot avait sous ses ordres 145.000 hommes et 400 pièces d'artillerie. (*Histoire critique du siége de Paris*, par un officier de marine.)

(2) En défalquant les troupes nécessaires à la garde de la forteresse, les blessés et les malades, il restait au maréchal Bazaine, après les sanglantes batailles des 14, 16 et 18 août, environ 120,000 hommes pour les opérations actives. Au début du siége, l'armée, non comprise la garnison, comptait 160,000 hommes. Les pertes en tués, blessés et disparus se sont élevées en tout à 38,138 hommes.

près doubles de celles de l'assiégé, bloquer des places de l'importance de Metz et de Paris, *lorsque le terrain sera favorable à l'investissement*. Cela n'eût pas été possible autrefois, parce qu'on n'avait pas le télégraphe pour avertir les postes éloignés, ni le chemin de fer pour les amener rapidement au point menacé.

M. Thiers ne tenait pas compte de ces éléments nouveaux lorsqu'il disait, dans son rapport sur les fortifications de Paris (voir le *Moniteur* du 14 janvier 1841) : « Jamais un ennemi ne restera soixante jours » devant Paris : C'est lui et non Paris qui serait af- » famé. »

L'erreur des stratégistes absolus provient de ce qu'ils supposent que les corps d'investissement peuvent être surpris, ou tout au moins attaqués et défaits par des forces supérieures, avant que les postes voisins ne viennent à leur secours. Or cette hypothèse est inadmissible quand tous les corps, dès leur arrivée, prennent les dispositions suivantes, dont l'efficacité a été reconnue par l'expérience :

1° Sur toute l'étendue du front que le corps doit garder, et à distance convenable des forts, créer une première *ligne d'obstacles*, derrière laquelle se tiendront les groupes de tirailleurs avec leurs soutiens. Cette ligne, qui arrêtera l'ennemi et le forcera à se déployer, comprendra des abatis, des réseaux de fils de fer, des tranchées-abris, des enclos et des maisons crénelées.

2° En arrière de cette ligne, dont l'organisation n'exigera que vingt-quatre heures, créer une seconde ligne, appelée *ligne de défense*, composée de la même manière et protégée par des batteries de campagne, établies derrière des épaulements (1). Cette ligne sera occupée par les réserves des avant-postes.

3° Plus en arrière encore, sur des points favorables du terrain, établir des batteries pour enfiler et battre d'écharpe les routes par lesquelles l'ennemi devra s'avancer pour atteindre le gros du corps d'armée qui, en cas d'attaque, se portera de son camp ou de ses cantonnements sur une position choisie d'avance.

Les tirailleurs se tiendront dans des tranchées - abris, disposées pour le tir, les soutiens et les réserves, dans des tranchées plus profondes (2), servant uniquement à les préserver des feux directs et des feux plongeants. Ces tranchées seront disposées parallèlement aux ouvrages détachés de la place. Souvent, aux extrémités de la ligne, on sera obligé de faire des crochets en retour pour défendre les flancs des avant-postes. Dans ce cas, on creusera perpendiculairement à ces crochets, plus ou moins enfilés, des bouts de tranchées parallèles où se tiendront les troupes de garde. Chacune de ces petites tranchées, de même que les grandes tranchées devant le front du corps d'armée, seront pourvues de passages avec gradins, pour que les troupes de la réserve puissent se porter rapidement au secours de la ligne des avant-postes.

Les routes qui conduisent vers la place resteront libres ; mais on établira des postes sur leurs flancs, pour les battre

---

(1) Lorsque la première ligne est très-forte, on pourra supprimer la seconde et se borner à creuser des tranchées profondes pour abriter les réserves des tirailleurs.

(2) Celles des Prussiens avaient de 1m50 à 1m60 de profondeur.

en travers, et des batteries dans leur prolongement, pour les battre d'enfilade.

C'est ainsi que les corps allemands ont bloqué Metz et Paris, employant une brigade par corps d'armée pour garder les avant-postes (c'est-à-dire les deux premières lignes d'obstacles), et laissant cette brigade quatre jours dans ses lignes, afin de pouvoir lui assurer après ce rude service un repos relatif de huit jours (1).

On peut conclure, des faits constatés devant ces deux villes, qu'il faudra à l'assiégé tout une journée pour conquérir les obstacles qui couvrent un corps d'armée (lorsqu'il ne sera pas repoussé, ce qui arrivera souvent); or, pendant ce temps, les corps voisins (2) et les corps de réserve (établis en arrière sur les accès les plus menacés) pourront entrer en ligne.

Alors il arrivera de deux choses l'une : ou l'armée de sortie sera rejetée dans la place comme le fut celle de Ducrot à Champigny, ou elle continuera son mouvement offensif, auquel cas elle risquera d'être battue et coupée.

Un témoin oculaire de la défense de Paris fait observer avec raison que si l'armée de Trochu avait percé la ligne du blocus sur un point quelconque, elle eût été séparée de sa base et obligée d'en chercher une autre, à une distance de 100 kilomètres environ; il aurait donc fallu qu'elle emportât des vivres et des munitions pour huit jours au moins et qu'elle fût en état de repousser l'ennemi qui n'aurait

---

(1) Pendant ces huit jours, les exercices et les travaux de défense allaient leur train, mais les soldats passaient au moins la nuit dans leurs cantonnements.

(2) Sauf les brigades qui sont aux avant-postes, et qui doivent rester en position.

pas manqué de la suivre et de l'attaquer en flanc. Les seules trouées dont on puisse attendre un résultat décisif sont celles qui coïncident avec l'arrivée d'une armée de secours ou d'un convoi important; mais on a vu à Paris combien ces sortes d'opérations sont incertaines et difficiles à combiner, quand la place est hermétiquement bloquée. En thèse générale, faire des trouées au moyen de grandes sorties, c'est jouer le jeu de l'ennemi, puisque l'unique moyen qu'ait celui-ci de s'emparer promptement d'une place à camp retranché, est de tâcher d'attirer l'armée défensive loin de sa base, pour l'écraser, l'envelopper et la mettre hors de cause. Le général Jomini, consulté sur cette question en 1849, répondit :

« L'attaque en règle, en présence d'une armée mobile,
» est impossible; bloquer la place est non-seulement im-
» possible, mais serait encore très-dangereux pour l'assié-
» geant, qui, en dispersant ses forces, s'exposerait à se faire
» battre en détail. Le meilleur moyen pour prendre une
» telle place, ce serait d'attirer son armée mobile en cam-
» pagne, puis de manœuvrer de manière à la couper de la
» place, de la détruire, et, quand il n'y aurait plus d'armée
» mobile, d'enlever la place par une attaque de vive force
» ou par un siége régulier, suivant que la nation serait
» disposée à prolonger la défense (1). »

Une armée chargée de défendre une place à camp retranché devra donc éviter de tomber dans le piége que l'habile stratégiste conseille de lui tendre. Ses sorties auront

---

(1) Lettre citée par M. le lieutenant-colonel Vandevelde, dans le *Journal de l'Armée belge*, de 1870.

pour but, au commencement du siége, d'empêcher que l'ennemi ne s'établisse fortement dans ses cantonnements, et, ensuite, de le tenir constamment sur pied, en le harcelant le jour et la nuit. A cet effet, elle fera souvent de petites sorties, que l'on rendra faciles et peu dangereuses en poussant des travaux de contre-approche vers les lignes et les batteries de l'assiégeant.

Les moyens employés par les Prussiens, pour bloquer la capitale de la France, ne diffèrent pas sensiblement de ceux que nous avions indiqués dans le paragraphe suivant de nos *Études sur la défense des États* (Bruxelles, 1863, T. I, p. 180) :

« Occuper, dans les environs de la place, de fortes po-
» sitions d'où l'on puisse contrarier efficacement l'arrivée
» des convois ;

» Retrancher ces positions et les mettre en état de ré-
» sister aux sorties de l'armée défensive ;

» Favoriser, par tous les moyens possibles, les commu-
» nications de l'une à l'autre ;

» Les relier par des postes de cavalerie et d'artillerie
» légère, pour compléter le blocus ;

» Établir des signaux ou des lignes télégraphiques pour
» être informé à temps de ce qui se passera dans le camp
» retranché et dans la contrée environnante. »

M. Thiers, qui disait en 1841, « aucune armée du monde ne pourrait bloquer la ligne des forts de Paris sans se disséminer à tel point qu'elle pourrait être battue partout (1) ; »

---

(1) *Moniteur universel* du 14 janvier 1841.

les généraux Jomini, Soult, Pelet, Marmont et autres, qui ont soutenu la même opinion, et nous-même, qui avons essayé de prouver, dans nos *Études sur la défense des États* (1), qu'il est impossible de bloquer rigoureusement un grand pivot stratégique avec une armée *trois* fois plus forte que l'armée défensive ; nous n'avons pas tenu compte du temps pendant lequel un corps inférieur en nombre peut lutter derrière des obstacles ou même en rase campagne. Or ce temps, qui, dans certains cas, est assez long pour permettre aux corps voisins de prendre part à la lutte, constitue un élément de la plus haute importance. Les combats livrés autour de Paris et de Metz en fournissent la preuve.

Le blocus d'un grand pivot stratégique sera d'autant plus facile et exigera d'autant moins de troupes que le terrain sera plus accidenté, plus boisé, plus couvert. Sous ce rapport, les environs de Paris se trouvent dans des conditions exceptionnellement favorables. Il suffit de jeter les yeux sur les travaux de défense exécutés par le 5ᵉ corps, entre Bougival et Saint-Cloud, pour en être convaincu. La plupart des châteaux, des fermes et des maisons de la banlieue, ont en effet des parcs, des vergers ou des jardins entourés d'épaisses murailles, que l'on peut transformer en retranchements dans l'espace d'une journée ; le terrain est raviné, coupé et boisé, et presque toutes les routes sont commandées par des hauteurs qui permettent d'en disputer l'accès avec quelques pièces rapidement installées.

---

(1) Voir, T. I, p. 169.

Le siége de Paris soulève une autre question importante, qui est celle-ci :

Lorsque le pivot central renferme une population nombreuse, cette circonstance est-elle favorable à la défense ?

Persuadé que les places de ce genre ont surtout à redouter les effets de la famine (1), nous n'hésitons pas à répondre négativement. Selon nous, la plus grande faute que commit le gouverneur de Paris, fut de donner l'ordre, aux habitants des communes suburbaines, de se réfugier dans la place et de détruire tous les vivres qu'ils ne pouvaient emporter. Cette mesure eut pour résultat d'augmenter les embarras de l'intérieur et de livrer aux Allemands des villages vides, où ils installèrent promptement leurs troupes.

On nous fera remarquer, sans doute, que si Paris avait été privé de sa population brave, intelligente et pleine de ressources, il eût été impossible au général Trochu de créer l'armée avec laquelle il résista pendant cinq mois et livra plusieurs combats sanglants; qu'il lui eût été également impossible de fabriquer des mitrailleuses, des canons, de la poudre, des obus, des bombes, des buffleteries, des harnais, des effets d'habillement et une foule d'autres objets de première nécessité (2). Sans l'esprit industrieux et

---

(1) La famine, le séjour dans les caves et les émotions d'une lutte prolongée produisent des maladies souvent contagieuses, qui atteignent également les troupes. A Paris et à Belfort, la mortalité, sur la fin du siége, fut presque quadruple de ce qu'elle est en temps ordinaire.

(2) Le génie civil a fourni à la défense, pendant le siége de Paris, 50 mortiers de 15 centimètres, 110 canons rayés de 7, 200 caissons, 25,000 projectiles, etc., etc. (chiffres cités par le général Susanne).

les aptitudes si variées des Parisiens, il lui eût été impossible aussi de fabriquer des ballons, des télégraphes, des appareils éclairants et d'organiser tous les services nécessaires à une grande place investie, réduite à ses seules ressources. Enfin, sans l'énergique concours de la population, le général Trochu n'aurait pu faire exécuter les immenses travaux qu'exigea la mise en état de défense de l'enceinte et des forts, ni les cheminements offensifs qui furent poussés en avant du camp retranché.

Cela est vrai; mais nous ferons observer que si l'Empire n'avait pas manqué de prévoyance en dotant Paris d'un armement incomplet et défectueux (1), en vidant ses arsenaux et en n'exécutant pas d'avance les travaux les plus indispensables, et si, d'un autre côté, après la bataille de Wœrth, il n'avait pas empêché ses généraux de se replier sur la Capitale, cette grande place se serait défendue avec succès, sans avoir besoin de personne.

Dans ce cas, les deux millions de Parisiens eussent été non pas un secours précieux, mais une cause importante de faiblesse.

Selon nous, quand un grand pivot stratégique est pourvu de la garnison et des ressources nécessaires à une défense

---

(1) « A Paris, dit le général Trochu, le fonds de l'armement à grande portée a été formé par 200 bouches à feu de la marine, que l'amiral Rigault de Genouilly, antérieurement au 4 septembre, avait fait venir à Paris avec un personnel qui est devenu le personnel d'élite du siége et qui en a été l'honneur.

« ..... Nous avons eu d'abord 500 pièces approvisionnées à 10 coups chacune, puis 1,000 pièces approvisionnées à 100 coups; et, dans le courant du siége, nous avions plus de 2,000 pièces en batterie, approvisionnées à 500 coups, avec des réserves. » *Une page d'histoire*, p. 79.

énergique, le devoir du gouverneur est d'éloigner toutes les bouches inutiles et tous les hommes dangereux. On ne doit conserver que les citoyens exerçant une profession ou une industrie utile à la défense et les hommes de bonne volonté, qui offrent des garanties suffisantes pour la création d'une garde urbaine, chargée de maintenir l'ordre dans la ville, d'éteindre les incendies, de soigner les malades et les blessés et de veiller à la conservation des maisons et des magasins abandonnés.

On doit surtout éviter de laisser dans la place les factieux et les gens mal famés, qui sont toujours un grand embarras sinon un grand danger pour la défense.

On a vu à Paris les citoyens de Belleville, de Montmartre et de la Villette se soulever contre le gouvernement de la défense nationale (le 31 octobre) et le tenir bloqué pendant plusieurs heures dans l'hôtel de ville. Trois mois après (le 22 janvier 1871), une nouvelle insurrection eut pour résultat d'obliger le général Trochu à se démettre du commandement de l'armée et des fonctions de gouverneur.

Ce n'est pas de ce danger que s'étaient préoccupés les écrivains militaires hostiles à la fortification des capitales. Tous avaient cru que l'obstacle viendrait d'un défaut de résignation des habitants, livrés aux dures épreuves de la famine. Sous ce rapport, les Parisiens ont donné un bel exemple aux villes moins importantes, qui se sont rendues après quelques jours de bombardement ou de blocus.

Le général Rogniat disait, à propos de la fortification des capitales (voir *ses Considérations sur l'art de la guerre*):

« Les habitudes, les besoins, la manière d'être de leurs
» nombreux habitants, incapables de supporter les priva-

» tions qu'entraîne la guerre, mettent ordinairement ob-
» stacle à leur défense. »

Gassendi exprima la même opinion :

« La population de Paris, disait-il, forcerait la garnison
» à se rendre. »

Le marquis de Chambray était d'avis que « la richesse, la
» nombreuse population et la grande étendue d'une ville,
» loin d'être des motifs pour la fortifier, sont des circon-
» stances nuisibles. » Il proposa en conséquence de faire
choix d'une ville autre que Paris, dans laquelle le gouvernement se retirerait au moment où il serait obligé de quitter
la Capitale. Les généraux Saint-Suzanne et Duvivier sont
arrivés à une conclusion identique, mais en insistant particulièrement sur la faiblesse résultant des éléments de
désordre que renferment les grandes villes.

L'opinion de ces généraux distingués a gagné du terrain
depuis le siége de Paris, et, moins que jamais, on semble
disposé aujourd'hui à écouter les stratégistes qui proposent
de fortifier toutes les capitales.

Celles-ci, en effet, cessent d'exercer une influence décisive sur les opérations militaires, dès que le gouvernement
s'en éloigne pour transférer le centre de la puissance dans
une ville fortifiée.

A Tours, Blois ou Orléans, le gouvernement français,
appuyé sur une bonne armée et sur une forteresse de
premier ordre, serait plus sûrement maître de la France
qu'il ne l'est à Paris, entouré d'un demi-million de factieux.
C'est ce que M. Thiers et l'*Assemblée nationale* ont reconnu en transférant le siége du gouvernement à Versailles,
où il était établi sous Louis XIV.

Si, en février 1871, la chute de la Capitale a forcé de nouveau la France à subir la loi du vainqueur, c'est que les armées du Nord, de l'Est et du Sud étaient écrasées. La prise de Paris n'aurait point été décisive s'il était resté à la France une bonne armée, appuyée sur une place inexpugnable, au centre du pays.

A une autre époque, sous Charles VII, on a vu la France gouvernée par un souverain qui habitait Bourges, pendant que les Anglais occupaient sa capitale. Le même fait s'est présenté en Prusse sous Frédéric II, en Autriche et en Espagne sous Napoléon Ier.

Si, en 1814 et en 1815, la prise de Paris a mis fin à la guerre, c'est que la France était épuisée et lasse du régime impérial.

Il n'est donc pas vrai, comme le prétendent les partisans de la fortification des capitales, que l'occupation de celles-ci marque toujours la fin de la résistance. La guerre de 1871 aurait continué après la chute de Paris, si les armées du Sud, de l'Est et du Nord avaient été intactes; les *communeux*, d'un autre côté, ont appris au monde qu'il ne suffit pas de régner à Paris pour être maître de la France.

Les Américains n'ont pas sacrifié à ce préjugé que la capitale doit être la ville la plus grande et la plus forte de l'État. Avec le bon sens pratique qui les distingue, ils se sont dit que leur gouvernement serait plus indépendant et plus respecté à Washington qu'à New-York, la turbulente *imperial city*, où il eût été à la merci des factions.

Est-il nécessaire que le siége du gouvernement soit dans tous les cas fortifié et serve de pivot central à la défense? Nous sommes d'avis que cette question doit être résolue affirmativement dans le seul cas où la Capitale occupe un point stratégique géographique (1).

Lorsque cette condition n'est pas remplie, le siége du gouvernement doit être transféré, au moment de la guerre, dans la place qui sert de pivot central; opération à laquelle on préparera l'esprit public, et qui dès lors ne présentera plus les difficultés ni les inconvénients politiques qu'ont signalés les partisans absolus de la défense des capitales *quelles qu'elles soient*.

Les gouvernements qui seront dans la nécessité de fortifier de grandes villes populeuses, foyers d'intrigues et d'agitations populaires, devront profiter de l'exemple de Paris et organiser la défense de ces villes, dans la supposition qu'on en expulsera au moment opportun toutes les bouches inutiles et tous les hommes suspects ou dangereux.

Il est sans doute cruel de forcer des centaines de mille citoyens à quitter leurs demeures, à l'approche du danger, mais les effets de cette mesure seront singulièrement atténués si le gouvernement s'y prépare à temps, en faisant un appel à l'humanité et au patriotisme des villes non fortifiées, pour qu'elles prennent soin des familles expulsées, jusqu'au moment où celles-ci pourront rentrer dans leurs foyers.

---

(1) Rome est sans doute pour l'Italie un point stratégique bien moins important que ne l'est Plaisance, la clef de la vallée du Pô; mais si l'on considère que cette antique cité est l'objectif des puissances catholiques, qui aspirent à reconstituer le pouvoir temporel du Pape, on comprendra que le gouvernement italien ait pris la résolution de la fortifier. Sans cette circonstance, il aurait pu s'en abstenir, car nulle armée ne sera jamais en état de se maintenir sur l'un ou l'autre versant des Apennins, tant que l'armée italienne occupera fortement la ligne du Pô. L'histoire et la stratégie sont d'accord sur ce point.

Il prouvera facilement à ces villes qu'en agissant ainsi, elles rendront plus de services à la chose publique et s'imposeront moins de dépenses et moins de sacrifices qu'en levant à la hâte des corps francs, qui la plupart du temps ne servent qu'à attirer des désastres sur les localités qui les organisent ou sur celles qui les chargent de les protéger.

Le *Gouvernement de la défense nationale* commit donc une faute des plus graves en laissant à Paris sa population ordinaire et en y faisant entrer les habitants des communes suburbaines. Cette dernière mesure fut doublement fâcheuse, parce qu'elle augmenta dans une forte proportion le nombre de bouches inutiles, et parce qu'elle livra à l'ennemi des villages entièrement déserts, où il put abriter ses troupes pendant le rude hiver de 1870 à 1871.

On se rendra compte des effets pernicieux de la mesure que nous blâmons, en consultant la statistique des vivres et des approvisionnements de toute espèce, consommés pendant le siége. Les provisions du commerce et celles des particuliers furent en effet insuffisantes. Il fallut que les administrations de la guerre et de la marine cédassent à la population : 8,000 tonnes (de 1,000 kilog.) de blé, 4,100 tonnes de riz, 3,200 tonnes de pommes de terre, 26,600 tonnes de farine, 470 tonnes de viande salée et conservée, 430 tonnes de morue, harengs, etc.

IV

La dernière guerre a remis sur le tapis une question souvent débattue et très-diversement appréciée par les ingénieurs, celle de la construction des places purement militaires.

Il est certain que la pression des habitants et le spectacle des maux auxquels ils étaient exposés, ont déterminé les gouverneurs de plusieurs places à capituler avant qu'il y eût nécessité de le faire. Le général Uhrich, défenseur de Strasbourg, et le général Coffinières, gouverneur de Metz, eurent l'un et l'autre à se plaindre de la conduite de la bourgeoisie. Le premier dut rendre la place quand elle pouvait tenir encore, et le second nous a affirmé que si Metz avait été attaquée pied à pied, ses habitants l'eussent beaucoup gêné, puisque déjà pendant le blocus ils lui suscitèrent de nombreuses difficultés. C'est ce qui explique que dans une lettre, dressée pendant sa captivité à un journal allemand, ce général se prononça en faveur de l'établissement de forteresses purement militaires, comme l'a fait depuis, en termes plus absolus — trop absolus, selon nous — le colonel d'état-major Lewal, dans son livre sur la *Réforme de l'armée française*.

Il y a longtemps que les ingénieurs russes sont arrivés à la même conclusion. Toutes les places, en effet, qu'ils ont construites, à l'exception de deux ou trois, sont purement militaires.

Mais la difficulté de trouver de bons points stratégiques

en dehors des lieux habités est si grande dans les pays riches et populeux, qu'on ne pourra que très-rarement y construire des places de cette espèce.

« Les plaines, dit un ingénieur allemand, les vallées et les cols dans les montagnes, ont été de temps immémorial les points de passage pendant la paix comme pendant la guerre, et c'est aux endroits où des voies de communication naturelles ou artificielles se croisent que se trouvent les lieux habités et les objectifs des armées. On en déduit immédiatement la nécessité de fortifier ces endroits. »

Il en est de même des grandes rades autour desquelles la population se groupe naturellement, à cause des avantages qu'elle y trouve pour le commerce ou la pêche.

Ce ne sera donc que très-exceptionnellement qu'on créera des places purement militaires à une grande distance des lieux habités.

Ces places, d'un autre côté, exigent un si grand nombre de logements, de magasins, de bâtiments de toute espèce et un approvisionnement (1) si considérable de vivres, liquides, combustibles, matériaux, étoffes, etc., que bien peu de gouvernements pourraient suffire aux énormes dépenses qu'elles exigeraient.

Lorsqu'on fortifie une grande ville pourvue de toutes choses, la tâche du Gouvernement devient beaucoup plus fa-

---

(1) On nous fera remarquer sans doute que, dans les places bloquées ou assiégées pendant un temps très-long, les magasins militaires sont toujours obligés de fournir des vivres à la population. Ce cas s'est présenté à Paris, à Metz et à Belfort, bien qu'on eût sommé les habitants de se fournir de vivres pour toute la durée du siége. Si l'on avait éloigné les bouches inutiles et gardé seulement les vivres, cela ne serait pas arrivé.

cile; non-seulement il n'est plus obligé de créer d'avance de grands dépôts de vivres, mais il trouve encore, au moment de la mise en état de défense de la place, des ressources précieuses, tels que logements, hôpitaux, magasins, chevaux, voitures, ouvriers de métier, outils, combustibles, matières premières, etc.

Cette considération et la nécessité de protéger les grands centres de population qui occupent des points stratégiques, imposeront aux ingénieurs le devoir de ne proposer que très-rarement des places purement militaires. Il y aurait cependant un moyen facile de réunir les avantages des deux systèmes, sans tomber dans les inconvénients que nous venons de signaler, ce serait de construire, à proximité des capitales et des autres grandes villes que l'on doit protéger, des places purement militaires, dans lesquelles on ferait entrer, au moment de la guerre, les ressources de toute nature qu'offrent ces villes et la partie de la population dont on peut tirer parti.

Le voisinage d'une place de ce genre empêcherait l'ennemi de s'établir dans la ville et le mettrait dans l'impossibilité de la bombarder, le droit des gens n'autorisant ce mode d'attaque que lorsque la population, renfermée dans une place de guerre, prend part à la défense de celle-ci (1).

---

(1) Dans une lettre du 17 janvier 1871, datée de Versailles, M. le comte de Bismark rappela aux membres du corps diplomatique, qui avaient cru pouvoir protester contre le bombardement de Paris, la déclaration suivante de Vattel : « Détruire une
» ville par les bombes et les boulets rouges est une calamité à laquelle on ne se résout
» pas sans de grandes raisons. Mais elle est autorisée, cependant, par les lois de la
» guerre, lorsqu'on n'est pas en état de réduire autrement une place importante de la-
» quelle peut dépendre le succès de la guerre *ou qui sert à nous porter des coups dan-*
» *gereux.* »

En 1860, nous avons fait une application de cette idée (1), en proposant de défendre Londres au moyen d'une grande place à camp retranché, purement militaire, établie à Croydon, et de trois têtes de pont à créer sur la Tamise, à Gravesend, Woolwich et Kingston, pour permettre à l'armée anglaise d'opérer sur la rive gauche de ce fleuve.

Ces fortifications, Guildfort (à construire) et Chatham (à compléter) formeraient un immense camp retranché dans lequel les forces réunies de la Grande-Bretagne pourraient résister aux armées des plus grandes puissances militaires du continent.

La construction d'une ligne de forts autour de Londres exigerait une dépense bien plus grande, sans offrir des garanties plus sérieuses, et présenterait en outre tous les inconvénients qui ont été constatés pendant la défense de Paris, avec une cause de faiblesse en plus, provenant de l'absence de tout noyau fortifié.

Sur ce point nous sommes en désaccord avec des ingénieurs d'un mérite réel.

Un officier anglais ayant proposé, tout récemment, de défendre Londres au moyen de 3 ou 4 camps retranchés, établis à 20 ou 30 milles de cette capitale (un à Chatham, un à l'est, un au nord et un au sud), cette proposition fut combattue, le 12 mai 1871, par le colonel du génie Drummond Jervois, dans une des conférences du *Royal institution* (2). Il émit l'opinion que la capitale de l'Angleterre

---

(1) *Système de défense de l'Angleterre,* Paris, 1860.
(2) *The defensive policy of Great-Britain,* p. 24. London, 1871.

serait plus efficacement défendue par une ceinture de 50 forts, établis à 12 milles (ou 20 kilomètres) du centre de la ville, et à 2,000 ou 3,000 yards l'un de l'autre, que par les quatre camps dont il s'agit, qui n'empêcheraient pas l'ennemi de se jeter dans Londres et d'y faire la loi. Cette objection ne serait pas fondée, si les camps étaient occupés par de bonnes troupes permanentes. Le colonel Jervois le reconnaît lui-même, puisqu'il invoque à l'appui de sa thèse la nécessité où se trouve l'Angleterre de défendre sa Capitale au moyen de troupes auxiliaires (milices et volontaires), « afin que l'armée permanente » puisse se porter là où sa présence sera jugée nécessaire, » et ne soit pas obligée de se retirer immédiatement sur » la Capitale. »

Au moment de la guerre on construirait, entre les forts, des retranchements, des batteries, des abatis et d'autres défenses accessoires, tout en ménageant, dans les endroits les plus convenables, des passages pour l'infanterie, la cavalerie et l'artillerie.

Les 50 forts seraient occupés par 50,000 hommes, composés, en majeure partie, de troupes auxiliaires.

L'armée battue se retirerait, soit derrière les forts, soit dans une autre direction (pour recommencer la lutte).

L'ennemi ne pouvant ni affamer ni bombarder Londres, devrait s'en rendre maître par un siége en règle, opération qui l'obligerait à se faire suivre d'un parc de siége en rapport avec l'énorme étendue de la position.

L'idée de fortifier la capitale de l'Angleterre appartient à Pitt. Cet illustre homme d'État, à l'époque où Napoléon menaçait la Grande-Bretagne, proposa d'entourer Londres d'une ligne de défense dont les plans existent encore au *War-Office*. Si l'on se reporte au temps où elle fut émise, cette idée ne soulève aucune objection sérieuse ; mais depuis lors deux faits importants se sont produits qui modifient profondément la situation :

1° La population de Londres a atteint le chiffre de 4,000,000 d'âmes.

2° Le siége de Paris a démontré que les meilleures troupes se désorganisent au contact de la population et que les chefs les plus énergiques sont à la merci des éléments révolutionnaires que renferme cette population, surtout dans les grandes capitales, qui sont des foyers permanents d'intrigues et de conspirations politiques.

On peut à cet égard invoquer le témoignage concluant du général Trochu.

» Nous avions, dit-il, 100,000 mobiles, venus des dépar-
» tements avec un excellent esprit....

» Pour les former, il aurait fallu les grouper dans des
» casernements réguliers ; j'eus l'obligation de les répar-
» tir chez les habitants de Paris, qui leur firent le plus
» cordial accueil.... mais beaucoup de ces jeunes gens,
» pleins de simplicité et de bon vouloir, rencontrèrent, par
» suite de cette dispersion, des exemples et des contacts
» compromettants....

» Près de 8000, à la fin du siége, étaient atteints de
» maladies constitutionnelles qui montraient à quel point
» la civilisation de Paris les avait pénétrés ! »

La garde nationale, tirée de la population et sans cesse en contact avec elle, manquait d'ensemble et de direction.

« Chacun opérait à peu près pour son compte, et voilà

» comment il se fait, dit le général, que je suis fondé à éva-
» luer qu'un huitième des morts et des blessés que j'eus à
» la bataille de Buzenval, a péri par le fait de la garde
» nationale » (dont les hommes, arrivés en présence de
l'ennemi, se troublèrent, firent demi-tour et, ne sachant
plus discerner de quel côté étaient les Prussiens, tirèrent
sur les soldats français).

On lit également dans le *Mémoire sur la défense de Paris*, par M. Viollet-le-Duc, Lt Colonel de la légion auxiliaire du génie : « Par son contact avec la garde nationale,
» l'armée régulière perdait peu à peu les traditions de
» discipline qui s'étaient encore conservées; car il faut
» reconnaître que l'indiscipline est un des caractères par-
» ticuliers de la garde nationale, et, sous ce rapport,
» l'exemple qu'elle donne est un des plus pernicieux. »

Les bataillons de Belleville, de Montmartre et d'autres quartiers populeux ne se présentèrent jamais à l'ennemi sans que la plupart des hommes fussent ivres. Le général Clément Thomas flétrit leur intempérance et leur lâcheté, dans ses ordres du jour, et finit par obtenir leur dissolution, acte de juste sévérité qu'il paya de sa vie quand éclata l'émeute du 18 mars.

Mais le fait qui constate le mieux l'influence pernicieuse de la population anarchique des capitales est le suivant :

La garde nationale de Paris, forte d'abord de 50,000 hommes (60 bataillons), fut portée pendant le siége à 277,000 hommes (266 bataillons) « parmi lesquels figu-
» raient, dit le général Trochu, 25,000 repris de justice,
» ou l'équivalent dans l'ordre moral, et 6000 sectaires ca-
» pables de tout dans l'ordre social. »

Ces derniers firent l'émeute du 31 octobre, qui faillit renverser le Gouvernement et mettre un terme à la défense. Arrêtés et poursuivis, les chefs du mouvement furent traduits devant un conseil de guerre qui les *acquitta*. Cet acte de faiblesse montre bien quel était alors l'état des esprits et quelle crainte inspiraient les misérables qui plus tard s'emparèrent de l'hôtel de ville.

A la fin de janvier, après le combat de Buzenval, les sectaires firent une nouvelle tentative qui, cette fois, eut pour résultat de provoquer la démission du gouverneur et du commandant de l'armée de Paris.

« A partir de la bataille de Buzenval, dit le général
» Trochu, la population, la presse, la garde nationale, le
» gouvernement se prononcèrent contre moi d'une manière
» définitive. L'idée qui prévalut par continuation était celle
» qui avait eu pour origine le succès de Coulmiers, à
» savoir : il faut sortir avec toutes les masses organisées
» et non organisées qui sont dans Paris. Je reçus une
» députation de gardes nationaux qui venaient me propo-
» ser de faire sortir, en même temps que les hommes
» armés, les hommes sans armes.... afin, me disaient-
» ils, de livrer ce qu'ils appelaient une *bataille torren-
» tielle.* »

Ces faits prouvent que, dans les capitales populeuses, il arrive toujours un moment où les ennemis les plus dangereux ne sont pas ceux de l'extérieur.

A Paris il en fut ainsi dès les premiers jours, et la situation était, pour ainsi dire, désespérée à la fin d'octobre.

« On nous a reproché, dit le général Trochu, d'avoir
» laissé les masses populaires arriver en groupes bruyants,

» devant le gouvernement de la défense pour présenter
» des pétitions; on nous a reproché d'avoir laissé s'étaler
» aux vitrines de Paris d'ignobles caricatures; on nous a
» reproché bien des choses qu'il serait trop long d'énumé-
» rer. Eh bien, Messieurs, à Paris, pour dominer tous
» ces désordres, il aurait fallu que, comme à Lille, par
» exemple, c'est-à-dire dans une ville assiégée ordinaire,
» l'existence de la population pût être absorbée dans
» l'existence de la garnison : *à Paris c'était, au contraire,*
» *l'existence de la garnison qui était absorbée dans l'exis-*
» *tence de la population.* »

Pour bien défendre des capitales de l'importance de Paris et de Londres, il faudrait donc avoir deux armées dont l'une serait spécialement destinée à contenir la population; et ce n'est pas celle-ci qui aurait le rôle le plus facile et le moins périlleux.

Nous opposerons cette nécessité comme un argument d'une grande importance à la proposition du colonel Jervois de fortifier la capitale de l'Angleterre, au moyen d'une ligne de forts détachés, dont on confierait la défense à la milice et aux volontaires,

Quelle serait, en effet, la situation du gouverneur au centre de cette ville de quatre millions d'habitants, si la partie remuante de la population, surexcitée par les privations (1) ou par de coupables menées, exigeait soit une prompte red-

---

(1) Le blocus rigoureux de Londres serait sans doute impossible, si l'on donnait aux défenses de cette ville le développement proposé par le colonel Jervois (environ 72 milles ou 116 kilomètres); mais les arrivages seraient rendus si difficiles et tant de convois tomberaient aux mains de l'ennemi, que la gêne deviendrait grande après quelques semaines. Cela n'est pas contestable.

dition, soit l'exécution d'un plan de bataille aussi absurde que celui que la garde nationale voulait imposer au gouverneur de Paris ?

On ne dira pas qu'il suffit d'un petit nombre d'hommes résolus pour tenir en échec les perturbateurs les plus dangereux. Il est prouvé, en effet, que les révoltes de Paris ont été fomentées par un groupe de 6,000 sectaires. Au témoignage du général Trochu, ce sont ces mêmes scélérats qui, le 18 mars, ont arboré le drapeau rouge sur l'Hôtel de ville, mis en fuite la garnison de Paris et glacé d'épouvante 250,000 gardes nationaux, armés jusqu'aux dents (1).

Or ce qui s'est passé en France peut se produire en Angleterre.

Londres a un plus grand nombre de repris de justice, de gens sans aveu et de révolutionnaires que Paris; et les forces auxiliaires (volontaires et milices) auxquelles le colonel Jervois voudrait confier la défense de cette grande capitale, n'auraient certes pas plus de succès que n'en ont eu les 380,000 hommes de troupes irrégulières que renfermait Paris, et qui en toutes circonstances ont montré qu'ils étaient faibles devant l'ennemi, plus faibles encore devant l'émeute.

---

(1) M. Viollet-le-Duc est, sur ce point, d'accord avec le général Trochu :

« La masse ignorante, impressionnable et faible, dit-il, demeure ainsi à la merci de
» gens sans scrupules, sans biens dans la cité et qui, pour arriver à leurs fins,
» c'est-à-dire au triomphe de l'anarchie, dont eux seuls profitent, excitent les plus
» mauvaises passions, les appétits les plus bas et propagent les mensonges les plus
» grossiers..... »

..... » Paris est une monstrueuse agglomération qu'il faut dissoudre pour le repos de la France et de l'Europe. » P. 52 et 55.

V

Il nous reste à exposer nos idées sur la manière de constituer les places purement militaires, destinées à protéger les grands centres de population.

Du côté le plus favorable de la défense, au point de vue stratégique comme au point de vue tactique, on choisira quatre points culminants (au besoin un plus grand nombre) sur lesquels on construira de grands forts pentagonaux. Ces points se trouveront, autant que possible, à une grande portée de canon (7 à 8,000 mètres) l'un de l'autre, et les plus rapprochés de la ville en seront éloignés d'au moins 1 1/2 lieue, pour que leur artillerie ne cause pas de dommage aux habitants et que l'ennemi n'ait pas de prétexte de raser ou d'occuper une partie de la ville pour favoriser les travaux d'attaque.

Vers le centre du quadrilatère formé par ces forts, on construira un ouvrage plus grand et plus simple qui servira de réduit à la position.

Les intervalles des forts seront défendus chacun par une grande batterie centrale, inattaquable de vive force, et par deux grandes redoutes pentagonales. (Voir pl. XVIII, fig. 1).

Au moment de la guerre, on reliera entre elles les redoutes et les batteries centrales, au moyen de retranchements, en ayant soin d'y ménager des ouvertures nombreuses et larges pour favoriser les mouvements offensifs et la retraite de l'armée.

Les forts seront assez vastes et pourvus d'assez de logements, pour abriter temporairement une brigade en sus de la garnison ordinaire, qui sera de 2,000 hommes environ. On donnera à leurs fortifications toute l'importance nécessaire pour que l'ennemi ne puisse s'en emparer que pied à pied. (Voir pl. XVIII, fig. 2.)

Le réduit central (que les Allemands appellent *noyau*) se composera d'une enceinte polygonale, sans dehors, flanquée par des caponnières et possédant les locaux nécessaires pour abriter la plus grande partie des vivres et des munitions de l'armée.

Les troupes chargées de la défense de la position se logeront dans les villages situés en arrière et en avant des forts.

Lorsqu'elles seront obligées de se replier, elles occuperont les parties les moins menacées du camp, où l'on établira d'avance des baraques ou des huttes, protégées par des épaulements qui les mettent à l'abri des coups plongeants. (Voir pl. XVIII, fig. 4.)

Il suffit de jeter un coup d'œil sur cette planche pour apprécier les difficultés que présenterait l'attaque d'une pareille forteresse, bien armée et largement pourvue de vivres et de munitions. Avant de forcer l'armée défensive à battre en retraite, l'assiégeant devrait s'emparer de trois forts, si la place était rectangulaire, et d'un plus grand nombre, si le périmètre se composait de cinq, six ou sept points fortifiés.

Il sera sans doute inutile de faire observer qu'il peut se

présenter des cas où la défense d'une grande capitale exigerait l'établissement de deux et même de trois places semblables, reliées entre elles par de bonnes voies de communication.

Le nombre des forts de chaque camp dépendra non-seulement de la nature du terrain, mais encore de l'effectif de l'armée qui devra défendre la Capitale.

Ainsi protégés, Paris et Londres seraient sans doute imprenables, non-seulement parce que leurs ouvrages offriraient une énorme résistance, mais encore parce que la population de ces villes, si mal disposée qu'elle pût être, n'exercerait aucune influence sur l'esprit des chefs ni sur la conduite des soldats, qui n'auraient plus de contact avec elle.

Le colonel Jervois prétend que les garnisons et les armées des divers camps ne seraient point en communication les unes avec les autres.

L'objection aurait une certaine importance, si l'on pouvait admettre que le commandant de l'armée répartît ses troupes entre tous les camps. Or certainement il ne commettrait pas cette faute. Si, par exemple, l'attaque venait du Sud, il établirait son armée dans le camp situé sur cette zone et il se bornerait à laisser dans les autres camps les troupes nécessaires à la défense des forts (10,000 à 12,000 hommes d'infanterie, avec quelques batteries d'artillerie de siége et quelques compagnies du génie).

Ces camps donneraient à l'armée une grande indépendance de mouvement et une sécurité presque absolue, puisqu'ils lui fourniraient des points d'appui et des lieux de retraite inexpugnables dans quelque direction qu'elle se portât pour attaquer l'ennemi.

Les places purement militaires que nous venons de décrire ont un degré de résistance qu'il n'est pas toujours possible d'obtenir avec les ressources dont on dispose ; on peut, du reste, les simplifier sans inconvénient dans la plupart des cas.

S'agit-il, par exemple, de construire un camp retranché pour une armée de 70 à 80 mille hommes, à proximité d'une ville qu'on désire épargner, on choisira, à quelque distance de cette ville, un emplacement convenable sous le rapport stratégique. On déterminera ensuite les points à fortifier, en ayant soin de mettre la circonférence en rapport avec la force de l'armée et la somme dont on dispose.

Supposons que le rayon du camp ainsi tracé soit de 4,000 mètres et que sa circonférence comprenne huit points favorables à l'établissement de forts. A l'intérieur de cette circonférence on choisira un emplacement central pour la réserve mobile du camp retranché (qu'on établira dans des baraques ou sous la tente.)

Ces logements seront protégés au moment de la guerre par des ouvrages de campagne et par des défenses accessoires.

Aussitôt que l'ennemi commencera l'attaque régulière d'un ou de plusieurs forts, on construira dans les intervalles de ces forts, des abris ou simplement des tranchées, où pourront se tenir les troupes de la réserve, sans essuyer de trop grandes pertes. En même temps, on établira, en arrière des forts menacés, de nouvelles défenses pour continuer la lutte dans de bonnes conditions après la prise de ces ouvrages.

Le campement de la réserve devant, autant que possible, être hors de la portée des canons, on le déplacera après que l'ennemi se sera emparé d'une partie des forts.

Les troupes non employées à la garde du camp retranché seront cantonnées dans les villages, en arrière de la ligne des forts ou à une petite distance en avant.

Un ingénieur allemand a proposé de construire un camp de l'espèce, pour deux corps d'armée, sur une ligne de hauteurs au sud-est de Mulhouse, entre l'Ill et le chemin de fer de Strasbourg à Bâle.

Ce camp surveillerait et commanderait les routes et les voies ferreés qui se dirigent vers Strasbourg, Belfort, Bâle et un pont à construire sur le Rhin. Pour couvrir ce pont, on établirait entre Reinweiler et Kembs trois forts sur la rive droite, et on relierait ce petit camp retranché à celui de la rive gauche par deux ouvrages établis dans la vallée, de manière à protéger efficacement les gorges des deux camps.

Le camp de la rive gauche aurait environ 9000 pas de profondeur de l'est à l'ouest et 11,000 du nord au sud. Il renfermerait plusieurs villages dont la population s'élève à 13,000 âmes, et il exigerait neuf forts dont cinq de grande dimension. (1)

Si les Français avaient créé une position analogue près de Châlons, la guerre de 1870 eût été moins désastreuse pour eux, et le coup de filet de Sedan fût devenu impossible.

---

(1) Il est probable que les Allemands fortifieront de préférence Neuf-Brisach, à cause du pont de chemin de fer qui traverse le Rhin, près de cette ville.

L'utilité de ces sortes de camps, en fortification permanente ou provisoire, est hautement appréciée par les stratégistes qui peuvent, du reste, citer à l'appui de leur opinion les services qu'ont rendus aux Russes le camp de Drissa, aux Turcs, le camp de Kalafat, aux Anglais, le camp de Torrès-Vedras, aux Danois le camp de Duppel et aux Autrichiens, le camp de Florisdorf.

VI

Le bombardement de Paris (1) ayant prouvé que le canon rayé de 24 en acier, du système prussien, tiré sous un angle de 32 à 34 degrés, avec 6 livres de poudre (2), porte à 7,500 mètres, on s'est demandé si les grandes places récemment construites, Vérone, Cracovie, Portsmouth et Anvers, peuvent encore être considérées comme étant à l'abri d'un bombardement.

Pour répondre à cette question, voyons quelle est la situation d'Anvers.

Lorsque cette place fut projetée, en 1858, les canons rayés n'avaient pas encore fait leur apparition sur les champs de bataille et on ne connaissait que les résultats incomplets des expériences faites en Piémont par le général Cavalli.

Néanmoins, dans la prévision d'une augmentation notable de la portée des pièces, on établit les forts d'Anvers à 7,500 mètres du clocher, centre de la demi-circonférence qui limite la partie agglomérée de la ville.

---

(1) Trois batteries seulement ont pris part à ce bombardement, qui avait pour but principal d'agacer les nerfs des Parisiens et de provoquer des incidents de nature à hâter la reddition. Il a duré du 5 au 27 janvier et il a eu pour résultat d'atteindre 383 personnes dont 115 femmes et 67 enfants. Le nombre des morts s'est élevé à trente-trois pour cent. Les dégats matériels ont été peu importants.

(2) La charge ordinaire est de 4 $1/2$ livres.

Le rayon de cette demi-circonférence est d'environ 1,200 mètres.

La zone des faubourgs, bornée par la nouvelle enceinte, a 2,000 mètres de profondeur.

Quant aux forts, un seul (le n° 8) est à 4,600 mètres de l'enceinte (c'est le plus éloigné), et un seul (le n° 5), à 2,750 mètres (c'est le plus rapproché). Les autres sont à des distances qui varient entre 3,025 et 3,660 mètres (1).

Par conséquent, la limite de l'agglomération bâtie et la ligne qui joint les fronts de tête des forts, forment une zone dont la largeur moyenne est de 5,500 mètres (2).

Si donc l'ennemi parvenait à établir des batteries à 1,600 mètres des forts, comme les Prussiens l'ont fait à Paris, il pourrait bombarder à l'intérieur de l'enceinte une zone de 2,400 mètres de largeur, dont 2,000 sont occupés par les faubourgs et par des constructions isolées.

Ce bombardement serait peu redoutable en ce moment, parce que, dans la zone des faubourgs, les propriétés bâties occupent une étendue qui n'est que la millième partie de la surface totale; mais il arrivera un temps où cette situation sera modifiée du tout au tout, et alors il faudra nécessairement pourvoir à la sécurité de la ville, en éloignant ses défenses extérieures.

On peut soutenir, sans doute, que si le gouverneur de

---

(1) Ces distances sont celles qui séparent le milieu de la ligne de feu du front de tête des forts du point le plus rapproché de la ligne de feu du corps de place. Les forts de la rive gauche sont à 4,800 et 5,000 mètres du saillant 12, formant l'extrémité de l'enceinte.

(2) Sur un point (fort 8) elle a 6,700 mètres, et sur un autre (fort 4), 5,000.

Paris avait eu une armée régulière de 150,000 à 200,000 hommes, bien commandée, les Prussiens eussent été dans l'impossibilité d'établir des batteries de bombardement à une aussi faible distance des forts; mais, d'un autre côté, l'artillerie n'a pas encore dit son dernier mot, et déjà, en Angleterre, on a obtenu des portées de 10,071 yards (9,200 mèt.) avec le canon de Lynall Thomas (de 7") tirant des projectiles de 175 livres sous l'angle de 37 1/2 degrés, à la charge de 25 livres de poudre à gros grains.

On peut donc affirmer qu'alors même que l'artillerie des forts et les grandes sorties obligeraient l'assiégeant à établir ses batteries de bombardement à plus de 3,000 mètres, il serait encore possible d'incendier la ville d'Anvers, si les parcs de siége étaient pourvus de canons portant à plus de 7,500 mètres, progrès dont la réalisation n'est peut-être pas éloignée.

Dans cette prévision, nous proposerons de porter les défenses extérieures assez loin pour que l'enceinte soit complétement à l'abri des obus qui pourraient être lancés à 10 et même à 12 kilomètres de distance.

A cet effet il sera nécessaire ou bien d'établir des batteries en avant des intervalles des forts, ou bien d'occuper par des ouvrages indépendants les points favorables du terrain extérieur.

Quelque soin qu'on apporte à la construction des batteries, on ne pourra pas empêcher que l'ennemi ne s'en rende maître par une attaque de vive force, à la faveur de la nuit ou d'un épais brouillard, l'artillerie des forts étant alors dans l'impossibilité de les protéger efficacement.

Pour les soustraire à ce danger, il faudrait leur donner

un profil respectable, un bon flanquement et une garnison d'infanterie, ce qui reviendrait à construire une nouvelle ligne de forts.

Les seules batteries qui puissent être établies, sans inconvénient, à une grande distance du camp retranché, sont celles que l'on prépare pour recevoir des pièces de campagne au moment où une sortie est dirigée contre les travaux d'investissement et que l'on désarme aussitôt que la sortie a atteint son but ou est repoussée.

Les batteries permanentes, destinées à concourir avec les forts à la défense du camp retranché, ne peuvent être établies que sur les côtés et dans les intervalles des forts.

Lorsque, par conséquent, on voudra corriger le défaut résultant du manque de profondeur d'un camp retranché, il faudra ou bien raser les forts et en construire d'autres, ou bien créer en avant du camp retranché une seconde ligne de forts, comme les Autrichiens l'ont fait à Vérone.

Ce dernier moyen sera sans doute employé à Paris, où l'on a commis la faute de laisser sans défense des plateaux importants, situés à des distances de 4 à 8 kilomètres de l'enceinte.

Lorsqu'on cherche à l'appliquer à la défense extérieure d'Anvers, trois combinaisons se présentent :

La première consiste à établir quatre grands forts sur les points les plus élevés de la crête de partage entre la Nèthe, le Rupel et l'Escaut. (Voir la planche III de l'atlas du *Traité de fortification polygonale.*)

Ces points sont situés l'un en avant du hameau de Bist, sur la route de Boom, l'autre en avant de Contich, sur la route de Malines, le troisième à 1,500 mètres en avant de la station de Bouchout, sur la route de Lierre et, le quatrième, à gauche de Ranst, près de la route de Turnhout.

Les distances de ces points au camp retranché varient entre 4,000 et 4,500 mètres, et les intervalles, entre 4,200 et 5,000 mètres.

La deuxième combinaison consiste à établir une seconde ligne de forts sur la rive gauche de la Nèthe et du Rupel, de manière à commander les passages du *canal de jonction*, ceux de Lierre, de Duffel, de Waelhem et de Boom.

Ces forts, au nombre de cinq, se trouveraient à 9,000 mètres environ du camp retranché et à 4,000 ou 5,000 mètres l'un de l'autre.

La troisième combinaison consiste à fortifier Lierre et Malines et à construire des redoutes sur la rive gauche de la Nèthe et du Rupel, pour défendre les ponts de Duffel, du chemin de fer et de Boom.

Cette combinaison l'emporte sur les deux autres, parce qu'elle se prête mieux à l'offensive; mais elle est plus onéreuse et elle exige, en outre, l'immobilisation d'une plus grande partie de l'armée et du matériel d'artillerie. C'est ce qui nous engage à proposer la seconde.

Nous préférons celle-ci à la première, pour les raisons suivantes :

1° Les passages de la Nèthe et du Rupel devant rester au pouvoir de l'armée belge le plus longtemps possible, la construction de quatre forts sur le plateau de Bist, de Contich, de Bouchout et de Ranst, ne dispenseraient pas de l'obligation de fortifier ces passages.

Il semble dès lors naturel de porter jusqu'à cette limite la défense extérieure d'Anvers, au lieu de l'établir sur la crête de partage, entre les bassins de la Nèthe et de l'Escaut.

2° En établissant les forts sur la rive droite de la Nèthe et du Rupel, et en construisant sur la rive gauche des têtes de pont en fortification mixte, on arrêtera l'ennemi assez longtemps pour mettre Anvers en état de défense.

Une ligne de forts couverte par un cours d'eau dont les bords marécageux peuvent être inondés à marée haute, offre, en effet, plus de difficultés à l'assiégeant qu'une ligne de forts construite en pays de plaines et qui ne présente aucun obstacle naturel ni sur ses flancs ni dans ses intervalles.

La solution précédente n'étant applicable qu'à la place d'Anvers, il y a lieu d'examiner d'une manière générale si la profondeur de 4,000 à 4,500 mètres que nous avons assignée aux camps retranchés, dans notre *Traité de fortification polygonale,* est encore suffisante.

Nous sommes d'avis que l'on peut s'en contenter, lorsque la zone en avant des forts est découverte, sur deux à trois kilomètres de profondeur, et qu'il se trouve, à la limite de cette zone, des villages faciles à défendre avec les troupes du camp.

Dans ce cas, il sera impossible à l'ennemi d'établir ses batteries de bombardement avant d'avoir pris les villages, opération que la proximité des forts rendra longue et meurtrière. La défense de Belfort en fournit la preuve. Au delà des fortins détachés qui portent les noms de Hautes-Perches et de Basses-Perches, se trouvent les villages de Danjoutin et de Perouse, dans chacun desquels 800 à 900 soldats de ligne s'étaient retranchés fortement. Le premier ne fut pris que le soixante-sixième jour du blocus, et le second, que le soixante-dix-huitième jour. Il est vrai que ces villages étaient dans des conditions spéciales, la redoute de Bellevue et les Basses-Perches pouvant battre à bonne portée les flancs de l'un, les Hautes-Perches et le fort la Justice, les flancs de l'autre. De plus, l'artillerie de la place, à cause de sa position dominante (1), commandait les deux villages, dont le centre n'était qu'à 2,000 et 2,200 mètres des batteries du château.

Quoi qu'il en soit, quand une place à camp retranché sera bien occupée, bien armée et bien commandée, la prise des villages extérieurs et leur occupation offriront de très-grandes difficultés et exigeront beaucoup de temps. Mais aussi, dès que l'assiégeant aura établi ses troupes dans ces positions (dont les travaux de défense lui seront alors d'un grand secours), il pourra entamer avec succès les cheminements sous la protection desquels il lui sera possible d'élever des batteries de bombardement à moins de 2,000 mètres des forts. Ces batteries tireront sous des angles de 30 à 34 degrés, derrière des masques qui les mettront à l'abri des coups directs. L'artillerie des forts ne pourra donc les atteindre qu'au moyen de feux verticaux; or il ne sera pas difficile à l'assiégeant de se préserver de ces feux par des blindages en rails dont la construction, avec des matériaux préparés d'avance, n'exigera guère qu'une nuit.

---

(1) Le terre-plein du château est à la cote 427, le sol de Danjoutin à la cote 350 et celui de Perouse à la cote 375.

Dès ce moment, des pièces portant à 7,500 mètres ouvriront leur feu à moins de 2,000 mètres des forts (supposons 1,600 comme à Paris). Pour que les obus n'atteignent pas l'intérieur de la ville, il faudra donc que les forts se trouvent à 6,000 mètres de l'enceinte.

Dans notre *Traité de fortification polygonale*, nous avons évalué cette distance maximum à 4,500 mètres, parce que nous supposions qu'il serait impossible à l'assiégeant d'établir des batteries de bombardement à moins de 3,000 mètres des forts. Notre opinion est restée la même après le blocus de Paris, parce qu'aucune tentative sérieuse n'a été faite par l'armée assiégée pour culbuter les batteries prussiennes. La défense, rendue difficile par la mauvaise composition des troupes et l'insuffisance du matériel d'artillerie, a été entravée encore par des difficultés politiques, par l'indécision du commandant en chef et par l'inobservation des principes fondamentaux de la défense des places à camps retranchés. Ces principes n'ont pas fait jusqu'ici l'objet des études et des méditations des tacticiens. C'est ce qui explique qu'un général aussi distingué que le gouverneur de Paris n'a pas su tirer parti des ressources qu'il avait sous la main. Si le général Todleben s'était trouvé à sa place, sans nul doute les Prussiens n'auraient pas réussi à s'établir aussi près des forts. La manière dont il a conduit la défense de Sébastopol nous prouve qu'il eût occupé les plateaux qui dominaient la position, harcelé sans cesse l'ennemi, attaqué ses établissements par des contre-approches, pris enfin des dispositions pour abriter ses réserves et les tenir à portée des ouvrages extérieurs pour tomber à l'improviste sur les cheminements et sur les batteries les plus rapprochés (1). Dans ces conditions il eût sans doute obligé l'assaillant à s'éloigner davantage et à construire ses batteries de bombardement sous la protection rapprochée de ses camps. Or, comme ces derniers ne peuvent pas se trouver à portée de l'artillerie des forts, on arrive à la conclusion logique qu'en appliquant les principes énoncés ci-dessus à la défense de Paris, le général Trochu aurait empêché les Prussiens d'établir, à 1,600 et 1,700 mètres des forts, les batteries n°s 8, 18 et 19 qui seules ont tiré sur la ville.

Cependant nous devons dire à la décharge de ce général :

1° Qu'il est facile à l'assiégeant de tenir des réserves à portée des batteries, en les mettant à couvert dans des tranchées profondes où elles n'ont rien à craindre des feux directs ni des feux plongeants, comme l'a prouvé le siége de Paris. Quant aux feux verticaux, leur effet au delà de 2,000 mètres est très-incertain, surtout quand il s'agit de tirer sur des tranchées ayant moins d'un mètre de largeur au fond (2) ;

---

(1) En avant des contre-approches on établit des groupes de tirailleurs bien abrités, qui ont pour mission de tuer les servants des batteries de l'attaque, au moment où ils doivent se montrer pour pointer ou charger les pièces. Ces groupes tirent ensemble, d'abord sur les servants de la première pièce, puis sur ceux de la seconde et ainsi de suite, mode d'attaque qui démoralise promptement les artilleurs et que les Prussiens ont employé avec succès, devant Strasbourg, contre les pièces qui flanquaient les lunettes avancées.

(2) Celles des Prussiens n'avaient que 60 centimètres de largeur. Leur profondeur moyenne était de 5 pieds 4 pouces. La nature du terrain avait permis de faire les talus très-roides. De distance en distance il y avait des gradins pour sortir des tranchées. Les hommes s'y tenaient accroupis ou couchés jusqu'au moment où ils devaient se porter à la rencontre des sorties. Il ne faut pas confondre ces tranchées avec celles qui étaient occupées par les tirailleurs, sur les côtés et en arrière des batteries. Celles-là avaient moins de profondeur et étaient disposées pour le tir.

2° Que les attaques contre des batteries soutenues par des tranchées garnies de tirailleurs, font essuyer d'énormes pertes aux assiégés et qu'il n'est possible de les tenter avec quelque succès que pendant la nuit ou par un fort brouillard. Elles exigent des soldats d'élite et d'excellents officiers, or c'est ce qui manquait au général Trochu.

Remarquons toutefois que les avant-postes et leurs réserves ne formant que le quart environ de l'armée assiégeante, l'assiégé peut attaquer les batteries et les travaux rapprochés qui les soutiennent, avec des forces qui lui assurent une grande supériorité numérique pendant tout le temps nécessaire pour permettre aux troupes cantonnées ou campées de venir au secours des troupes de garde ; or ce temps sera généralement suffisant pour combler les tranchées, détruire les batteries et briser les bouches à feu (au moyen de la poudre dynamite).

Néanmoins, nous ne sommes pas assez certain de ce résultat pour affirmer que, même dans une place bien défendue, il sera impossible d'établir des batteries de bombardement à moins de 3,000 mètres des forts.

A cause de cela et dans la prévision que l'artillerie fera de nouveaux progrès sous le rapport de la portée des bouches à feu, nous croyons qu'il sera prudent de porter les forts à 7,000 mètres de l'enceinte, toutes les fois que celle-ci renfermera une population qui devra être mise à l'abri du bombardement (1).

---

(1) Les ingénieurs prussiens établiront les nouveaux forts de Strasbourg à trois quarts de mille de la place (le mille allemand est de 7,532 mètres). Ils comptent que

Il va sans dire que cette distance variera suivant la nature du site. Par exemple, si, à 4,000 ou à 10,000 mètres d'une enceinte, il se trouvait des points favorables à l'établissement de forts détachés, il ne faudrait pas hésiter à les occuper.

Dans les places purement militaires, il n'y aurait à préserver du bombardement que la partie centrale, occupée par les logements et les magasins du gros de l'armée.

C'est encore un avantage inhérent à ces places, d'exiger un moindre développement de travaux et, par conséquent, une dépense moins élevée.

La question des intervalles des forts donne également lieu à des interprétations diverses, sur lesquelles nous devons appeler l'attention du lecteur.

Dans notre *Traité de fortification polygonale* (T. 1, p. 184), nous avons exprimé à cet égard l'opinion suivante :
« Les intervalles des forts dépendent du site. Lorsque le
» terrain est plan, comme à Anvers, et lorsque l'emplace-
» ment des forts n'est pas déterminé par des circonstances
» locales, on construira les forts à 2,000 mètres l'un de
» l'autre.

» A cette distance on distingue encore assez bien les
» colonnes de troupes et les travaux d'attaque pour que
» l'artillerie d'un fort puisse défendre efficacement les

---

ces forts tiendront les batteries de bombardement éloignées à un quart de mille au moins.

» approches des forts collatéraux. Cet avantage est trop
» précieux pour qu'on ne cherche pas à l'obtenir au prix
» de quelques sacrifices. Cependant en terrain accidenté
» on sera quelquefois obligé d'admettre des intervalles de
» 3,000 et même de 3,500 mètres; alors il conviendra
» d'établir dans chacun de ces intervalles une ou deux re-
» doutes inattaquables de vive force, comme l'ont fait les
» Autrichiens à Cracovie. »

Les discussions auxquelles ont donné lieu les blocus de Paris et de Metz n'ont pas eu pour résultat de modifier cette opinion.

Lorsqu'il s'agira de fortifier de grands centres de population comme Paris et Londres, on pourra sans doute laisser entre les forts des intervalles de 4,000 et même 5,000 mètres; mais alors il sera indispensable de construire dans ces intervalles des batteries à coupoles ou des redoutes puissamment armées, pour que l'assiégeant n'embrasse pas dans ses attaques plusieurs fronts d'un même fort.

La défense de Paris a montré combien il est utile que les forts se soutiennent mutuellement pour soulager ceux qui sont momentanément accablés. L'amiral de la Ronciere le Noury, commandant des troupes de la marine [1], cite en effet plusieurs circonstances où les forts du sud et de l'est de Paris ont dû réclamer l'intervention des batteries et des ouvrages voisins pour se dégager momentanément (voir annexe 5). Sans cet appui mutuel, les forts

---

[1] *La Marine au siége de Paris,* Paris, 1872, p. 373 et 374.

eussent été écrasés les uns après les autres sous les feux convergents d'un vaste cercle de batteries.

Les redoutes ou les batteries à construire dans les grands intervalles du camp retranché ne doivent pas être poussées en avant de la ligne des forts, où elles seraient trop en prise aux attaques. Lorsqu'un point culminant d'une certaine importance se trouve en saillie sur le périmètre du camp, c'est une raison suffisante pour y établir un fort intermédiaire.

Dans les camps retranchés qui servent uniquement de pivots de manœuvre (les grands États en doivent avoir un par zone d'opération, en seconde ligne), il sera prudent de ne pas éloigner les forts à plus de 2,000 mètres l'un de l'autre pour assurer à chacun d'eux la protection efficace des forts voisins, ce qui augmentera beaucoup les difficultés et les dangers de l'attaque.

Ces camps peuvent, en effet, dans certaines circonstances, être privés de l'appui de l'armée à laquelle ils servent de pivot, soit que cette armée ait été complétement battue et coupée, soit que les chances de la guerre l'aient obligée à s'éloigner pour concourir à une opération décisive. Or, dans ce cas, des forts indépendants offriront bien moins de résistance que des forts se soutenant l'un l'autre.

Un point qui a été contesté et sur lequel notre opinion n'a pas été modifiée par la dernière guerre, c'est la nécessité de construire, en arrière des forts, une *enceinte de sûreté* dans certains cas, une *enceinte de siége* dans d'autres. Les raisons que nous avons exposées T. 1, p. 177, de notre *Traité de fortification polygonale* et dans les chapitres IV, V et VI de nos *Études sur la défense des États*, n'ont pas été réfutées et elles ne pouvaient l'être. Un camp retranché sans noyau fortifié n'est en effet qu'une ligne repliée sur elle-même ; or toute ligne forcée est une ligne perdue.

Pour bien comprendre que ce principe de tactique est applicable au cas dont il s'agit, il faut se placer dans les conditions les plus défavorables à la défense et se demander ce qui arriverait si l'armée en campagne était battue, mise en déroute et refoulée sur son camp.

Dans ce cas, une vive poursuite au delà des forts serait possible, parce que l'artillerie de ces ouvrages ne pourrait pas agir au milieu d'une mêlée aussi générale, sans tuer autant d'amis que d'ennemis.

Cette artillerie serait peu redoutable également, si l'assiégeant essayait de pénétrer dans le camp la nuit ou par un fort brouillard.

Le noyau fortifié prévient ces tentatives et augmente ainsi la sécurité des troupes campées et surtout celle des habitants, dont le moral est facile à ébranler.

Ce sont sans doute ces considérations qui ont engagé Vauban, Napoléon, Rogniat, Paixhans, Gouvion Saint-Cyr, Jomini et les généraux les plus distingués de notre temps, à proclamer la nécessité de donner à tout pivot stratégique un noyau fortifié.

« Lorsque l'armée chargée de défendre un camp retranché, avons-nous dit, est redoutable par le nombre et par la qualité des troupes, on peut se contenter d'une *enceinte de sûreté* (à l'abri de l'attaque de vive force) ; dans le cas contraire, il faut une *enceinte de siége* (se prêtant à une défense pied à pied). »

Paris offre un exemple du premier cas, Anvers du second.

Les ingénieurs français qui ont critiqué l'enceinte de cette dernière place, ne se sont pas rendu compte de la différence des pays et des situations.

La Belgique ne peut mettre en campagne qu'une armée de 60 à 70,000 hommes. Si cette armée est attaquée par des forces supérieures, elle devra se borner à défendre des positions en arrière de Termonde, Bruxelles, Louvain et Diest, ou plutôt en avant de la Nèthe et du Rupel, dont les passages fortifiés constituent la première ligne de défense d'Anvers. Mais comme cette opinion est contestée, et que plus d'un général et plus d'un homme d'État belge ont soutenu que les devoirs de la neutralité et l'honneur militaire pourraient exiger de notre armée qu'elle attendît l'agresseur à la frontière, nous avons dû prévoir le cas où cette armée, battue et enveloppée, serait détruite ou coupée d'Anvers.

Il est toujours prudent de compter avec l'imprévu, avec le malheur et même avec l'incapacité des chefs. C'est ce qu'ont fait le gouvernement et les autorités militaires belges, en approuvant l'idée de construire à Anvers une enceinte de siége. Ils se sont dit que si par malheur notre armée était écrasée, coupée ou forcée de mettre bas les armes, le camp retranché perdrait ses plus utiles propriétés et que dès lors l'attaque pied à pied des forts deviendrait non-seulement possible, mais encore facile.

Rien en effet ne pourrait empêcher l'ennemi de pousser ses cheminements jusque sur les glacis de deux ou trois de ces forts, et de construire ensuite des contre-batteries, un passage de fossé, etc., etc., opérations qui n'offriraient aucune chance de succès en présence d'une armée active, établie dans l'intérieur du camp.

Livrés aux seules ressources de leur garnison, les forts seraient pris en peu de temps, et dès lors le siége de l'enceinte arriverait à un prompt dénouement, si elle n'était organisée que pour résister aux attaques de vive force.

Possédant, au contraire, tous les éléments et toutes les ressources nécessaires pour soutenir une attaque pied à pied, cette enceinte jouerait un rôle des plus importants; or tant qu'elle résisterait, la cause de l'indépendance nationale ne serait pas définitivement perdue. Le temps est, dans les crises de cette espèce, un élément des plus précieux; on ne peut donc que louer les ingénieurs belges d'avoir tout combiné pour s'en assurer le bénéfice.

Afin qu'il ne reste aucun doute sur cette question des enceintes, nous rappellerons qu'il y a deux espèces de camps retranchés. Les uns sont de grands dépôts ou des places de refuge servant de pivot central à la défense : ils sont généralement situés au centre du pays; les autres sont des pivots de manœuvre; ils occupent souvent des points rapprochés de la frontière, comme, par exemple, Coblence, Mayence, Strasbourg et Metz.

Ces derniers atteignent leur but lorsque, en l'absence de l'armée qui pivote sur eux, une garnison relativement faible peut les disputer à l'ennemi pendant deux ou trois mois. Quant aux places servant de dépôts ou de pivots principaux, leur importance est si grande qu'on doit pouvoir les défendre le plus longtemps possible. On leur donnera donc, suivant les circonstances, une enceinte de sûreté ou une enceinte de siége.

Lorsqu'un pivot de manœuvre n'embrasse pas dans son périmètre une grande ville, on peut supprimer l'enceinte permanente et se borner à construire au moment de la guerre un noyau en fortification passagère, pour abriter les réserves et les magasins de l'armée. Dans le cas contraire, une enceinte de sûreté permanente est nécessaire pour rassurer les habitants et défendre leurs propriétés.

Parmi les officiers qui, dans ces derniers temps, ont émis des idées sur l'organisation des places à camps retranchés, nous citerons le colonel d'état-major Lewal. Cet officier s'exprime comme suit : (Voir *la réforme de l'armée*, p. 580.)

« Le camp retranché sera choisi en un point essentiel,
» avantageux par sa configuration topographique, par sa
» situation sur un cours d'eau, à un nœud de voie ferrée
» ou au point dominant d'une contrée.

» Les abords seront parfaitement dégagés. On ne tolé-
» rera à l'intérieur, ni village, ni débitant, ni habitations
» civiles d'aucune espèce.

» Avec la portée actuelle des armes et les améliora-
» tions qu'elles recevront à l'avenir, il semble nécessaire
» de donner au moins pour demi-diamètre au camp re-
» tranché la moitié de la portée du canon, soit 3 à 4
» kilomètres, et sa superficie comprendra environ 4,000
» hectares.

» Cette étendue est suffisante pour contenir facilement
» une armée de 150 à 200,000 hommes. Cinq ou six forts,
» suivant le cas, défendront très-solidement ce terrain, à
» la condition cependant de ne pas les construire suivant
» les errements actuels.

« ..... Les forts tels que nous les comprenons, présente-
» raient un périmètre de 2,000 à 3,000 mètres ; leur grand
» diamètre serait de 700 à 900 mètres, leur moindre, de
» moitié environ.

» Leur dépense, avec abris maçonnés très-solidement,
» enterrés sous des masses de terre et peu de murs exté-
» rieurs, reviendrait, en y employant en partie le travail
» limité des troupes, de un million à un million et demi
» (l'achat du terrain non compris).

» Le réduit intérieur du camp avec ses établissements
» généraux, absorberait sans doute 2 millions. Total 7 mil-
» lions pour un camp retranché au périmètre de 20 kilo-
» mètres. »

Les considérations que nous avons fait valoir plus haut pour déterminer la profondeur des camps retranchés, et les développements que nous donnerons plus loin sur les conditions auxquelles doivent satisfaire les forts détachés, s'opposent absolument à ce que nous admettions les idées du colonel Lewal.

Pour mettre une armée de 150 à 200,000 hommes à l'abri des feux de l'artillerie, dont la portée est déjà actuellement de 7,500 mètres, son camp retranché devrait avoir une profondeur plus que double de celle qu'il propose ; ses forts pour remplir convenablement leur but, coûteraient non pas un million en moyenne, mais 4 millions, et son noyau central avec les établissements généraux de l'armée, exigerait une dépense qui ne serait certainement pas inférieure à 10 ou 12 millions.

Il nous paraît impossible, en un mot, de construire un camp retranché permanent pour une armée de 150 à

200,000 hommes, sans dépenser au moins 60 millions en travaux et 15 millions en achats de terrains.

———

Lorsque le pivot central de la défense renferme une population nombreuse, facile à exciter et prompte à s'insurger, il y a lieu de craindre que l'enceinte ne tombe au pouvoir de cette population et ne devienne la citadelle de l'émeute, comme l'a été Paris en 1871 (1).

Pour éviter ce danger, nous avons conseillé d'établir en arrière du corps de place des redoutes, ou des casernes défensives à l'abri d'un coup de main, comme le sont celles d'Anvers, de Posen et de Königsberg.

Si Paris avait eu des casernes de cette espèce, échelonnées le long de l'enceinte, les *communeux* n'auraient pas forcé la garnison à se retirer, et la capitale de la France ne serait pas restée deux mois au pouvoir de la plus exécrable des factions.

Leur utilité est d'autant plus grande qu'il existe d'importantes raisons pour ne pas loger la troupe au milieu des habitants.

La place qui convient le mieux aux casernes est le large espace réservé en arrière des fronts pour les besoins de la défense.

———

(1) L'émeute a trouvé dans Paris 660,000 fusils et 1,700 canons et mitrailleuses. C'est ce formidable armement qui lui a permis de résister pendant deux mois à l'armée de Versailles.

L'établissement des troupes, dans l'enceinte et dans le camp retranché, se fera de la manière suivante :

La garnison de l'enceinte proprement dite sera logée derrière les fronts (1), et la partie qui est de garde (le tiers ou le quart) occupera des abris maçonnés ou blindés, construits sous les remparts ou sur les dehors.

Quant aux troupes campées, il est de la plus haute importance qu'elles se trouvent toujours sous la main des chefs et qu'on puisse les mettre en mouvement sans donner l'éveil aux guetteurs de l'ennemi. A cet effet, les fractions constituées, bataillons, régiments, brigades et divisions resteront entières, soit qu'on les établisse dans des baraques, soit dans des cantonnements.

Une partie de ces troupes (qu'on peut évaluer au tiers ou au quart de l'effectif total) se tiendra le plus près possible des forts menacés ou attaqués, afin de pouvoir se jeter à l'improviste sur les batteries et sur les cheminements de l'ennemi.

Le gros des forces sera campé ou cantonné hors de portée des projectiles, en avant et à petite distance du glacis de l'enceinte.

Si, par exemple, l'armée défensive se composait de trois corps de 35,000 hommes, un des corps serait établi en arrière des forts, et les deux autres occuperaient une zone de 1,000 mètres environ de largeur, au pied du glacis.

---

(1) Un tiers au moins de la garnison sera logé dans des casernes établies derrière les fronts les plus éloignés du terrain des attaques, pour que le repos de ces troupes ne soit pas troublé. Le tiers, de piquet, occupera les casernes défensives des fronts attaqués.

La sécurité de ces derniers serait complète, mais le premier aurait beaucoup à souffrir du feu de l'ennemi. Il faudrait, pour l'y soustraire, ou bien le faire changer continuellement de place, ce qui n'est pas admissible, ou bien l'établir dans des abris, ce qui offre d'assez grandes difficultés.

On lèverait ces difficultés :

1° En établissant les réserves dans des tranchées étroites et profondes, disposées parallèlement au front du camp, et pourvues de gradins pour le franchissement; mais cet établissement imposerait aux troupes un service pénible et obligerait à les relever fréquemment, ce qui est toujours difficile et quelquefois dangereux.

2° En adoptant les mesures suivantes :

A. Faire en sorte qu'on puisse loger dans chaque fort, indépendamment de sa garnison ordinaire, un bataillon et une demi-batterie montée, appartenant à l'armée campée.

B. Créer dans les intervalles des forts, à 700 ou 800 mètres en arrière de l'alignement des gorges de ces forts, des masques en terre, avec des logements pour deux bataillons au moins et une batterie montée par intervalle.

La fig. 1, planche XX, fait connaître le tracé et les détails de ces masques auxquels on peut donner divers profils. Le profil n° 2 est celui qui offre le plus de garanties, parce que les abris sont préservés des feux plongeants et des feux verticaux.

Les profils B A et n° 3 permettent d'adosser à la masse couvrante des baraques mieux aérées et plus saines que les logements enterrés du profil précédent, mais qui peuvent être atteintes par les bombes.

En cas d'attaque par les intervalles des forts, une partie des troupes logées derrière les masques, garniront la crête de ces masses couvrantes, et le reste formera des colonnes prêtes à se jeter sur les flancs des assaillants. On disposera des portions de masque pour recevoir de l'artillerie; toutefois, aussi longtemps que celle-ci n'aura qu'un combat éloigné à soutenir, elle sera mieux placée derrière le masque, comme l'indiquent les profils BA et 2.

Enfin, pour augmenter les difficultés de l'attaque, on établira en avant du talus extérieur une ligne d'abatis, ou un réseau de fils de fer, en ayant soin de ménager dans ces obstacles de larges passages correspondant soit aux parties du masque, dont le profil a été disposé en rampe double pour le débouché des colonnes, soit aux intervalles que l'on a laissés entre les divers tronçons de ce masque.

Le profil B A, fig. 1, n'admet pas cet emploi des abatis ; en revanche il favorise l'attaque de front, en permettant aux troupes de se porter, en ordre déployé, du fond de la tranchée dans la campagne.

Suivant les circonstances, on adoptera tantôt ce profil, tantôt l'un des deux autres.

Il importe que les masques soient tracés de manière que l'assaillant, après en avoir chassé les défenseurs, ne puisse pas trouver dans leur tranchée un abri contre les feux des forts. A cet effet on alignera leurs crêtes sur les fronts latéraux ou sur les redans des fronts de gorge.

Pour diminuer le travail qu'exigera l'établissement des abatis entre les forts, on pourrait planter en temps de paix des lignes d'arbres ou des allées, dans les directions que doivent occuper ces abatis. En sciant ces arbres au dernier moment, on formerait un des meilleurs obstacles qu'il soit possible d'opposer, non-seulement aux attaques de vive force, mais encore aux attaques pied à pied.

Par ce moyen, on diminuerait de moitié les travaux qu'exige la mise en état de défense des places à camps retranchés.

C'est un point sur lequel nous croyons devoir appeler, d'une manière spéciale, l'attention des ingénieurs et des commandants de forteresses.

Influence des chemins de fer et du télégraphe sur l'attaque et sur la défense des places à camp retranché.

Quelques militaires prétendent que l'emploi des chemins de fer et du télégraphe modifie complétement les conditions de l'attaque des grands pivots stratégiques, en ce sens que l'on n'a plus besoin d'autant de troupes qu'autrefois pour bloquer ou assiéger ces places, les nouveaux moyens de communication et d'avertissement permettant de renforcer presque instantanément les points menacés du circuit. Ils exagèrent, selon nous, l'importance de ces moyens et ne se rendent pas bien compte du rôle qui leur est assigné dans l'attaque comme dans la défense.

Selon nous la plus grande utilité des chemins de fer, est de permettre aux troupes qui cernent ou bloquent un pivot stratégique, de recevoir promptement des renforts des armées qui agissent en campagne et d'envoyer à celles-ci des secours à l'insu de l'assiégé, pour porter un coup décisif. C'est ainsi que le comte de Moltke put envoyer au général von Gœben, un corps de troupes pour écraser l'armée de Faidherbe à Saint-Quentin, et rappeler ensuite ce corps devant Paris, le lendemain de la bataille.

Quant au télégraphe, son utilité pour correspondre avec les corps d'armée qui investissent une grande place est incontestable, mais il est précieux surtout pour mobiliser les armées et les faire agir avec ensemble et précision sur un vaste théâtre. Cela tient à ce que les distances qui séparent les corps dans une ligne de blocus peuvent être franchies rapidement par des courriers ou par l'emploi de signaux.

Nous chercherons, par un exemple, à préciser les services que peuvent rendre les chemins de fer à l'armée assiégeante et à l'armée assiégée.

Supposons qu'une armée forte de 200,000 hommes, divisée en 8 corps, assiége et bloque une vaste place à camp retranché. (*Voir*, pl. XX, fig. 14.)

Le rayon de la place est de $4,000^m$.

Le rayon du camp retranché est de $10,000^m$.

Les corps sont établis à $9,500^m$ des forts ; chacun d'eux a une brigade aux avant-postes. Le gros de cette brigade se tient à $4,500^m$ des forts, dans des ravins, derrière des obstacles ou dans des tranchées, et elle pousse ses tirailleurs à $1,500^m$ en avant (soit à $3,000^m$ des forts).

Les corps sont répartis de la manière suivante :

Six corps sur une circonférence de $19,500^m$ de rayon, et deux corps en réserve, sur les directions les plus exposées (par lesquelles l'assiégé a intérêt à faire éventuellement une trouée ou une grande sortie).

Un chemin de fer à double voie, pourvu d'un nombreux

— 86 —

matériel avec des stations vastes et commodes, relie tous les corps entre eux.

Quels avantages l'assiégeant pourra-t-il tirer de ce chemin de fer, pour résister à une vigoureuse sortie de l'assiégé ?

Nous supposons que chaque corps détache comme avantgarde une brigade et que cette brigade, renforcée de tout ce que le corps lui enverra, pourra tenir trois heures contre une sortie de l'assiégé ; nous supposons, en outre, pour prendre le cas le plus favorable à l'assiégeant, que l'assiégé n'est point parvenu à le tromper sur le vrai point d'attaque.

1er Cas : L'assiégé tente de rompre le cercle de l'assiégeant en A : immédiatement des ordres sont expédiés par télégraphe aux deux corps voisins et au corps placé en arrière, pour qu'ils dirigent vers A, chacun trois brigades (les trois quarts de leur force en infanterie) et la plus grande partie de leur cavalerie et de leur artillerie. Toutes les mesures ont été prises d'avance et tous les préparatifs faits pour qu'on puisse agir sans perte de temps.

Voici vraisemblablement comment les choses se passeront :

La réunion et l'embarquement du 1er bataillon exigeront ;	3/4	heure.
Le trajet et le débarquement ;	1	"
Les autres bataillons suivront à dix minutes d'intervalle, soit ;	1 1/4	"
9 bataillons seront donc réunis en	3	heures.

On peut admettre sans exagération qu'en trois heures,

plusieurs batteries et escadrons seront arrivés par la voie ordinaire sur le lieu du combat. Par conséquent, après trois heures, le corps attaqué aura reçu comme renfort d'infanterie 27 bataillons, fournis par trois corps, et comme renfort de cavalerie et d'artillerie, tout ce que l'on aura pu diriger de ce côté.

Le reste suivra promptement.

Ainsi en quatre heures, soit par la voie ordinaire, soit par la voie ferrée, on aura rassemblé les trois corps, à l'exception des trois brigades laissées en arrière, pour ne pas rompre la chaîne de surveillance.

Si l'assiégeant n'avait pas eu de chemin de fer à sa disposition, les premiers renforts en infanterie ne seraient arrivés qu'après cinq heures environ (temps nécessaire pour réunir les bataillons, les mettre en marche et les amener à destination).

2e *Cas*: Si, au lieu de porter ses attaques sur la direction où se trouve un corps de réserve, l'assiégé les portait sur tout autre point, en B, par exemple, les choses présenteraient un aspect un peu différent.

Pour transporter le 1er bataillon du corps de réserve de X en Y, il faut 1 heure 3/4. A partir de ce moment, on ne peut plus utiliser la voie ferrée 1-2 pour y faire voyager le corps 1. Donc on ne transportera que tout ce qu'il est possible de faire partir de ce dernier corps en une heure; en effet, il faut 45 minutes pour embarquer le 1er bataillon et le mettre en route, et 1 heure 3/4 pour que le 1er bataillon du corps de réserve arrive à la station de départ du corps 1; il ne reste donc qu'une heure pour les départs des autres bataillons du 1er corps, c'est-à-dire qu'on dirigera en tout 7 bataillons sur le lieu du combat, et que le dernier y sera rendu en deux heures et demie environ.

Quant au corps de réserve, son premier bataillon fera le trajet et sera débarqué en 2 heures 3/4. Les autres suivant à dix minutes d'intervalle, toute l'infanterie du corps (sauf une brigade ou 18 bataillons), sera réunie 2 h 30 m. à 2 h. 45 m. plus tard sur le point 2 ; donc il faudra 5 heures à 5 heures et 1/2 pour que le corps de réserve donne avec la plus grande partie de ses forces. Dans cet intervalle, la cavalerie et l'artillerie auront effectué le trajet.

Si l'assiégeant n'avait pas eu de voies ferrées à sa disposition, les corps voisins de celui qui est attaqué n'auraient pu l'appuyer qu'après quatre heures d'attente, et le corps de réserve, qu'après sept ou même huit heures. Donc, plus les distances qui séparent les corps sont considérables, plus sont grands les services que rendent les chemins de fer.

Il résulte de ce qui précède que les voies ferrées sont utiles non-seulement au point de vue stratégique, mais encore au point de vue tactique. Toutefois, comme nous l'avons fait observer plus haut, cette utilité n'est pas telle qu'on puisse aujourd'hui investir ou bloquer un grand pivot stratégique avec un effectif inférieur de beaucoup à celui qui était nécessaire autrefois.

Les chemins de fer sont également fort utiles à la défense, mais à un moindre degré, parce que les distances à parcourir par les troupes de celle-ci sont moins grandes.

Selon nous, toute place à camp retranché doit avoir un premier chemin de fer circulaire à l'intérieur de la ville, pour armer et approvisionner facilement le corps de place et pour réunir promptement, dans l'une des stations *o, o, o*, les troupes logées derrière les remparts.

A 600^m environ du pied du glacis, se trouvera une deuxième ligne circulaire pour approvisionner les camps extérieurs et réunir leurs troupes dans les stations *p p p*.

De ces stations partiront des lignes rayonnantes qui aboutiront à un troisième chemin de fer circulaire longeant les forts, et passant près des abris *m m m* dans lesquels se tiendront les troupes de la réserve, chargées de surveiller les intervalles des forts. Ce chemin de fer n'aura pas de grandes stations, mais en arrière de chaque abri on construira des voies d'évitement sur lesquelles on pourra garer des trains et embarquer des troupes.

Pour armer et approvisionner facilement les forts, on les reliera par de petits embranchements au chemin de fer de ceinture.

Des lignes rayonnantes mettront ce chemin de fer en communication directe avec les stations *o, o, o*, du chemin de fer circulaire intérieur.

Telles sont les seules lignes vraiment utiles que l'on puisse construire dans une place à camp retranché.

Quant aux lignes télégraphiques, elles sont indispensables pour mettre les forts en communication entre eux et avec l'enceinte.

Les quartiers généraux des corps et ceux des commandants de l'artillerie et du génie doivent également être reliés avec le quartier général du commandant en chef, où viennent aboutir toutes les correspondances.

Afin qu'il n'y ait pas d'interruption dans ce service, il est de la plus haute importance que les fils soient enterrés.

Les défenses de Metz et de Belfort ont prouvé en effet que les fils des télégraphes aériens sont fréquemment brisés par les projectiles ou détruits par la malveillance. Ce fait s'est également présenté à Paris, même pour des fils télégraphiques enterrés à une faible profondeur.

Une question plus délicate et qui n'est pas encore résolue, est celle de l'organisation de la correspondance avec l'extérieur, si nécessaire pour connaître les projets de l'ennemi, recevoir des informations des provinces occupées, concerter des plans d'opération avec les armées en campagne, etc., etc.

Les ballons et les pigeons n'ont rempli qu'imparfaitement ce but pendant le blocus de Paris, et cependant ils ont rendu de très-grands services. Jusqu'ici on n'a pas encore trouvé mieux.

La perfection serait un ballon dirigeable ou un télégraphe souterrain communiquant avec un point extérieur; mais la réalisation du premier moyen est encore fort éloignée — si elle n'est impossible — et, quant à l'autre, on doit admettre que l'ennemi connaîtrait bientôt l'existence d'un télégraphe qu'on ne pourrait pas établir secrètement. La science devra donc rechercher un procédé plus sûr et plus pratique. Elle s'en occupe depuis longtemps et elle ne désespère pas encore d'y réussir.

CHAPITRE II.

APPLICATION DE LA FORTIFICATION AU TERRAIN.

SOMMAIRE :

Principes généraux expliqués et justifiés par un exemple. — Fortification d'une grande ville destinée à servir de pivot d'opération à une armée de 60 mille à 80 mille hommes. — Emplacements des ouvrages fermés permanents et des lignes de communication provisoires. — Tracé des forts et des redoutes. Grande simplification résultant de l'emploi de petits fortins à coupoles. — Tracé du retranchement général. — Conditions particulières : emplacements des caponnières, des réduits et des coffres de contrescarpe. — Prescriptions diverses concernant le tracé et le relief d'un corps de place. — Dissertation sur le tracé et sur l'emploi des lignes à crémaillères. — Principes auxquels doit satisfaire le tracé d'une enceinte permanente de sûreté ou de siége. Application de ces principes à un cas déterminé.

I

Nous avons exposé, dans e chapitre V de notre *Traité de fortification polygonale,* les principes de l'application de la fortification aux terrains *aquatiques*; et pour mieux faire comprendre ces principes, nous avons choisi trois exemples, comprenant tous les cas qui peuvent se présenter dans la pratique, à savoir :

1° Une place à camp retranché, destinée à servir de pivot d'opérations ;

2° Une place ordinaire occupant un point important de la frontière ou d'une ligne de défense ;

3° Une place semi-permanente ou mixte, ayant pour objet de défendre un point de passage obligé (sur un cours d'eau, par exemple) et à la construction de laquelle on ne peut consacrer ni beaucoup d'argent ni beaucoup de temps.

Pour montrer comment la fortification doit être pliée aux terrains *montagneux*, nous suivons la même méthode.

Un seul exemple, convenablement choisi, nous permettra de résoudre cette question bien mieux que nous ne pourrions le faire par des généralités qui se fixent difficilement dans l'esprit et qui, dans la pratique, donnent toujours lieu à des doutes ou à de l'hésitation.

Le meilleur moyen de faire comprendre les principes est de conduire l'élève sur le terrain et de le mettre en présence de problèmes déterminés.

Cette méthode est bien préférable à celle qu'on emploie dans la plupart des écoles militaires et qui consiste à faire tracer un projet de fort ou d'enceinte sur un terrain idéal. Pour exercer le coup d'œil en même temps que l'intelligence, nous choisirons, dans le pays, un site qui offre toutes les ressources nécessaires. L'élève l'étudiera avant de se mettre à l'œuvre et l'inspectera de nouveau quand son projet sera terminé, pour se rendre compte des résultats obtenus.

Le professeur l'accompagnera dans ces visites et lui fera ses observations sur les lieux mêmes.

Le site que nous avons désigné pour cet exercice pratique est un des plus accidentés et des plus variés qui se puissent trouver.

Il est situé au confluent de la Meuse et de l'Ourthe, à l'endroit où est bâtie la ville de Liége, dont la population s'élève actuellement à 104,000 âmes. (*Voir* pl. III fig. 1.)

La Meuse forme, à l'entrée comme à la sortie de la ville, des sinuosités très-prononcées.

L'Ourthe est encore plus encaissée et plus sinueuse. A 2,500 mètres de son embouchure, elle reçoit les eaux de la Vesdre, qui coule dans une vallée de même nature.

Liége est le nœud des chemins de fer suivants :

1° Le chemin de fer de Liége à Namur, longeant la rive gauche de la Meuse ;

2° Le chemin de fer de Liége à Bruxelles ;

3° Le chemin de fer de Liége à Hasselt ;

4° Le chemin de fer qui raccorde les trois précédents entre Flémalle et Liers ;

5° Le chemin de fer de Liége à Maestricht, longeant la rive droite de la Meuse ;

6° Le chemin de fer de Liége à Aix-la-Chapelle, construit dans la vallée de la Vesdre ;

7° Le chemin de fer de Liége à Marche, avec embranchement sur Luxembourg, construit dans la vallée de l'Ourthe.

Les routes carrossables qui partent de cette même ville sont :

Sur la rive droite de la Meuse : les routes de Dinant,

de Marche, de Houffalize, de Spa, de Herve et de Visé.

Sur la rive gauche de la Meuse : Les routes de Namur, de Hollogne, de Saint-Trond, de Tongres et de Hasselt.

Les routes de Visé et de Hasselt, conduisent l'une et l'autre à Maestricht.

Indépendamment de ces voies de communication, il existe un canal qui relie Liége à Anvers par Maestricht (canal de jonction de la Meuse à l'Escaut).

La cote du terrain naturel dans les parties basses de la ville varie entre 60 et 65 (le niveau de la mer basse à Ostende étant 0).

Les montagnes les plus élevées sont celles de la rive droite de la Meuse qui ont la cote 250.

Les montagnes de la rive gauche ne s'élèvent qu'à la cote 199.

En fait de défenses artificielles, Liége ne possède que deux forts de construction ancienne : la *Chartreuse*, située sur la rive gauche, à la cote 120, et la *Citadelle*, située sur la rive droite, à la cote 135.

Ces deux forts dominent la ville et commandent la vallée de la Meuse.

Bien qu'ils soient défectueux sous le rapport du tracé et du profil, on peut les considérer comme étant à l'abri de l'attaque de vive force; ils offrent également toutes les garanties nécessaires contre le bombardement (grâce aux nombreux locaux voûtés qu'ils renferment).

L'importance stratégique de Liége tient à ce que les voies de communication les plus directes et les plus faciles, entre la France et le nord de l'Allemagne, traversent cette ville. C'est un point de passage en quelque sorte inévitable pour toute armée allemande qui voudra envahir le nord de la France, comme pour toute armée française dont le but objectif sera l'occupation du Bas-Rhin.

Le problème que nous nous proposons de résoudre est le suivant :

Conserver les deux forts existants comme réduits de la position et organiser celle-ci pour servir de pivot à une armée de 60 à 80,000 hommes, en dépensant au plus 30 millions.

Cette armée aura pour mission d'empêcher une armée française de s'avancer par Liége sur Aix-la-Chapelle et Cologne, ou une armée allemande de gagner par cette voie le nord de la France.

Il ne s'agit donc pas ici de construire un pivot central analogue à Paris ou à Anvers, dernier refuge de l'armée nationale et dernier espoir du pays.

Le but est de mettre une armée de 60 à 80,000 hommes en état de résister, pendant plusieurs mois, à des forces supérieures, de lui fournir un campement à l'abri des projectiles, et de lui procurer les facilités et les ressources nécessaires pour prendre l'offensive au moment opportun, dans les meilleures conditions possibles.

On atteindra ce but en créant sur chacune des deux rives de la Meuse un camp retranché assez vaste pour que 60 à 80,000 hommes puissent s'y défendre avec succès.

La nécessité de mettre la ville à l'abri du bombardement n'est que secondaire. Si, pour obtenir ce résultat, on devait donner à la ligne de défense un développement exagéré, il faudrait y renoncer, car il n'est point question ici de protéger une capitale ou un pivot central renfermant le souverain, les ministres, le pouvoir législatif, les grandes administrations et le trésor de l'État, les arsenaux et les magasins, les ateliers et les usines de l'armée, un immense matériel de guerre et de locomotion, etc.,

Les ouvrages du camp retranché seront du reste assez éloignés du centre de la ville pour que le bombardement de celle-ci offre de sérieuses difficultés. Le tir aux grandes distances ne peut s'exécuter qu'avec des canons de 24, pointés sous des angles de 32 à 34 degrés, or, dans ces conditions, il offre moins de dangers pour les habitants que le tir des mortiers lisses, aux distances ordinaires.

Le bombardement de Belfort, exécuté dans des conditions plus favorables (puisque les batteries n'étaient qu'à 3,000 ou 4,000 mètres de la place), a duré 73 jours; et cependant la population, que les départs avaient réduite, de 6,257 à 4,000 âmes, n'a perdu que 40 à 50 hommes par le feu, bien que les Prussiens tiraient sur la ville, pendant cette période, environ 500,000 projectiles (1). M. Meny, maire de Belfort, affirme qu'après la reddition de la place, il a été vendu 10 millions de kilogrammes de plomb et de fonte, provenant des projectiles et des débris de projectiles, ramassés dans la ville.

---

(1) Ce chiffre, cité par le maire de Belfort, concorde avec celui que donne la relation de la défense, écrite sous le contrôle du colonel Denfert.

Camp retranché de la rive droite de la Meuse.

N. B. Nous appellerons *droite* et *gauche* ce qui correspond à la droite et à la gauche du défenseur tourné vers la campagne.

La qualification de *fort* sera donnée à tout ouvrage fermé ayant des caponnières flanquantes, et celle de *redoute*, à tout ouvrage fermé dont le flanquement est assuré par des coffres ou des galeries de contrescarpe.

Le tracé de quelques ouvrages a été rendu défectueux à dessein, pour mieux montrer aux élèves les inconvénients dans lesquels on tombe en n'observant pas les principes.

Le terrain entre la Meuse et la Vesdre monte rapidement de la cote 65 à la cote 125, qui est celle du petit plateau occupé par le fort de la Chartreuse. Il s'élève ensuite plus lentement jusqu'au hameau de Beyne-Heusay, situé sur la route de Herve, à 4,000 mètres environ du fort. La cote du sol, un peu au delà de ce hameau, est 250.

A droite et à gauche de la route de Herve, se trouvent de profonds ravins qui fourniront d'excellents abris aux troupes chargées d'occuper et de défendre le camp retranché.

Le terrain cesse de monter au delà d'une circonférence de 6,000 mètres de rayon, dont le centre se trouve à l'entrée du pont construit sur la dérivation de la Meuse, en arrière de la Chartreuse.

A cette limite commence le *plateau* dit *de Herre,* qui offre un champ favorable à l'action de l'artillerie.

Une question à résoudre tout d'abord est celle-ci :

La ligne des forts doit-elle être construite à l'origine du plateau ou à quelques centaines de mètres au delà?

Dans le premier cas, les forts battront le versant qui descend vers la Chartreuse, mais l'armée ne pourra pas prendre position en arrière des forts sur le terrain profondément raviné qui longe leur gorge.

Dans le second cas, l'armée pourra se déployer dans les intervalles et en arrière des forts ; mais si elle est battue et poursuivie, l'ennemi échappera aux feux des forts, dès qu'il sera sur la pente descendante.

Ce dernier inconvénient est plus grave que l'autre ; car si l'armée défensive jugeait utile de recevoir la bataille sur la rive droite, ce n'est pas dans les intervalles des forts ou immédiatement en arrière qu'elle devrait s'établir, puisqu'on pourrait la tourner par les vallées auxquelles seraient appuyées ses ailes et qu'elle n'aurait qu'une seule bonne voie pour opérer sa retraite, au centre de la position.

Il faudrait ou bien occuper le plateau en avant des forts, comme les Français l'ont fait à Metz, ou bien attendre l'ennemi en avant de la Chartreuse, à 800 ou 900 mètres du pied du glacis. Cette dernière position serait à la vérité dominée, mais d'un autre côté l'ennemi qui l'attaquerait aurait cruellement à souffrir du feu des forts.

Pour ce motif, nous croyons que les ouvrages détachés doivent être construits à l'origine du plateau, de manière à battre efficacement ce plateau et l'intérieur du camp retranché.

Le fort n° 1 sera établi le plus près possible de la route de Visé (1), le fort n° 3, à cheval sur la route de Herve, et le fort n° 2, dans l'intervalle des deux autres, à portée de fusil de la route qui descend vers Jupille.

Au delà de cette limite, le terrain est découvert sur une grande étendue.

Entre le fort n° 3 et la Vesdre un quatrième fort est nécessaire. On déterminera l'emplacement de ce dernier de façon qu'il batte les chemins qui descendent vers Vaux-sous-Chèvremont et que l'un de ses fronts au moins découvre la vallée de la Vesdre. Comme le point qui satisfait le mieux à cette condition est précédé d'un terrain peu favorable à l'attaque, l'ouvrage qu'on y construira aura moins d'importance que les autres. Ce sera une grande redoute d'un bon profil, flanquée par des coffres ou par une galerie de contrescarpe.

Les intervalles d'axe en axe des quatre forts indiqués ci-dessus sont respectivement de 2,300, de 1,900 et de 1,890 mètres (2).

Le fort de la Chartreuse formera le *noyau* du camp retranché; on le complétera par des travaux qui seront décrits plus loin.

Si la rive droite de la Meuse n'avait que ce dispositif de

---

(1) Le terrain y est à la cote 160 et non à la cote 185, comme l'indique par erreur le chiffre noir du plan.

(2) Nous verrons plus loin que les forts n°s 1 et 2 doivent être déplacés l'un à droite, l'autre à gauche, pour des raisons de *construction* et de *défilement*.

défense, l'ennemi pourrait le tourner par la vallée de la Vesdre dont un seul point est battu (de loin et imparfaitement) par la redoute n° 4. Il pourrait de plus prendre l'intérieur du camp à revers, en établissant sa grosse artillerie sur les hauteurs d'Embourg, que franchit la route de Houffalize, et sur le contre-fort qui s'avance entre la Meuse et l'Ourthe.

Il sera donc nécessaire d'occuper ces hauteurs par des ouvrages d'une importance secondaire, mais qui néanmoins devront pouvoir résister à une attaque de vive force, préparée par une canonnade lointaine.

A cet effet on établira les redoutes n°s 7 et 10 sur deux points situés à droite et à gauche de la route de Houffalize, dans des conditions favorables pour battre le terrain en avant. Le premier de ces points, situé à la cote 220, battra également une partie du terrain en arrière. Sur la route même, entre les ouvrages 7 et 10, se trouve un petit mamelon, à la cote 225; on y construira, au moment de la guerre, une batterie ouverte à la gorge pour barrer le passage à l'ennemi.

La redoute n° 7 prend des vues sur le versant au pied duquel est Chaudfontaine, sur le versant opposé que ne voit pas la redoute n° 4, sur une partie du ravin à droite de cette redoute, et sur la vallée de la Vesdre, jusqu'à Vaux-sous-Chèvremont.

Pour battre plus efficacement cette vallée, dans laquelle se trouvent le chemin de fer et la route d'Aix-la-Chapelle, on construira la redoute n° 8, qui servira en même temps à défendre la route de Houffalize et le ravin qui s'étend à droite de la redoute n° 4.

La redoute n° 10 bat non-seulement la route de Houffalize, mais encore le ravin qui précède la redoute n° 11, le chemin de fer et la route de Marche, dans la vallée de l'Ourthe.

Le petit camp retranché entre la Vesdre et l'Ourthe, formé par les redoutes n°˙ 7, 8 et 10, exige un ouvrage plus important qui puisse servir de réduit à ces ouvrages et de point d'appui aux réserves chargées de les soutenir pendant l'attaque. On construira en conséquence le fort n° 9, un peu en arrière des redoutes 8 et 10, sur le point culminant du terrain, à la cote 190.

On pourrait diminuer d'un le nombre de ces ouvrages, soit en remplaçant la redoute n° 8 par une batterie à construire au moment de la guerre, soit en supprimant le fort n° 9 et en établissant la batterie sur le point culminant qu'il occupe.

Cette dernière combinaison serait la meilleure. En effet, pour battre la partie descendante de la route de Houffalize le fort n° 9 n'est pas indispensable, cette partie étant soumise aux feux des ouvrages n°˙ 6 et 14 dont il sera question plus loin; il n'est pas indispensable non plus comme réduit du petit camp, entre la Vesdre et l'Ourthe, l'intérieur de ce camp pouvant être battu par la redoute n° 14.

Le contre-fort qui sépare les vallées de l'Ourthe et de la Meuse sera défendu par les ouvrages suivants :

1° Le fort n° 12, établi sur la crête de partage, à l'intersection de deux chemins dont l'un descend vers Ougrée;

2° La redoute n° 11, qui bat le versant à gauche de ce fort et la vallée de la Vesdre;

3° La redoute n° 13, qui bat le versant à droite et la vallée de la Meuse.

Les redoutes n°s 11 et 13 prennent également des vues sur deux plis de terrain situés en avant et sur les côtés du fort n° 12 et dont celui-ci ne bat qu'un des talus.

Il sera utile, mais non pas indispensable, de construire en arrière de la ligne de défense 11, 12 et 13 un fort ou une grande redoute servant de réduit à cette ligne. Le point le plus convenable est le sommet situé à l'extrémité du contre-fort; il domine en effet la vallée de l'Ourthe, depuis la redoute n° 11 jusqu'au confluent de l'Ourthe et de la Meuse (sur une étendue de 5,000 mètres environ).

L'ouvrage qui occuperait ce sommet (à la cote 190) battrait en même temps le versant par lequel descend la route de Houffalize, que le fort n° 9 ne découvre qu'imparfaitement.

Il va sans dire qu'au moment de la construction des ouvrages n°s 11, 12, 13 et 14, on couperait les bois qui les entourent, pour donner du jeu à l'artillerie.

La ligne de défense que nous venons de décrire constituerait le camp retranché de la rive droite. Son périmètre, à vol d'oiseau, serait de 19 kilomètres et sa profondeur de 5,600 à 6,000 mètres, en prenant le réduit de la Chartreuse comme point de départ.

La ville de Liége, attaquée par une armée allemande, serait donc à l'abri du bombardement, et l'armée belge pourrait camper autour de la Chartreuse, sans avoir à craindre les effets des projectiles.

Pour empêcher que l'assaillant, après la prise d'un ou de deux forts, ne jette des troupes dans la ville et ne provoque ainsi une puissante diversion, il sera utile de construire à droite et à gauche de la Chartreuse un retranchement provisoire qui traverse la vallée, s'appuie à la Meuse et se relie à l'enceinte de sûreté de la rive gauche dont il sera question plus loin. La partie droite du retranchement enveloppera le point de croisement du chemin de fer de Liége à Namur et de la grande ligne qui joint Bruxelles à Cologne.

Si le retranchement provisoire devait être remplacé par une enceinte permanente, celle-ci aurait à satisfaire à la condition de pouvoir soutenir un siége après la perte d'une partie des forts. Il faudrait, en conséquence, la défiler des hauteurs dangereuses occupées par ces ouvrages, ce qui exigerait qu'on la retirât en arrière du point de croisement des chemins de fer, le plus près possible de la ville. (Voir le tracé rouge HIKL.)

La Chartreuse n'est pas assez éloignée de la Meuse pour que les lignes à crémaillères qui en descendent puissent être défilées du terrain en avant. On devra donc se contenter de diriger leurs longues branches vers les parties les moins dangereuses du terrain extérieur, qui sont les vallées et les points occupés par les forts ou les redoutes.

Dans ces conditions, les crémaillères sont plutôt des communications abritées que des lignes de défense. On ne peut donc pas appliquer à leur construction les principes que nous exposerons à la fin du chapitre.

Indépendamment de ce retranchement provisoire, il sera utile de construire une petite redoute ou une forte batterie (n° 5) sur un mamelon en avant et à gauche de la Chartreuse, pour battre le versant de la rive droite de la Meuse et un pli de terrain que le fort ne découvre pas suffisamment (1).

Il conviendra aussi d'établir une batterie à gauche de la route de Herve, pour éclairer le ravin qui descend vers Jupille et sur lequel la Chartreuse et le front de gorge du fort n° 1 n'ont aucune action. Cette même batterie défendra la route de Herve et le chemin qui descend vers Grivegnée et Chênée.

On atteindra mieux encore le but en construisant un ouvrage fermé en Y.

A droite de la Chartreuse, près de Grivegnée, se trouve une hauteur (cotée 125) sur laquelle on établira la redoute n° 6, pour battre les vallées de l'Ourthe et de la Vesdre, au confluent de ces rivières, et le versant à droite de la Chartreuse, très-imparfaitement éclairé par ce fort.

Cette redoute découvrira en outre les talus, très-roides, qui bordent le chemin de fer d'Aix-la-Chapelle, entre Chênée et la redoute n° 8. Enfin, elle plongera et enfilera la partie descendante de la route de Houffalize.

Camp retranché de la rive gauche de la Meuse.

S'il s'agissait de créer sur la rive gauche un camp retranché d'une profondeur suffisante pour mettre Liége à

---

(1) La Chartreuse a été mal tracée. Ce fort aurait dû s'étendre davantage vers la la gauche, pour mieux battre la vallée de la Meuse, en aval, et le versant que longe la route de Maestricht.

l'abri d'un bombardement, on devrait établir de grands forts à 6,000 mètres environ des limites de la ville. Mais posé dans ces termes, le problème aboutirait à une solution qui ne serait plus en rapport avec les ressources ni avec l'effectif des troupes dont on pourrait disposer.

Les emplacements des forts et des redoutes de la rive droite sont commandés par le terrain; si de ce côté nous avons été conduit à créer un camp de 6,000 mètres de profondeur, c'est que nous ne pouvions pas faire autrement.

Au reste, l'établissement de ce camp profond, et les cinq ponts permanents qui mettent en communication les deux rives de la Meuse, permettent de restreindre sans inconvénient l'étendue du camp de la rive gauche.

En effet, quand celui-ci sera attaqué, (le cas se présenterait si une armée française voulait traverser la Belgique pour opérer dans la direction de Cologne), on établira le gros des troupes près de la Chartreuse et on ne laissera sur la rive gauche qu'une forte réserve qui s'abritera derrière des masses couvrantes ou dans les plis de terrain qui entourent la ville.

Nous déterminerons les emplacements des travaux de défense de la rive gauche, de manière à réduire au minimum le développement du camp retranché.

Le terrain à partir de la ville s'élève rapidement jusqu'à Saint-Nicolas, à gauche de la route de Hollogne, à Ans, sur la route de Saint-Trond, et à Sainte-Walburge (1), en avant de la citadelle, sur la route de Tongres. Ces points

---

(1) Le plan n'indique pas le nom de ce faubourg.

sont situés respectivement à 2,000, 2,500 et 1,600 mètres de la ville.

Au delà, le terrain devient uni et descend en pente douce vers Loncin, Alleur, Voroux et Liers. Rien n'y peut soustraire l'ennemi à l'action de l'artillerie de la défense jusqu'à l'extrême portée des bouches à feu. Cette artillerie produirait le maximum d'effet, si les forts et les redoutes étaient établis sur la crête ; mais dans ce cas il n'y aurait pas assez d'espace intérieur pour défendre efficacement le camp retranché. Il faut en effet que l'armée défensive puisse prendre position et manœuvrer en arrière des intervalles des forts, lorsque l'ennemi menace de se jeter par ces intervalles dans la ville, en bravant les feux des batteries.

Ce mode d'attaque, qui dans les conditions ordinaires serait d'une témérité excessive, offrirait bien moins de difficultés et de dangers si le terrain s'abaissait assez en arrière des ouvrages, pour que l'assaillant, après les avoir dépassés, y fût à l'abri de leurs feux. Il sera donc nécessaire d'établir les forts et les redoutes du camp de la rive gauche au delà d'Ans et de Sainte-Walburge, afin d'assurer à leur gorge un champ de tir d'au moins 1,000 mètres.

Voici quels seront en conséquence les emplacements qu'on assignera à ces ouvrages.

Entre Jemeppe et Tilleur se trouve un contre-fort, d'où l'on peut battre le chemin de fer et la route de Namur, ainsi que le raccordement de ce chemin de fer avec celui de Liége à Hasselt. L'extrémité de ce contre-fort sera occupée par une grande redoute (N° 17) dont les feux se croiseront dans la vallée avec ceux de la redoute n° 13 du camp de la rive droite.

Un point plus important est le bord du plateau au nord de Grâce-Berleur; on y construira le fort n° 18 pour défendre le chemin de fer de Bruxelles, les routes de Hollogne et de Saint-Trond. Ce fort empêchera que l'ennemi ne s'établisse sur le contre-fort *o, p, q*, entre Montegnée et Berleur, d'où il commanderait de 30 à 35 mètres la redoute n° 17.

A gauche de Rocour se trouve un nœud de routes qu'il importe de battre à bonne portée. On établira en conséquence la redoute n° 20 sur un petit mamelon, contourné par la route de Tongres, et dont le point culminant est à la cote 195.

Entre le fort n° 18 et la redoute n° 20 on pourrait construire un *fort d'arrêt* à deux coupoles, pour barrer le chemin de fer qui raccorde la ligne de Bruxelles à celle de Hasselt. Ce fort, établi à cheval sur la ligne, serait analogue à celui que les Allemands ont construit à Hamme, près de Dusseldorf, et dont la fig. 3 de la pl. III fait connaître les principales dispositions.

Cependant un fort ou une redoute ordinaire conviendrait tout aussi bien dans le cas présent, les forts d'arrêt, pourvus de coupoles, n'étant préférables aux autres que pour défendre isolément une ligne de chemin de fer où pour occuper une position dominée de tous côtés.

Sur la droite de la redoute n° 20, le terrain est à peu près plan jusqu'à la route qui conduit au village sans nom (Vottem), situé à 2 kilomètres de la citadelle; on construira, à cheval sur cette route, l'ouvrage n° 21 pour battre le versant occupé par Vottem et Milmort.

Enfin, contre la Meuse, à 2,000 mètres environ au

nord-est de la citadelle, se trouve un sommet à la cote 120, qui domine la vallée en aval et d'où l'on peut battre celle-ci, de concert avec le fort n° 1, la redoute n° 5 et le fort de la Chartreuse, situés sur la rive droite. On y établira la redoute n° 22. Cet ouvrage permettra en outre de battre à grande distance le versant de la rive gauche, entre la ville et la citadelle, ainsi que le versant de la rive droite, entre la redoute n° 5 et le fort n° 1, versant qui n'est pas entièrement éclairé par ces ouvrages.

Les forts et les redoutes n°s 17, 18, 19, 20, 21 et 22, ne sont pas les seuls travaux qu'exige la défense de la position, sur la rive gauche de la Meuse.

En effet, la vallée en amont de la ville n'est pas suffisamment défendue par les redoutes n°s 13 et 17, pour qu'il soit impossible à l'ennemi de se porter par cette vallée sur les hauteurs qui dominent Liége au sud-ouest (1). Ces hauteurs présentent deux sommets importants, l'un dans le prolongement du chemin de fer et de la route de Namur au-dessus de Jemeppe, et l'autre à l'extrémité du contrefort situé dans le prolongement du chemin de fer et de la route d'Aix-la-Chapelle. Il faudra les occuper par des ouvrages fermés, pour mettre la ville à l'abri d'une brusque invasion, que la nature accidentée du terrain rend

---

(1) On pourrait, sans doute, inonder la vallée de la Meuse depuis la ville jusqu'au delà de Seraing; mais nous n'avons pas voulu tenir compte des avantages que cette inondation procurerait à la défense, afin de nous placer dans les conditions les plus défavorables, pour traiter la question de l'application de la fortification au terrain. Le professeur qui voudra exercer ses élèves en leur faisant fortifier le même terrain, trouvera l'occasion de faire quelques belles applications de défense par les eaux, grâce aux ressources que fournissent sous ce rapport la Meuse, la Vesdre, l'Ourthe et le canal latéral.

possible de ce côté ; il sera même prudent de relier ces ouvrages entre eux par un retranchement continu en fortification provisoire, pour fermer les petits ravins, non battus, par lesquels des colonnes de troupes pourraient se glisser dans la ville.

Ce retranchement formera le prolongement de celui qui, partant de la droite de la Chartreuse, traverse la vallée et enveloppe le nœud de chemins de fer situé entre Angleur et la ville.

Pour augmenter la sécurité des troupes qui occuperont le camp de la rive gauche, et pour battre de feux d'artillerie et de mousqueterie les plis de terrain dangereux, il conviendra de relier entre eux par des lignes semblables tous les ouvrages qui constituent ce camp.

Elles se composeront de crémaillères, sur les versants des hauteurs, et de lignes tenaillées ou à redans, sur les parties les moins accidentées.

On fera en sorte que leur tracé satisfasse aux conditions suivantes :

Bien battre le terrain, recevoir une protection efficace des forts et des redoutes, enfiler et battre d'écharpe les chemins et les routes, être soustraits, autant que possible, aux feux d'enfilade et de revers.

Nous nous bornerons à donner quelques indications générales sur le tracé de ces lignes, laissant au professeur le soin d'en régler les détails sur des plans à une grande échelle.

Entre la Meuse et la redoute n° 15, la pente du terrain est si escarpée, que les crémaillères qui en descendent ne peuvent être défilées des hauteurs situées vis-à-vis, lesquelles, du reste, sont occupées par les ouvrages n°ˢ 11, 12, 13 et 14. Ces crémaillères forment donc plutôt un large et facile escalier entre la redoute n° 15 et le retranchement dans la vallée, qu'une ligne de défense destinée à barrer le chemin à l'ennemi. La pente est d'ailleurs si forte à cet endroit, qu'un mur crénelé, une grille, une palissade, voire même un simple abatis, suffirait pour en interdire l'accès aux troupes les plus intrépides.

Pour relier correctement les défenses de la vallée au fort n° 16, il faudrait faire suivre au retranchement la direction O N M L (rouge) ou bien conserver de l'ancien tracé (noir) la partie O J et, à partir du point J, descendre vers J' et contourner l'extrémité du contre-fort occupée par la redoute n° 15.

Mais quoique plus corrects au point de vue de l'emploi des crémaillères, ces derniers tracés seraient inférieurs à l'autre en ce que l'ennemi pourrait les prendre à revers aussitôt qu'il aurait dépassé les ouvrages n°ˢ 12 et 13.

Il sera donc préférable d'adopter le tracé noir O J X L' qui suit la crête du contre-fort.

Les éléments de ce tracé, de même que ceux des autres parties du retranchement général, ne sont pas déterminés rigoureusement; on les rectifiera après une étude attentive du terrain, sur des plans à une grande échelle.

Le fort 16 et la redoute 17 sont séparés par un large et profond ravin que le retranchement général devrait contourner.

Pour éviter le surcroît de travail qui résulterait de ce contournement — sans aucun avantage marqué pour la défense — et surtout pour soustraire le retranchement autant que possible aux feux de revers et d'enfilade, nous proposons de relier le fort n° 16 au fort n° 18, en laissant la redoute 17 en dehors du tracé. On pourra du reste communiquer avec cette redoute, sans être vu ni exposé aux coups de l'ennemi, en suivant le chemin de fer de raccordement qui longe le contre-fort sur lequel elle est placée.

Le retranchement continu s'avance assez loin sur ce contre-fort pour empêcher l'ennemi de s'y établir et pour assurer un flanquement efficace à la partie de ligne qui borde la route de Hollogne.

Une longue face construite à gauche du fort n° 18 enfile cette route. (Les maisons qui la précèdent seront démolies en temps de guerre.)

Il importe que le retranchement général s'avance de ce côté jusqu'au bord du ravin dans lequel se trouve le hameau de Grâce-Berleur, afin que l'ennemi ne puisse pas s'avancer par ce ravin sans être exposé à des feux d'artillerie et de mousqueterie.

Le chemin de fer de Bruxelles et la route de Saint-Trond sont battus par les faces d'un grand bastion, que flanquent les forts n°s 18 et 19.

Les retranchements entre les ouvrages n°s 19, 20 et 21, sont tracés de manière à battre, dans les meilleures conditions possibles, les voies de communication et les plis du terrain.

Il va de soi que de distance en distance on devra y ménager de larges passages, pour faciliter les mouvements offensifs des troupes campées.

Ces passages se trouveront sur les côtés des forts ou

des redoutes, à l'entrée des ravins, et dans les rentrants les mieux protégés.

La partie de retranchement comprise entre les ouvrages n°^{os} 21 et 22, présente deux défauts qui doivent être signalés :

1° Les longues branches des crémaillères qui descendent le talus entre les points m et n, vont ficher dans le contre-fort situé vis-à-vis; elles peuvent donc être enfilées et plongées par une batterie qui occuperait l'extrémité Z'' de ce contre-fort. Pour corriger ce défaut, on aurait dû tracer la crémaillère dans la direction U V et raccorder son extrémité inférieure avec la partie basse du retranchement, au moyen du front VV" (tracé rouge).

2° La partie $k\,l$ qui relie le point k à la redoute n° 2, ne découvre pas la pente au pied de laquelle se trouve le chemin de fer de Hasselt. Il faudrait y substituer le tracé $k\,\mathrm{W}\,a\,b\,c\,d$.

Le retranchement à gauche de la Chartreuse doit être tracé de manière que la partie qui traverse la vallée soit flanquée par la redoute n° 22.

La ligne de défense de la rive gauche a un développement d'environ 15,000 mètres.

Les proportions que nous avons données au fort n° 18 sont justifiées par l'importance du chemin de fer et des routes qui aboutissent à ce point, et qui mettent Liége en communication directe avec Bruxelles et avec le nord de la France.

La route et le chemin de fer de Namur, quoique formant des voies tout aussi directes, n'ont pas la même importance, au point de vue du siége de la position, parce qu'ils aboutissent au pied des hauteurs, dans la zone la moins favorable à l'attaque de vive force comme à l'attaque pied à pied.

Les ouvrages n°s 16 et 17 battent, du reste, une grande étendue de ces communications, en amont de Tilleur.

Les raisons pour lesquelles nous avons donné à l'ouvrage n° 16 les proportions d'un fort, sont les suivantes :

Le contre-fort dont il occupe le sommet domine Liége, à une distance qui ne dépasse guère celle de la citadelle et de la Chartreuse.

Ces trois ouvrages, dont les intervalles sont respectivement de 3,900, 3,700 et 2,700 mètres, forment le réduit de la position, en ce sens que la citadelle et la Chartreuse se trouvent en arrière du retranchement général et que le fort n° 16, bien que compris dans ce retranchement, est inattaquable de vive force et très-difficilement attaquable pied à pied, à cause du terrain accidenté et rocailleux qui le précède. Ce fort est d'ailleurs protégé par la redoute n° 17, qui doit nécessairement être prise avant qu'on puisse l'attaquer.

Il est donc vraisemblable que le fort n° 16, de même que la citadelle, ne sera menacé qu'après que l'ennemi aura pénétré dans le camp de la rive gauche.

Ce fort, la citadelle et la Chartreuse empêcheront, par conséquent, que l'assaillant, maître de l'un ou de l'autre des deux camps, ne se jette dans la ville pour passer la Meuse sur les six ponts permanents qui s'y trouvent.

Il faudra qu'il fasse le siége de ces forts après avoir forcé les lignes extérieures, et c'est pourquoi il ne sera pas nécessaire d'entourer la ville d'une enceinte de sûreté, pour la mettre à l'abri d'une brusque invasion.

Tracé des ouvrages.

Le tracé d'un ouvrage est déterminé :

1° Par la forme du terrain, à l'endroit où l'ouvrage doit être construit ;

2° Par la configuration du terrain extérieur, dans la limite de la portée des armes ;

3° Par la situation des points à battre (ouvrages collatéraux, routes, ponts, défilés, etc., etc. (1);

4° Par la nécessité de soustraire autant que possible les faces importantes aux feux d'enfilade, en faisant tomber leurs prolongements sur des ouvrages collatéraux ou sur des terrains inaccessibles (marais, inondations, rochers, etc.)

Pour faire apprécier l'influence de ces éléments, nous justifierons le tracé de quelques-uns des ouvrages détachés, proposés ci-dessus.

FORT N° 1.

La face gauche du front de tête de ce fort doit battre le

---

(1) Quelques auteurs font jouer un rôle important à la *nature du terrain*. Ils prétendent que la direction d'une face d'ouvrage peut être modifiée pour obtenir l'avantage de creuser un fossé dans le roc ou de lui donner pour glacis une pente naturelle, sur laquelle il sera impossible de cheminer. Mais nous sommes d'avis que cette considération exercera plutôt de l'influence sur le choix des points à occuper, lorsque l'on aura une certaine latitude à cet égard, que sur le tracé qui doit être combiné exclusivement en vue de bien battre le terrain et de soustraire autant que possible les défenseurs aux feux d'enfilade, d'écharpe et de revers.

terrain et la route qui longent le versant de la rive droite de la Meuse. Elle sera donc perpendiculaire à la direction de ce versant, parce qu'il est plus important de bien voir le terrain que de soustraire la face au ricochet, en l'alignant sur le fort n° 2. La face droite sera tracée de manière à battre efficacement le front du camp. En lui donnant une direction à peu près parallèle à ce front, on la mettra à l'abri de l'enfilade.

Le front latéral de gauche longera la crête de l'escarpement de la rive droite, pour découvrir la vallée de la Meuse, et le front latéral de droite sera dirigé de manière à battre le terrain en avant de la face gauche du fort n° 2, et dans l'intervalle 1-2.

La gorge pourrait être rectiligne, au point de vue de son action sur le terrain en arrière; mais, pour éviter l'enfilade, il sera préférable de lui donner un tracé tenaillé.

FORT N° 2.

Les faces du front de tête de ce fort sont alignées sur les forts n°^{s} 1 et 3, ce qui leur assure la protection des fronts latéraux de ces derniers et leur donne en même temps une direction convenable pour bien battre le terrain extérieur.

Il ne serait pas possible de les soustraire à l'enfilade, sans sacrifier ces avantages.

Le front latéral de gauche découvre la partie du ravin à droite du fort n° 1, qui n'est pas vue par ce fort. De même, le front latéral de droite du fort n° 1 bat la partie du ravin qui longe la gauche du fort n° 2 et que ce fort ne peut découvrir.

La gorge du fort n° 2 est tenaillée comme celle du fort n° 1 et pour le même motif.

FORT N° 3.

Pour battre le front du camp et la route de Herve, il n'est pas nécessaire que les faces du fort n° 3 forment entre elles un angle obtus. On pourra donc tracer ces faces en ligne droite, dans la direction des ouvrages collatéraux, ce qui les mettra à l'abri de l'enfilade.

On donnera le même tracé au front de gorge, qui n'en aura que plus d'action sur le terrain en arrière.

La forme trapézoïde étant la plus convenable pour les forts détachés, on la préférera toutes les fois que les circonstances locales ne s'y opposeront point.

REDOUTE N° 4.

La face antérieure bat le front du camp.

Elle est tracée de manière à ne pouvoir être ricochée que des hauteurs de la rive gauche de la Vesdre, trop éloignées pour être dangereuses.

Le flanc gauche bat le terrain entre la redoute et le fort n° 3, et le flanc droit, une partie du ravin qui descend vers la Vesdre, en amont de Chaudfontaine.

La face postérieure droite est perpendiculaire au ravin qui descend vers Vaux-sous-Chèvremont, et la face postérieure gauche, longe le bord supérieur du versant par lequel descend la route qui conduit à ce hameau.

REDOUTE N° 22.

Cette redoute a un tracé défectueux.

Elle bat très-bien les pentes du contre-fort occupé par la citadelle et très-bien encore le retranchement de la vallée, ainsi que le versant de la rive droite entre Jupille et le fort n° 1 ; mais elle ne découvre pas le ravin dans lequel se trouve le chemin de fer de Hasselt, ce qui est un grave inconvénient.

Pour réunir toutes les conditions d'un bon tracé, on aurait dû donner à la redoute le polygone k w a b c l et continuer le retranchement au delà de cet ouvrage, suivant $c\,d\,e\,f\,g$. Les faces $c\,d$, $d\,e$, $e\,f$ et $f\,g$, armées de canons, auraient remplacé les seuls fronts utiles de la redoute défectueuse.

Remarques générales.

Quand le nombre et la direction des faces ont été arrêtés et leurs dimensions mises en rapport avec l'importance des ouvrages, il reste à examiner si les polygones, ainsi déterminés, ne s'avancent pas sur des pentes qui rendent la construction trop difficile ou trop onéreuse.

Pour que cette dernière condition soit remplie, il faut que le polygone tracé sur un sommet ou sur une colline, suive autant que possible les contours du plateau ou, en d'autres termes, qu'il soit à peu près de niveau.

Lorsque les côtés du polygone coupent plusieurs courbes, les faces sont plongées, et l'intérieur de l'ouvrage est exposé aux coups directs des batteries que l'assiégeant ne manquera pas d'établir sur le haut du versant opposé, inconvénient auquel on ne peut remédier qu'à l'aide de ressauts, de traverses et de parados qui généralement donnent lieu à de graves inconvénients.

Pour faire apprécier le défaut dont il s'agit, nous l'avons produit à dessein dans le tracé noir des forts n°s 1 et 2. La face gauche de l'un et le flanc droit de l'autre s'étendent en effet sur quatre courbes équidistantes de 5 mètres; or comme il n'existe pas de raison qui justifie les difficultés de construction qui seraient la conséquence de ce fait, il y a lieu de déplacer le fort n° 1 vers la droite, parallèlement au front du camp, et le fort n° 2 vers la gauche, en avançant l'un et l'autre de 200 mètres environ (voir le tracé rouge).

Par suite de ce double déplacement, il sera nécessaire d'avancer le fort n° 3, pour qu'il protége mieux les ouvrages voisins.

La redoute n° 14 a un défaut analogue à celui que nous venons de signaler dans le tracé des forts n°s 1 et 2 : le saillant tourné vers la ville descend trop, en effet, sur la pente du terrain. Il suffira, pour y remédier, d'avancer le polygone d'une centaine de mètres, dans la direction de la redoute n° 6.

FORT N° 16.

Le fort n° 16 est un spécimen d'ouvrage construit sur un sommet dont les dimensions ne sont pas en rapport avec l'étendue nécessaire du polygone.

Lorsque ce cas se présente, on est obligé de raser une partie du sommet pour élargir le plateau.

Quant au tracé lui-même, voici comment on peut l'expliquer et le justifier.

Le front de gauche a toute la longueur du plateau ; il bat la crête de la montagne occupée par le retranchement et une partie de ses versants. Le front vers la Meuse est dirigé de manière à battre le pont de Seraing et un petit ravin qui monte vers le fort. Le front de droite a pour objet de battre, de concert avec la redoute n° 17, le large ravin qui le sépare de ce dernier ouvrage. Il protége, en outre, la gorge et le flanc gauche de la redoute, qu'il commande d'environ 35 mètres. Le front de gorge se compose d'une face parallèle au front de tête et battant le ravin à gauche de la route de Tilleur, et d'une tenaille dont l'une des branches enfile cette route et dont l'autre la bat en travers, tout en concourant avec le front latéral de droite à éclairer le ravin entre le fort et la redoute n° 17.

Le même but serait atteint, si l'on prolongeait la première branche du front de gorge jusqu'à sa rencontre avec le front de droite. L'ouvrage aurait alors la forme d'un trapèze, et son espace intérieur serait augmenté. En outre cette modification simplifierait le flanquement et permettrait de soustraire la caponnière de la gorge aux feux éloignés, en l'établissant à l'autre extrémité.

REDOUTE N° 14.

Cette redoute fournit un autre exemple de sommet à

raser, pour élargir le plateau sur lequel doit être tracé le polygone extérieur. Si elle occupait un point dominé ou si, à proximité, se trouvait un pli dangereux que ses remparts ne découvrissent point, il faudrait conserver le sommet et le transformer en cavalier ou en parados.

Les considérations qui précèdent prouvent combien il serait avantageux de remplacer, dans certains cas, les redoutes ordinaires par des redoutes à coupoles dont la fig. 7, planche XXIX offre un spécimen.

Ces redoutes, qui n'ont à craindre ni feux d'enfilade, ni feux de revers, ni feux plongeants, conviennent parfaitement pour la défense des points dominés et des sommets étroits. Leur emploi écarterait les difficultés souvent insurmontables du défilement, et permettrait de supprimer les travaux toujours onéreux de l'appropriation du sol.

A ce double point de vue, il serait avantageux de remplacer par des ouvrages de cette espèce les redoutes n°s 6, 8, 10, 11 et 13 qui sont plus ou moins dominées, les redoutes n°s 14 et 15 et le fort n° 16 qui occupent des sommets trop étroits, et le fort n° 9, qui peut être pris à revers, dès que l'ennemi a franchi la ligne de défense 11, 12, 13, entre la Meuse et l'Ourthe.

Détails de construction.

Les forts et les redoutes seront construits conformément aux types que nous décrirons dans le chapitre IX.

Les seules remarques qui aient quelque rapport avec la configuration du terrain et qui rentrent par conséquent dans le sujet que nous traitons ici, sont les suivantes :

1° Les caponnières qui flanquent les forts, et les coffres qui flanquent les redoutes, doivent être placés de manière que les batteries éloignées de l'attaque ne puissent pas les atteindre.

(Nous citerons comme exemples les caponnières des forts n°^{os} 1, 2, 3, 12 et 18.)

La caponnière du front de gauche du fort 16 ne peut pas être atteinte (bien que le prolongement de ce front tombe dans la vallée de la Meuse près de Seraing), parce que la batterie d'enfilade devrait être établie à 2,000 mètres environ du fort et à 120 mètres au-dessous du sommet qu'il occupe.

La caponnière qui flanque le front de tête de ce même ouvrage, est plus menacée, parce que le prolongement de ce front tombe sur la crête du contre-fort qui relie le village de Saint-Nicolas à la redoute n° 17. Cette crête, au point d'intersection, est à 1,950 mètres de la caponnière et à vingt mètres seulement au-dessous du cordon de son escarpe.

Pour atténuer cet inconvénient, on pourrait tracer le front de tête du fort n° 16, de manière que son prolongement tombât sur la redoute n° 17.

2° Les réduits des forts doivent être appuyés aux fronts les moins exposés, qui sont, en général, les fronts dirigés vers la ville.

3° Les queues des réduits, servant à flanquer les fronts de gorge et à défendre les entrées des forts, doivent être à l'abri des feux éloignés de l'attaque. (Voir les forts n°s 1, 2, 3 et 18.)

4° Lorsque l'on ne peut pas remplir cette condition, on supprime les queues et on flanque les fronts de gorge par des caponnières *tournant le dos* à l'ennemi. Le fort n° 12 se trouve dans ce cas particulier. Le fort n° 16 en fournirait un second exemple, si le front de gorge était rectiligne, comme nous l'avons proposé page 119.

5° Lorsqu'une face d'ouvrage longe un versant trop roide pour être battu par l'artillerie du rempart, on fera en sorte que l'arête supérieure du versant corresponde à la crête du chemin couvert. Dans ce cas, le versant formera un glacis naturel que la mousqueterie du chemin couvert devra battre directement. Pour atteindre ce but, sans amincir trop le sommet du glacis, on donnera au talus intérieur une inclinaison qui permette aux soldats de tirer de haut en bas, en se couchant sur ce talus.

Le chemin couvert ainsi constitué pourra avoir des ressauts et, dans certains cas, des saillants qui flanqueront une partie du glacis naturel.

Quand l'artillerie d'une redoute bat efficacement le terrain extérieur, il y a lieu de supprimer le chemin couvert, ce dehors n'étant vraiment utile, dans les conditions ordinaires, qu'aux ouvrages d'une grande importance, organisés pour une défense pied à pied.

La redoute n° 11 ne se trouve pas dans ces conditions.

Ses deux faces et son flanc gauche longent, en effet, des talus extrêmement roides, qui ne peuvent être battus directement que par la mousqueterie du chemin couvert.

Lorsque ce cas se présente, les talus que ne découvre pas l'artillerie du fort ou de la redoute, doivent autant que possible être enfilés par des batteries latérales, ou pris à revers par des ouvrages situés vis-à-vis.

Cette dernière condition est remplie pour la redoute n° 11, par le flanc droit de la redoute n° 10 et par la face antérieure de la redoute n° 14, qui battent d'enfilade et de revers les talus escarpés sur lesquels l'artillerie de la redoute n° 11 n'a pas d'action.

Les pentes qui échappent aux feux de la redoute n° 7 ou que bat seulement la mousqueterie du chemin couvert, sont enfilées et prises à revers par l'artillerie des redoutes n°s 8, 9 et 10.

II.

Prescriptions diverses pour la construction des enceintes.

Les principes que nous venons d'exposer pour la construction d'un camp retranché, sont presque tous applicables à la construction d'une enceinte. Celle-ci exige cependant quelques remarques et prescriptions complémentaires que nous résumerons d'après Dubuat et Noizet, en faisant observer, toutefois, que ces ingénieurs ont donné trop d'importance à la question du défilement.

Bien que Noizet soit d'avis que cette question « est gé-
» néralement la moins importante de celles auxquelles
» on doive avoir égard pour la disposition des ouvrages
» de fortification permanente sur le terrain, » le premier principe qu'il pose est le suivant :

1° « Le tracé doit être tel, que le défilement n'amène dans le relief que de très-légères modifications. »

Avec la restriction indiquée plus haut (qu'un tracé bien adapté au terrain et un bon relief sont les conditions principales de la fortification), nous admettons ce principe, par la raison que les grands reliefs donnent lieu à des dépenses excessives, que la multiplicité des traverses offre des inconvénients et que, dans certains cas, pour satisfaire au défilement, on doit recourir à des constructions trop morcelées et trop compliquées ;

2° Lorsqu'on développe une fortification en face d'une hauteur ou d'un pic isolé, pour obtenir les plans de défilement les plus doux, sa direction générale doit être perpendiculaire à la ligne qui joint le point de départ du tracé avec le sommet de la hauteur ;

3° Si, au lieu d'une hauteur isolée, il y a un rideau de hauteurs, la fortification doit se développer parallèlement à ce rideau ;

4° Pour la même raison, lorsque la fortification doit être construite sur une colline ou sur un terrain incliné, il importe qu'elle suive une direction parallèle à la plaine ;

5° Une fortification étant en plaine, si à une petite distance en avant se trouve l'origine d'un vallon, on doit tâcher de l'avancer assez pour découvrir le fond de ce vallon.

Quelquefois on sera obligé, pour atteindre ce but, ou bien d'augmenter considérablement le relief, ou bien de construire des cavaliers soit sur les remparts, soit derrière les remparts, ou bien de faire usage d'une lunette ou d'une redoute avancée.

6° Lorsqu'on doit descendre d'une colline pour s'étendre dans la plaine, et, à plus forte raison, lorsqu'on doit traverser une vallée, il importe de le faire très-obliquement et non dans la direction de la ligne de plus grande pente. Pour éviter dans ce cas les vues d'enfilade et de revers, on forme un rentrant au point le plus bas du tracé, ou, en d'autres termes, on comprend dans l'intérieur de la fortification le terrain d'où l'ennemi pourrait prendre ces vues d'enfilade ou de revers.

7° Il résulte des principes exposés plus haut que, si une place doit être établie au fond d'une vallée bordée de collines, on développera les fronts dans le sens de la longueur de la vallée (pour faciliter le défilement) et on traversera celle-ci par des fronts ayant le moins de longueur possible, qu'on mettra à l'abri des feux d'enfilade et de revers, par des traverses et des parados.

8° En vertu des mêmes principes, un ouvrage isolé qui a devant lui une hauteur de quelque étendue, sera d'autant plus facile à défiler que son angle saillant sera plus obtus. Pour ce motif et afin que le terrain soit mieux battu, les prolongements des faces devront, autant que faire se pourra, tomber à droite et à gauche de la hauteur ou des points les plus dangereux de cette hauteur. Dans la pratique cependant, la direction des faces des ouvrages est presque toujours — on a pu s'en assurer plus haut — déterminée par les conditions auxquelles ces faces doivent satisfaire.

9° En général, on évitera de construire des ouvrages trop près des hauteurs dangereuses, et surtout dans des positions environnées de collines, à bonne portée des armes. Mais, sous ce rapport, le choix sera souvent limité par des exigences locales ou par autres conditions, dont l'ingénieur est obligé de tenir compte.

10° On doit éviter aussi de s'établir sur une pente de colline qui descend vers la plaine; car cette plaine produit, relativement au défilement, le même effet que si la fortification était sur un plan horizontal et qu'il y eût en avant une colline ou une pente continue. Plus mauvais encore serait l'emplacement si, au delà de la plaine et à petite distance, le terrain se relevait.

En pareil cas, on doit chercher à occuper le sommet de la colline, en se développant des deux côtés, le plus près possible de sa crête.

(Nous avons vu, par l'exemple de Liége, que très-souvent on ne peut pas satisfaire à cette condition. Ainsi les redoutes n°s 8, 11 et 13 se trouvent sur des pentes situées vis-à-vis de hauteurs dangereuses. Si on les établissait sur la crête des contre-forts, elles ne rempliraient pas convenablement leur but. C'est le cas où l'opération du défilement offre le plus de difficultés.)

11° Lorsqu'on sera obligé de s'établir en face d'une hauteur, on cherchera un terrain dont la pente générale s'élève vers cette hauteur (exemples: les redoutes 3 et 12). Le commandement réel qu'on a alors à craindre est mesuré par la verticale comprise entre le point culminant et le prolongement de plan sur lequel doivent être élevés les ouvrages; en sorte que si la verticale devenait nulle, la fortification pourrait être établie par rapport au sol comme s'il était horizontal. Ce serait alors, comme le dit Noizet, un véritable *défilement par le plan de site*.

Il faut, toutefois, que ce plan, pour être avantageux, n'aille pas se ficher du côté opposé dans un terrain dangereux.

12° Quand un ouvrage est établi sur un roc dans lequel l'artillerie ne peut faire brèche, les conditions de la fortification sont modifiées en ce sens qu'il devient superflu de chercher à couvrir les revêtements par la crête du glacis.

Dans ce cas aussi on cherche à prendre le sol naturel lui-même pour la surface du glacis, afin d'opposer aux cheminements de l'ennemi la plus grande difficulté qu'il puisse rencontrer.

Si la pente ne s'y prête pas, on composera le glacis de gros blocs de pierre provenant des déblais (sauf dans le voisinage des crêtes, où l'on doit toujours employer de la terre, pour empêcher que les projectiles ennemis ne produisent des éclats dangereux).

La fortification établie sur le roc, dit le général Noizet, est susceptible d'être « beaucoup simplifiée ; ainsi un corps » de place à grand relief, taillé dans le roc, précédé d'un » simple chemin couvert, avec glacis de roc pelé, pourra » paraître à l'ennemi plus difficile à prendre qu'un front » complet en terrain ordinaire. »

13° Les faces d'ouvrages qui longent de hautes falaises indestructibles par l'artillerie ou des pans de rochers qui ne peuvent pas être escaladés ni battus en brèche, n'ont pas besoin d'un flanquement d'artillerie. Il suffira, pour assurer leur défense, de créer des mâchicoulis ou de petits flancs qui permettent à des fusiliers de battre le pied de l'escarpement, en tirant suivant de très-grandes inclinaisons.

14° Lorsque le terrain se relève dans l'intérieur d'un ouvrage ou derrière un front, on doit ou bien le raser, comme nous l'avons fait remarquer plus haut à propos de la redoute n° 16, ou bien, ce qui vaut mieux, en profiter pour l'établissement de cavaliers ou de parados.

15° Lorsque le terrain sur lequel on est obligé d'établir une face d'ouvrage s'abaisse vers l'extérieur, il faut relever cette face (pour qu'elle n'aille pas ficher dans la campagne) et souvent même la briser par ressauts. Il est bon, dans tous les cas, que le prolongement des crêtes s'élève le plus possible au-dessus des points où l'ennemi peut établir des batteries à ricochet.

16° Lorsque le terrain qui précède un front penche trop en avant, il est presque toujours nécessaire de supprimer les dehors, qui ne reçoivent plus alors de protection du corps de place, à moins qu'on ne leur donne un relief excessif.

Dans ce cas, il est plus facile de renforcer le front par des contre-gardes. On peut aussi tâcher de prendre quelques vues de flanc le long des pentes, au moyen d'un petit ravelin ou d'une place d'armes à faible saillie. Cela est même indispensable, quand la pente a trop de roideur pour qu'on puisse la battre du corps de place.

III.

Emploi et tracé des lignes à crémaillères.

Le tracé des lignes à crémaillères présente dans la pratique des difficultés qui parfois embarrassent l'ingénieur. On peut en effet l'exécuter de deux manières et, jusqu'ici, aucun auteur n'a clairement exposé les propriétés de l'une et de l'autre.

Nous tâcherons de combler cette lacune.

Supposons qu'un front occupant un plateau et s'arrêtant par l'une de ses extrémités au bord de ce plateau, doive être relié à un front situé dans la vallée. En vertu d'un des principes exposés plus haut, ce dernier front sera en arrière du premier, et le rentrant qu'il formera aura d'autant plus de profondeur que la pente du terrain entre les deux fronts sera plus roide. Le raccordement se fera au moyen d'un tracé à crémaillères qui a la propriété de faciliter le défilement et de battre le terrain dans les meilleures conditions possibles. Ce tracé se composera de longues branches suivant à peu près la direction des courbes de niveau et de petites branches perpendiculaires aux précédentes. Les petites branches ou *flancs* peuvent se trouver en avant des longues branches, faisant face à l'extérieur, ou en arrière de ces branches, faisant face au rentrant.

Pour savoir dans quel cas chacun de ces tracés doit être

employé, nous supposerons 1° que la pente soit très-douce; 2° qu'elle soit très-roide.

PREMIER CAS.

Quand la pente est douce, les longues branches ont une direction qui se rapproche assez de la ligne de plus grande pente, pour qu'elles battent efficacement le terrain en avant. On donnera alors la préférence au tracé avec flancs en retraite :

a. Parce que le prolongement des longues branches tombant en arrière du front du plateau, ces branches ne seront pas enfilées par les batteries ou les cheminements exécutés sur le haut de la pente ;

b. Parce que les flancs, faisant face au rentrant, ne pourront pas être contre-battus de loin ;

c. Parce que les flancs concourront efficacement à la défense du rentrant, tandis que les flancs en saillie dirigent leurs feux vers le haut, où ils produisent peu, étant commandés par les cheminements que l'ennemi exécutera sur la pente, pour appuyer son attaque principale contre le front du plateau ;

d. Parce que les contre-batteries seront commandées par les flancs, tandis que dans le tracé avec flancs en saillie, c'est le contraire.

Le seul inconvénient du tracé avec flancs en retraite est d'augmenter l'angle mort qui est un maximum quand le fossé fuit devant la batterie flanquante, et un minimum quand il se relève, comme dans le cas des crémaillères avec flancs en saillie. Cet inconvénient, toutefois, disparaît quand les flancs sont casematés, ce qui, dans la bonne fortification permanente, est de règle.

DEUXIÈME CAS.

Lorsque la pente est très-roide, les longues branches sont trop obliques par rapport à la ligne de plus grande pente pour battre le terrain extérieur (1). Ce rôle incombe alors aux flancs qui, pour y satisfaire, doivent être en saillie sur les branches. Les inconvénients du tracé restent les mêmes que dans le cas précédent, mais la nécessité absolue de battre la pente ne permet pas d'y avoir égard.

Il est à remarquer cependant que notre conclusion cesse d'être vraie, lorsque la crémaillère doit descendre la hauteur dans une direction qui ne s'éloigne pas beaucoup de la ligne de plus grande pente. Dans ce cas, en effet, les longues branches font des angles moins aigus avec les courbes de niveau, et battent par conséquent mieux le terrain. On peut alors tracer les flancs en retraite pour obtenir les avantages indiqués plus haut. (Voir la crémaillère B C du tracé *rouge*.) Toutefois, si dans le prolongement des longues branches il y avait une hauteur d'où l'ennemi pût les enfiler, on préférerait le tracé avec flancs en saillie, qui permet de couper les courbes sous un angle plus aigu, sans modifier la direction générale de la crémaillère (circonstance favorable au défilement).

---

(1) Nous voulons dire par là : battre le terrain au loin, perpendiculairement au front de l'enceinte et non dans la direction des lignes de plus grande pente, normalement aux courbes de niveau.

Les crémaillères N M et H G du tracé rouge, descendant les pentes sous une plus grande obliquité, devront avoir des flancs en saillie, parce que leurs longues branches ne battent pas convenablement le terrain.

Dans la fortification improvisée on adoptera le tracé, avec flancs en saillie, quelle que soit l'inclinaison des pentes, par la raison que le flanquement ne pouvant être assuré au moyen de batteries basses casematées ou blindées, il importe de réduire au minimum l'angle mort du fossé. Au reste, l'inconvénient d'exposer les flancs au feu direct et les longues branches au tir d'enfilade, est alors bien moins grave que dans la fortification permanente ou mixte, dont les flancs, quand ils sont bien construits, exigent l'établissement de contre-batteries rapprochées.

Voyons si les préceptes indiqués ci-dessus ont été judicieusement appliqués aux crémaillères de la place de Liége. (Tracé noir.)

Les crémaillères à droite et à gauche de la citadelle ne sont, à proprement parler, que des communications entre cet ouvrage et les retranchements de la vallée. Comme lignes de défense, elles auraient dû être tracées de manière à se rejoindre à peu près à l'endroit où la route qui conduit à la Chartreuse traverse le chemin de fer de Maestricht. Mais alors elles n'eussent plus été reliées aux retranchements de la vallée, condition nécessaire pour empêcher l'ennemi de s'introduire dans la ville en contournant la Chartreuse par les routes de Visé et de Houffalize.

C'est afin de mieux battre ces routes et les versants des vallées, que nous avons donné la préférence au tracé à crémaillères avec flancs retirés.

Une crémaillère non moins défectueuse comme ligne de défense, mais suffisante comme ligne de communication, est celle qui relie la redoute n° 15 au retranchement qui barre la vallée en amont.

Pour avoir un tracé correct, on aurait dû ou bien arrêter le retranchement général au point J, et contourner, à partir de ce point, l'extrémité du contre-fort sur lequel se trouve la redoute n° 15, ou bien arrêter le retranchement au fort n° 16 et suivre, à partir de cet ouvrage, le tracé rouge O N M L.

IV.

Modifications qui devraient être apportées au retranchement provisoire de Liége, pour le convertir en enceinte permanente de sûreté ou de siége d'un vaste camp retranché.

Le retranchement général provisoire que nous venons de décrire a pour objet : sur la rive droite, d'empêcher l'ennemi de s'introduire dans la ville par les vallées profondes de la Meuse, de l'Ourthe et de la Vesdre ; sur la rive gauche, de relier entre eux les forts et les redoutes pour former une ligne de défense continue dont la citadelle est le réduit.

S'il s'agissait de créer à Liége un vaste camp retranché servant de pivot central ou de lieu de refuge à une armée de 100,000 hommes, on devrait créer une ligne de forts et une enceinte permanente.

Le tracé de celle-ci serait subordonné à des conditions d'autant plus rigoureuses que sa défense devrait être plus longue.

En effet, une enceinte de sûreté destinée à prévenir un coup de main, peut suivre des pentes qui doivent être évitées avec soin quand il s'agit d'une enceinte de siége. Au delà d'une certaine limite de pente, que le professeur déterminera par des épures, les batteries hautes des caponnières sont dominées par la contre-batterie du saillant le plus élevé de chaque front. Cette circonstance, qui n'a aucune gravité pour une enceinte de sûreté, oblige à renoncer aux pentes qui excèdent la limite indiquée, ou à diminuer la longueur des fronts, quand ces pentes sont inévitables.

Supposons qu'il s'agisse de construire à Liége une enceinte de camp retranché pouvant résister à une attaque pied à pied.

Cette enceinte devra satisfaire aux conditions suivantes :

1° Envelopper la ville et avoir assez d'ampleur pour permettre l'agrandissement de celle-ci, dans l'hypothèse d'une prospérité rapidement croissante ;

2° S'étendre sur les deux rives, pour que les ponts soient protégés et que chaque camp retranché ait un réduit ;

3° Battre, dans les meilleures conditions possibles, le terrain extérieur ;

4° Avoir un tracé tel, que le flanquement et le défilement des fronts ne présentent pas de difficultés insurmontables ; que les crémaillères descendent des hauteurs dans de bonnes directions et que l'ennemi, après avoir pris quelques forts, ne puisse pas rendre impossible la défense d'une partie de l'enceinte, par des feux plongeants d'enfilade ou de revers ;

5° Posséder les propriétés essentielles de la fortification, qui seront exposées dans le chapitre IV.

Le tracé rouge qui, dans certaines parties se confond avec le tracé noir du retranchement général, remplit assez bien ces diverses conditions.

Peu de mots suffiront pour l'expliquer et le justifier.

1° Enceinte de la rive gauche.

Cette enceinte ne devant pas, comme le retranchement

général, jouer le rôle de première ligne de défense, on pourra la rapprocher du versant au nord de la ville, pour diminuer son périmètre et sa convexité.

Le tracé P Q R S T U remplit convenablement le but. Il occupe la partie dominante du terrain, évite les pentes trop roides, coupe les grandes voies de communication sous des angles favorables et donne aux saillants du polygone le maximum d'amplitude.

Cette portion d'enceinte, dont le développement est de près de 6,000 mètres, sera composée de 6 fronts de longueur à peu près égale. Leur tracé les mettant à l'abri de l'enfilade, ces fronts auront une très-grande valeur, s'ils sont bien conçus.

A partir de U, la pente du terrain est trop rapide pour qu'il soit possible d'y appliquer un autre tracé que le tracé à crémaillères, lequel, en vertu des principes exposés plus haut, devra suivre une direction oblique et rentrante.

Le tracé U V satisfait à cette condition.

On ne pourrait pas faire rentrer davantage l'extrémité V, sans renoncer à la possibilité d'établir les deux fronts suivants V V' et V' W sur une partie de terrain à peu près horizontale.

Le front V V' peut être enfilé, mais ce défaut est racheté par le très-grand avantage qu'il a de flanquer les crémaillères et de battre la pente du terrain sur lequel elles sont construites.

A partir du point W, on tracera deux fronts tenaillés W b et b d de 225 et de 375 mètres de longueur, que l'on pourra remplacer par un front polygonal unique W d de 570 mètres, à condition d'établir sur la caponnière un ravelin $a\ b\ c$ (pour bien battre les pentes que contourne le chemin de fer de Hasselt).

Le raccordement du point d avec l'extrémité A du front de la vallée se fera, soit par une crémaillère descendant de d vers A, soit par un front busqué $d\ e\ f$, occupant le sommet de la hauteur, et par un mur crénelé f A (1).

Cette dernière combinaison est préférable, parce que le front $d\ e\ f$ protége mieux le front A B de la vallée et la partie voisine de l'enceinte de la rive droite que ne le ferait la ligne à crémaillère d A.

La partie de l'enceinte de la rive gauche comprise entre le point P et la Meuse en amont, suivra la crête des hauteurs et, sauf les détails, se confondra avec le tracé noir du retranchement général.

Tout autre tracé exposerait cette partie à être plongée et prise à revers par l'ennemi occupant les hauteurs entre la Meuse et l'Ourthe.

La seule difficulté que présente ce tracé consiste dans le raccordement de l'extrémité X avec le point K de la vallée. La pente du terrain est en effet trop roide sur le quart de la longueur X K pour qu'on puisse y appliquer un tracé à crémaillères ; on se bornera donc à fermer cette partie au moyen d'un mur crénelé, pourvu de petits flancs ou de tourelles, obstacle suffisant, du reste, à cause des difficultés insurmontables que présenteraient les cheminements sur une pente aussi roide, et recouverte seulement d'une mince couche de terre.

---

(1) Ce mur aura un tracé à crémaillères ou sera pourvu de petites tourelles flanquantes.

Dans l'hypothèse où nous sommes placé, la citadelle pourrait être supprimée, de même que les ouvrages indépendants qui font partie du retranchement général. Cependant, pour assurer la défense successive de l'enceinte ou, en d'autres termes, pour empêcher que l'ennemi, maître des fronts de la rive gauche, ne passe les ponts et ne s'empare immédiatement des fronts de la rive droite, il serait utile de conserver les redoutes n°s 15, 16 et 22 et d'en construire une 4me sur l'emplacement de la citadelle.

Enceinte de la rive droite.

La vallée en amont sera défendue par le front I H, que l'on reculera autant que possible pour le défiler des hauteurs situées au confluent de la Meuse et de l'Ourthe.

On raccordera ce front à l'extrémité K de l'enceinte de la rive gauche par le front I K, tracé de manière à battre la vallée d'amont et à n'être pas enfilé. (Il suffit pour cela de le diriger vers Chênée, parallèlement au chemin de fer d'Aix-la-Chapelle.)

C'est dans ce dernier front qu'on établirait les passages éclusés de la Meuse, s'il était nécessaire de tendre une inondation en amont de Liége.

On pourrait, dans cette même hypothèse, faire déborder les eaux de l'Ourthe et de la Vesdre, en construisant des passages éclusés dans le front H I.

A partir du point H, l'enceinte monte par les crémaillères H G, sur la hauteur où est située la Chartreuse.

Cet ouvrage sera conservé, parce qu'il peut empêcher que l'ennemi, maître de l'enceinte de la rive droite, ne passe la Meuse et ne s'empare immédiatement de l'enceinte de la rive gauche. Cependant, comme les ponts sont efficacement battus par les redoutes n°s 15, 16 et 22 et par la citadelle, le fort de la Chartreuse n'a pas assez d'importance pour qu'il fût nécessaire de le construire, s'il n'existait pas.

A partir du point G, le tracé est subordonné à l'emplacement que l'on assignera aux fronts destinés à battre la pente qui conduit au plateau de Herve.

Ces fronts devant se trouver en arrière du contre-fort Y Z, on les dirigera de manière à éviter ce contre-fort et à les défiler facilement.

Le but sera atteint par les fronts C D et D E qui suivent à peu près la courbe de niveau 140 et dont les prolongements tombent dans les vallées.

Le seul inconvénient que présente ce tracé est de rapprocher trop le point C du point B, extrémité du front qui barre la vallée d'aval. Il en résulte que les crémaillères B C se rapprochent plus qu'il ne le faudrait de la ligne de plus grande pente.

On éviterait cet inconvénient en portant le point C en C' et en remplaçant le front C D par la tenaille C' C" D'; mais on tomberait alors dans deux inconvénients plus graves, à savoir :

1° Le front C' C" pourrait être enfilé et pris à revers par l'ennemi occupant le point Z' du contre-fort à gauche de Jupille ;

2° Le front D' E pourrait être enfilé par une batterie

occupant l'extrémité Z du contre-fort Y Z, et il se trouverait, en outre, sur une pente trop forte pour qu'il fût possible de le construire dans de bonnes conditions.

C'est pourquoi nous préférons le tracé C D E, qui donne lieu à deux fronts, de 700 mètres de longueur, battant parfaitement le terrain et formant une ligne presque droite.

L'extrémité E du 2e front se raccordera à l'extrémité G de la crémaillère H G, par un front tenaillé E F G, dont l'une des branches battra la vallée de l'Ourthe et la route de Houffalize, et l'autre, les chemins qui, de la route de Herve, descendent vers Grivegnée.

La première pourra seule être ricochée par les batteries éloignées de l'attaque; mais son défilement ne présentera que des difficultés ordinaires, le point E étant à 5 mètres environ au-dessus du point F.

Le front tenaillé E F G ne battant point le ravin de Grivegnée qui le précède, il sera nécessaire de construire, en avant de ce front, la redoute n° 6, dont l'utilité, à un autre point de vue, a été démontrée plus haut.

Enfin, pour retarder autant que possible l'établissement des batteries ennemies sur le contre-fort Y Z, il sera utile de construire une seconde redoute en Y. Une des faces de cette redoute battra d'enfilade la route de Herve; la face joignante la battra en travers; la troisième face battra d'enfilade le ravin de Grivegnée, imparfaitement éclairé par la redoute n° 6; la quatrième face battra le contre-fort Y Z, et la cinquième enfilera l'un des deux ravins qui descendent vers Jupille.

Le front A B, destiné à barrer la vallée de la Meuse, en aval, a une longueur d'environ 1,600 mètres. Cette longueur excède de plus de 500 mètres celle qu'il convient de donner aux plus grands fronts; mais une attaque pied à pied par la vallée n'étant pas à craindre, on pourra, par mesure d'économie, assurer le flanquement au moyen d'une seule caponnière.

Le front A B est à peu près perpendiculaire au cours d'eau et aux voies de communication, et ses prolongements tombent sur des hauteurs occupées par l'enceinte. Il se trouve donc dans les meilleures conditions pour battre la vallée et pour résister aux batteries éloignées de l'attaque.

CHAPITRE III.

EXPÉRIENCES ET DONNÉES DIVERSES, OFFRANT DE L'INTÉRÊT AU POINT DE VUE DE LA FORTIFICATION.

SOMMAIRE :

Influence des progrès des armes et de la balistique sur certains principes de fortification. — Nécessité, pour l'ingénieur, de suivre de près les expériences qui se font dans les polygones. — Les résultats de ces expériences doivent servir de point de départ aux déductions théoriques et aux applications pratiques. — **A.** *Expériences de brèches faites en 1863 et 1864 contre les escarpes du fort Liédot, dans l'île d'Aix* : Conclusions de la commission ; examen de ces conclusions ; nécessité de protéger les revêtements contre les obus dont l'angle de chute est de 14° (correspondant à une inclinaison de 1/4). Il ne suffit pas, comme le prétend le comité du génie français, que le revêtement soit couvert sur la moitié de sa hauteur ; expériences de Juliers et de Vérone, citées à l'appui de l'opinion de l'auteur ; dangers qu'offrent les brèches faites de loin. **B.** *Divers résultats obtenus à l'île d'Aix en 1864, à Vérone en 1862 et à Juliers en 1860* : brèches faites à 80m de distance ; tirs obliques, exé-

cutés à des distances de 98 à 42 mètres; rasement d'un parapet en terre; blindages.
— **C**. Tir en brèche exécuté en novembre 1869, contre un ouvrage détaché de Silberberg. — **D**. Expérience faite au même endroit, contre des abris voûtés, avec le mortier rayé de 8 pouces. — **E**. Conclusions de diverses expériences faites au polygone de Brasschaet depuis 1861. — **F**. Expériences faites à Magdebourg, en 1862. — **G**. Expérience faite à Shoeburyness, en 1869, pour apprécier l'effet de l'explosion des projectiles dans une casemate. — **H**. Expériences faites à Brasschaet, en 1869 et en 1870, dans le but de constater si les projectiles qui éclatent dans les parados sont dangereux pour les servants des pièces. — **I**. Tirs exécutés, en 1871, au polygone de Brasschaet, pour juger de l'effet que produisent les obus à fusée percutante, lorsqu'ils traversent des rideaux en branches d'arbres ou en paille. — **K**. Expérience faisant suite à la précédente. — **L**. Ecrans en rondins et autres matériaux, destinés à produire l'éclatement prématuré des obus. — **M**. Expériences contre une traverse casematée, faites à Tegel, en 1870. — **N**. Conclusions pratiques des expériences anglaises sur la résistance des plaques. — **O**. Tirs contre un réseau en fils de fer et contre une grille, exécutés à Tegel, en 1869 et 1870. — **P**. Expérience faite, en 1870, au même endroit, pour apprécier la résistance d'une coupole tournante, armée de canons rayés de 15 centimètres. — **Q**. Canons et engins. — **R**. Angles de chute des canons rayés.

I

Les principes généraux de la fortification ne sont pas tous des principes absolus; il en est qui doivent se modifier en raison des progrès que font la balistique et la fabrication des armes. Nous ne saurions trop le répéter : *c'est dans les polygones que l'on apprend à construire les places.* L'ingénieur qui ne connaît pas à fond les ressources de l'artillerie et la tactique des diverses armes, n'est point à la hauteur de sa mission.

Pénétré de cette vérité, nous ferons précéder l'étude des principes de la fortification d'un chapitre dans lequel seront résumés les résultats des expériences les plus remarquables qui ont été faites depuis l'introduction des canons rayés, sur la puissance de l'artillerie, la résistance des plaques, la pénétration des projectiles dans divers milieux, etc., etc.

Ce chapitre devra être tenu au courant par le professeur de fortification et servir de point de départ à ses déductions théoriques comme à ses applications pratiques.

A.

Expériences de brèche faites en 1863 et 1864 contre le fort Liédot, dans l'île d'Aix.

Le fort Liédot est un carré bastionné de $93^m,55$ de côté extérieur (voir fig. 1, pl. I). Ses faces ont $31^m,18$ de longueur, ses flancs $6^m,15$ et ses courtines $28^m,14$. L'épaisseur des parapets est de 6 mètres, et la hauteur de la ligne de feu au-dessus de la magistrale (cordon de l'escarpe) est de $2^m,15$.

L'escarpe a $7^m,60$ de hauteur, 2^m20 d'épaisseur au sommet, dans les bastions, et $1^m,20$ aux courtines.

L'ouvrage est entièrement casematé. Les voûtes, qui ont 1 mètre d'épaisseur de rouleau, et les murs de masque sont en moellons de calcaire légèrement siliceux. Les parements extérieurs et l'intrados se composent de pierre tendre calcaire de Saint-Savinien.

Sous le rapport de la résistance aux projectiles, les murs et les voûtes peuvent être assimilés à la *bonne maçonnerie ordinaire*.

Les batteries de brèche furent établies, les unes à 670 mètres du fort, les autres à 1,220 mètres.

Tous les projectiles étaient pourvus de fusées percutantes.

On dirigea le tir de manière à atteindre l'escarpe vers le milieu de sa hauteur et à relever ensuite les coups progressivement, en cherchant à approfondir la brèche au fur et à mesure que l'on se rapprochait de la magistrale ; la chute du revêtement entraînait celle de la partie correspondante du parapet, déjà fortement ébranlée par les projectiles qui avaient porté trop haut ; et quelques coups dirigés vers le sommet de la brèche suffisaient pour achever de la rendre praticable.

Le feu de toute la batterie étant concentré sur le même point, vers le milieu de la portion d'escarpe que l'on attaquait, les brèches avaient une largeur uniforme de 7 mètres à la distance de 1,220 mètres et de 4 mètres à la distance de 670 mètres (fait qui s'explique par les écarts des projectiles).

La largeur praticable de la rampe diminuait en se rapprochant de la plongée.

Après chaque série de 50 à 150 coups, la commission allait constater l'effet produit.

La brèche n° 1 (voir pl. I) fut pratiquée dans une partie d'escarpe dont on découvrait la moitié dans la batterie de brèche (située à 1,217 mètres). On tira contre cette partie avec des canons rayés de 12, à charge de guerre ($1^k,200$). La ligne couvrante était à 12 mètres environ de l'escarpe. Les coups qui rasèrent cette crête, atteignirent le revêtement à 3 mètres au plus au-dessus du fond du fossé ; avec une bonne lunette, on pouvait suivre la marche de l'opération.

Après 650 coups, la brèche fut praticable : 370 obus avaient touché la maçonnerie et 70 le parapet. Le revêtement détruit avait 18 mètres de longueur à la magistrale et $4^m,60$ de hauteur. La rampe avait une inclinaison moyenne de

35 degrés. Sa largeur praticable minimum était de 6ᵐ,90, à la plongée. La partie non éboulée du parapet n'avait plus que 2 mètres d'épaisseur.

La brèche n° 3 (voir pl. 1) fut pratiquée dans une partie d'escarpe, découverte sur 1 mètre de hauteur.

Pour atteindre l'escarpe vers le milieu de sa hauteur, on diminua les charges ; on les augmenta ensuite graduellement, quand il fallut relever les coups pour achever la brèche. Contre les parties vues et contre le parapet, on employa le tir de plein fouet (avec charge de guerre).

La batterie de brèche, armée de canons rayés de 12, se trouvait à 1,210 mètres, et la crête couvrante à 18ᵐ,43 de l'escarpe. La charge minimum employée fut de 675 grammes (elle correspondait à un angle de tir de 8°).

Après 967 coups, dont 300 tirés à la charge de guerre (1ᵏ,200), la brèche était praticable. 568 projectiles (ou 58 p. c.) avaient atteint le mur ou le parapet. Le revêtement était détruit sur 15 mètres de longueur (à la magistrale). La rampe avait une pente moyenne de 37 degrés et une largeur praticable de 7ᵐ,70. Le parapet était réduit, au sommet de la brèche, à une épaisseur de 2ᵐ,50 environ.

La brèche n° 4 (voir pl. 1) fut faite à la même distance dans le même revêtement, avec des canons rayés de 24. Le tir commença sous l'angle de 7° 30′, avec la charge de 1ᵏ,430 pour le canon court de 24 et de 1ᵏ,300 pour le canon long de 24.

Après 300 coups, la brèche était assez avancée pour qu'un tir de 94 obus à charge de 2ᵏ,500 achevât de la rendre praticable. Sur ce nombre, 279 (71 p. c.) avaient produit un effet utile. La maçonnerie était attaquée sur 16 mètres de longueur. La rampe praticable avait une largeur minimum de 7^{m}40. L'épaisseur du parapet au haut de la brèche était réduite à 2 mètres.

Les expériences faites à 1,210 mètres avec le canon rayé de 12 et le canon rayé de 24 ont prouvé qu'on obtient la même largeur de brèche avec les deux calibres ; qu'on met la même quantité de fonte dans la brèche, mais qu'on lance moins de fonte avec la bouche à feu, quand on emploie le 24, qui a plus de justesse de tir.

A 670 mètres, les brèches exécutées de la même manière, dans les mêmes maçonneries, étaient moins larges et avaient exigé, proportionnellement à leur largeur praticable, une plus grande quantité de fonte qu'à 1,210 mètres (conséquence naturelle de la diminution de vitesse et de pénétration résultant de l'emploi de charges plus faibles).

Sous le rapport de la quantité de fonte consommée, le 24 a eu, à 670 mètres comme à 1,210 mètres, une grande supériorité sur le 12 rayé.

A 670 mètres, la plus grande justesse a suffi pour compenser la diminution des vitesses et des pénétrations.

Pendant l'exécution des brèches n° 3 et n° 4, la commission visita de temps en temps le revêtement, parce que ne voyant pas de la batterie le sommet du cône de décombres, elle ne savait pas quand il convenait de relever les coups. Toutefois elle reconnut que cette visite ne serait point nécessaire, si l'on continuait à tirer sous l'angle maximum jusqu'à ce que l'on vît apparaître, à la partie supérieure de l'escarpe, le sommet du talus de décombres. On serait alors assuré qu'il n'existerait plus aucun ressaut dans la partie inférieure de la brèche.

Les brèches n°s 1, 3 et 4 ont été faites aux escarpes des bastions 1 et 4, et la brèche n° 5, à la courtine du front 1-4, dont les maçonneries sont entièrement couvertes.

Les voûtes de cette courtine ont 4^m,55 de hauteur sous clef (au-dessus du pied de l'escarpe). Leur mur de masque a 1^m,20 d'épaisseur au sommet et 1^m,63 au pied.

La batterie de brèche, armée de canons rayés de 12, fut établie à 1,220 mètres.

La ligne couvrante était à 20 mètres du revêtement; vue de la batterie, elle se projetait à 21 centimètres au-dessus de la magistrale.

Pour atteindre au milieu de la hauteur, on aurait dû tirer sous un angle de 11° 30'; la commission adopta l'angle de 10°, qui fut diminué graduellement, à mesure que la brèche avançait.

On tira 450 coups à la charge de 570 grammes, sous 10°; 75 coups à la charge de 675 grammes, sous 8°; 328 coups à la charge de 830 grammes, sous 6°, et 165 coups à la charge de guerre de 1^k,200. Sur ces 1,018 coups, 475 avaient atteint la maçonnerie ou le parapet. La courtine était détruite sur 12 mètres de longueur (à la magistrale) et le parapet n'avait plus que 1^m,50 d'épaisseur. La rampe avait une pente générale de 34 $^1/_2$ degrés; vingt-quatre canonniers en armes la franchirent en 14 secondes au minimum et en 24 secondes au maximum. En un point, la rampe praticable n'avait que 2^m,30 de largeur.

La brèche n° 6 fut faite à la même distance, avec le canon rayé long de 24.

On tira 60 coups à la charge de $1^k,300$ grammes, sous 8°; cet angle ayant été reconnu insuffisant, on le porta à 10°, en réduisant la charge à $1^k,060$ grammes; 240 coups furent tirés sous cet angle, et 80 avec la charge de guerre de $2^k,500$.

261 obus (69 p. c.) produisirent un effet utile.

On tira encore 50 obus contre le parapet, réduit à 2 mètres d'épaisseur au sommet de la brèche.

Après ce tir, la rampe avait une largeur minimum de $7^m,20$ et une inclinaison de 34 degrés.

Comme dans le cas précédent, des voûtes en décharge avaient été mises à découvert; celles des casemates n° 1 et n° 5 étaient détruites, l'une sur $1^m,20$, l'autre sur $1^m,70$ de longueur. Des matériaux s'étaient introduits dans ces vides, et les terres, en s'accumulant, avaient fini par boucher l'ouverture de la casemate n° 1.

Cette expérience prouve que lorsqu'on bat en brèche une escarpe avec voûtes en décharge, on doit tirer longtemps pour boucher les trouées qui se produisent dans les voûtes. Moins donc il y aura de terres au-dessus du cordon de l'escarpe, plus l'opération sera difficile.

La brèche n° 9 (voir pl. 1) a été faite dans la face droite du bastion n° 3, avec une batterie de canons rayés de 12, établie à la distance de 670 mètres.

L'escarpe était protégée, à 20 mètres de distance, par une masse couvrante dont la crête se projetait, vue de la batterie, à 23 centimètres au-dessus de la magistrale.

Le mur battu en brèche avait 2^m,20 d'épaisseur au sommet. Vers le tiers inférieur, il servait de pied-droit à la voûte en retombée qui recouvrait la casemate n° 32 du flanc droit, et à partir de ce point son épaisseur augmentait rapidement.

En 1863, on avait tiré 160 coups avec 355 grammes sous 10°, et 50 coups avec 435 grammes, sous 8°. En 1864, on tira sous l'angle uniforme de 8°, parce que la commission s'était interdit de constater les effets du tir, et qu'elle ne pouvait plus dès lors se rendre compte du moment où il conviendrait de relever les coups en augmentant la charge et l'élévation.

On tira 615 coups sous l'angle de 8°, avec la charge de 435 grammes et 41 coups, sous l'angle de 6° avec la charge de 560 grammes; 467 projectiles atteignirent la brèche. La rampe avait une pente de 34° et une largeur minimum de 3^m,80. Le parapet était réduit à 1^m d'épaisseur. Vingt-quatre canonniers franchirent la brèche en 12 secondes au minimum et en 25 secondes au maximum.

En observant le parapet avec une lunette, on s'était assez bien rendu compte de l'état de la brèche, aux différentes époques du tir.

Les coups les plus bas avaient atteint le revêtement à 3^m,70 au-dessous de la magistrale; aussi le sommet de la partie de mur, restée debout, n'était-il recouvert que de très-peu de terre.

Si le tir avait été moins plongeant, la brèche eût présenté un ressaut infranchissable.

Cette expérience est très-remarquable en ce qu'elle prouve qu'on peut faire brèche dans des revêtements en décharge, entièrement couverts, sans qu'il soit nécessaire de constater les effets du tir, en se portant sur la contrescarpe pendant la durée de l'opération.

La brèche n° 11, faite dans la courtine 3-4, n'avait que 2^m,20 de largeur minimum, parce que le milieu de la rampe correspondait au pied-droit de deux voûtes qui, ouvertes sur 2^m,30 et 2^m,40 de largeur, n'avaient pu être comblées par les décombres.

La commission d'expérience, après avoir discuté les résultats obtenus en 1863 et 1864, formula les conclusions suivantes :

« Lorsqu'on tirera sur un revêtement entièrement caché, on emploiera exclusivement le tir sous l'angle maximum. Toutefois, quand on apercevra dans le parapet de profondes découpures, indice à peu près certain de l'éboulement des maçonneries qui soutenaient les terres, on pourra employer un angle plus petit et conséquemment une charge plus forte.

» Il existe pour l'angle de tir maximum une limite à partir de laquelle les résultats obtenus ne seront plus en rapport avec les moyens employés. Cette limite variera suivant la nature des revêtements. »

Pour des murs d'escarpe ayant la solidité de ceux du fort Liédot et pour des distances comprises entre 670 et 1,220 mètres, la limite supérieure de l'angle de tir sera de 10° pour le canon rayé de 12, et de 12° pour le canon rayé de 24.

La commission fit remarquer toutefois que : « ces angles

» ne doivent pas être considérés comme une limite absolue,
» mais qu'avec un angle plus grand, les résultats ne se-
» raient plus en rapport avec les moyens employés. »

Le tir sous un angle de 12" donne un angle de chute de 14" 20'.

Il résulte donc des expériences faites à l'île d'Aix, qu'il est nécessaire de protéger les maçonneries contre des projectiles tirés sous l'inclinaison de $^1/_4$ (correspondant à 14° environ).

On objectera sans doute que, pour faire une brèche *praticable*, le revêtement doit être attaqué sur la moitié de sa hauteur et que dès lors il suffit de couvrir les $^3/_5$ de l'escarpe.

Mais cette conclusion à laquelle se sont ralliés la plupart des ingénieurs français, nous semble inadmissible pour trois raisons :

1° Parce qu'il a été prouvé à Vérone, par une expérience faite en 1862 contre une escarpe détachée du fort Wratislaw (1), que même sous l'angle de 17°, correspondant à l'inclinaison de 29/100 ou du tiers environ, la maçonnerie peut être détruite par les canons rayés de 24. (Le même résultat a été obtenu pendant l'attaque de la citadelle de Strasbourg par l'artillerie badoise);

---

(1) Le mur avait 4 pieds d'épaisseur ; il était en briques et revêtu extérieurement en pierres volcaniques ; un projectile tiré à 1,740 pas avec une charge de 1 livre et 8 onces (environ le tiers de la charge ordinaire) toucha le mur à 4 pieds 6 pouces sous le cordon et fit un entonnoir d'environ 7 pieds de diamètre et de 4 pieds de profondeur. La crête du glacis était à 6 pieds au-dessus du cordon et à 36 pieds du parement extérieur ; nous ajouterons que les tourillons des pièces se trouvaient à 14 pieds 10 pouces sous le niveau du cordon.

2° Parce que d'autres expériences faites en Prusse ont démontré qu'en tirant obliquement contre un mur, on peut encore faire une brèche, lorsque l'angle compris entre la ligne de tir et la perpendiculaire au mur est de 35 degrés. Évidemment le même résultat sera obtenu lorsqu'on tirera normalement au mur avec un angle de chute de cette amplitude (35°), pourvu toutefois que le projectile ait encore assez de vitesse pour entamer la maçonnerie.

L'artillerie prussienne a construit un canon rayé court de 24, qui possède les qualités balistiques nécessaires pour tirer sous de grands angles avec une vitesse d'arrivée suffisante. Les expériences faites avec ce canon en 1868 à Stettin, contre des parapets en terre et contre des maçonneries, ont été pleinement confirmées en 1870, devant Strasbourg et Paris.

Son poids n'est que la moitié de celui du canon long de 24 (1,250 kil.) et il a 7 calibres de moins en longueur (1^m,05).

Tiré à 4,000 mètres avec la charge de 3 livres, il produit un angle de chute de 30 degrés. A cette distance, tous les projectiles atteignent un but horizontal de 85 mètres de longueur et de 15 mètres de largeur.

Toutefois, comme à 4,000 mètres il serait impossible de faire brèche, à cause de la difficulté du pointage et de l'incertitude du tir, on n'aura point à défiler le revêtement contre des coups tirés sous un pareil angle. Il ne faudra pas même tenir compte de ceux tirés sous l'angle de 14°, puisque le canon court de 24, avec la charge ordinaire de 3 livres, ne donne cet angle de chute qu'à une distance de plus de 3,000 mètres. Mais, d'une part, les expériences de l'île d'Aix et celles de Vérone (1) prouvent qu'avec des charges réduites, le canon rayé de 24 peut, aux distances de 1,220 mètres, tirer sous un angle de chute de 14° des obus qui ont encore une pénétration suffisante pour faire brèche; d'autre part, il est à prévoir que l'art de détruire les revêtements de loin sera perfectionné par de nouvelles méthodes de tir ou par l'emploi de nouvelles bouches à feu.

Des expériences faites à Juliers, à Vérone et à l'île d'Aix permettent de conclure qu'un projectile explosif est encore dangereux pour la maçonnerie, lorsqu'il atteint celle-ci avec une vitesse de 140 mètres (2).

Quant à la distance maximum à laquelle on peut faire brèche, les résultats obtenus dans les attaques de Strasbourg et de Paris, ont donné à quelques officiers prussiens, témoins de ces deux siéges, la conviction qu'au delà de 1,500 mètres, le tir n'a plus assez de précision pour produire un effet en rapport avec le temps et la quantité nécessaire de munitions. Mais cette opinion n'est pas suffisamment justifiée pour qu'on puisse l'admettre sans restriction. Ici encore la prudence conseille de ne pas se

---

(1) Les expériences de Vérone, de 1862, ont prouvé qu'en plaçant une pièce rayée de de 24 à 1,740 pas (1,305 mètres) d'un mur, on peut obtenir les résultats suivants : La charge ordinaire du canon étant de 3 livres 13 $^1/_2$ onces, en diminuant de moitié environ cette charge, la trajectoire à la fin de la course du projectile fera un angle de $^1/_9$ avec l'horizon; et en réduisant la charge au tiers, cet angle sera de $^1/_4$ environ. Dans les deux cas on obtiendra un effet de destruction suffisant.

A cette même distance de 1,740 pas, le canon rayé de 12 suffira pour faire brèche dans un mur détaché, pourvu que la charge ne soit pas réduite de plus de la moitié.

(2) A Vérone, en 1862, on a détruit un mur à 1,740 pas de distance, avec des charges de $^1/_2$ livre ($^1/_{13}$ du poids du projectile) et à Juliers, en 1860, on a constaté qu'à 1200 pas (920 mètres) un projectile est encore dangereux lorsque la charge est réduite à $^1/_{24}$ du poids du projectile.

contenter de trop peu. C'est pourquoi nous fixerons à 2,500 ou 3,000 mètres la limite du terrain dangereux pour les maçonneries.

L'angle du quart est admis dès à présent pour le défilement des maçonneries importantes, par les ingénieurs prussiens et autrichiens. M. de Villenoisy, colonel du génie français, l'admet également : « D'après les observations faites au fort d'Issy, dit-il, lors des deux siéges de Paris, il est probable qu'il suffit de garantir les escarpes des coups arrivant sous l'inclinaison du quart, mesuré perpendiculairement au mur (1). »

Il serait dangereux de rester au-dessous de cette limite, d'autant plus que le tir en brèche ne se fait pas toujours normalement à l'escarpe. Or, quand il s'exécute obliquement (comme à Strasbourg), les projectiles atteignent plus bas, à cause du plus grand éloignement de la masse couvrante.

La fig. 5, pl. I, montre qu'un revêtement de 9 mètres de hauteur, entièrement couvert contre les feux directs d'une batterie dont les projectiles arrivent sous un angle de chute de 14°, peut être détruit sur $3^m,50$ de hauteur par une batterie tirant sous l'obliquité de 55° par rapport au mur et avec un angle de chute de 19°.

Toutefois une brèche faite dans ces conditions ne serait pas praticable; c'est pourquoi nous jugeons suffisant de protéger les murs d'escarpe contre les coups directs, tirés sous l'inclinaison du quart.

Si, conformément aux idées des ingénieurs français, on

---

(1) Voir le *Journal des sciences militaires*, 1872.

couvrait seulement les 3/5 de la hauteur du revêtement, la place pourrait être ouverte de loin et sa sûreté compromise.

Nous n'ignorons point que les comités de l'artillerie et du génie, après avoir examiné cette question, à propos des expériences de l'île d'Aix, ont émis l'opinion qu'il n'y a pas lieu de s'inquiéter beaucoup de l'existence de brèches faites de loin; mais cette opinion est très-contestable; nous en trouvons la preuve dans les rapports mêmes de ces comités.

« La mise en brèche est possible, dit le comité du génie, mais elle présenterait dans un siége de sérieuses difficultés. On ne connaîtrait pas toujours, en effet, la hauteur des escarpes battues en brèche, ainsi que leur distance à la masse couvrante. »

Nous croyons, au contraire, que ces données seront toujours connues, par des études et des reconnaissances faites en temps de paix, et que si elles ne l'étaient pas (ce qui ne pourrait arriver qu'à l'attaque d'une place récemment construite), il serait facile d'y suppléer par les moyens dont Vauban prescrit l'emploi dans son traité de l'attaque des places.

Le comité de l'artillerie, d'accord sur ce point avec celui du génie, s'exprime ainsi :

« Comme il ne saurait être sérieusement question de lancer des colonnes d'assaut lorsqu'on est encore très-éloigné de la place, il n'y a pas lieu de se préoccuper de savoir si, dans un siége, on arriverait réellement à exécuter à d'aussi grandes distances une brèche entièrement praticable; mais ce qui reste acquis, c'est qu'il

» sera toujours possible de ruiner de loin les défenses de
» l'assiégé, même avec le canon de 12 rayé. L'ouverture
» du corps de place sur un grand nombre de points, dès
» le début du siége, *affaiblira sans aucun doute le moral*
» *de l'ennemi; il ne pourra conserver de l'artillerie sur*
» *aucun de ces points; la nécessité d'une surveillance plus*
» *active entraînera plus de fatigues pour la garnison, et*
» *dans certains cas il deviendra possible d'éviter les len-*
» *teurs d'un siége en règle, en brusquant une attaque de*
» *vive force, ou même d'obtenir la reddition de la place, si*
» *elle n'est pas commandée par un homme d'une grande*
» *énergie.* »

Il nous semble que ce sont là des résultats de la plus haute importance et qui ne permettent pas à l'ingénieur d'envisager avec indifférence la possibilité d'une destruction prématurée des revêtements sur lesquels repose la sûreté de la place.

Loin de « *n'avoir pas à se préoccuper de ce danger,* » il doit au contraire chercher à l'éviter par tous les moyens possibles; car une place, et surtout un ouvrage isolé (fort ou lunette) dont l'escarpe est ouverte, ne se trouve plus dans de bonnes conditions de défense.

Sauter dans un fossé après y avoir jeté des sacs de laine ou de foin, portés par des détachements qui précèdent les colonnes d'assaut, est une opération bien moins difficile et moins dangereuse que celle qui consiste à franchir avec des échelles une escarpe intacte de 6 à 8 mètres de hauteur.

Il ne serait pas logique au surplus d'élever à grands frais de hautes escarpes à l'abri de l'escalade, et d'offrir en même temps à l'ennemi le moyen de faire brèche de loin à ces escarpes.

Il ne serait pas plus logique de construire des revêtements dont une partie seulement serait couverte, alors même que cette partie aurait trop peu de hauteur pour donner lieu à une brèche praticable ; car, au point de vue de l'effet moral comme au point de vue de la défense, une escarpe entièrement protégée, de 6 mètres de hauteur, est préférable à une escarpe de 10 mètres, dont 4 peuvent être détruits de loin.

Enfin, nous ferons remarquer — et ceci paraîtra sans doute décisif — qu'alors même qu'il serait impossible à l'assiégeant de profiter d'une brèche faite de loin, cette brèche aurait pour lui le grand avantage de le dispenser d'en faire une de près, au moyen de canons logés dans le couronnement ou sur le bord de la contrescarpe. Or s'il est une opération que les armes nouvelles ont rendue difficile et périlleuse, c'est bien certainement celle du couronnement du glacis et de l'établissement des dernières batteries (1). Dans certains cas, elle sera même impossible. Il faut donc absolument mettre les revêtements à l'abri d'un tir en brèche exécuté à grande distance. Ce principe, d'une importance capitale, rendra plus difficile que jamais l'application du tracé bastionné, comme nous le verrons dans les chapitres IV et V.

---

(1) Les expériences de Silberberg, dont il sera question plus loin, prouvent d'ailleurs que les débris de maçonnerie provenant du tir en brèche couvrent une étendue de terrain de 200 pas. L'assiégeant a donc le plus grand intérêt à ouvrir le revêtement de loin, avant que ses cheminements n'aient atteint cette zone dangereuse de 200 pas.

L'attaque de la tête de pont de Borgo-Forte par l'armée italienne, en 1867, prouve combien les feux plongeants sont dangereux pour les maçonneries. Le comité du génie autrichien conclut de ce fait, que le réduit d'un fort « doit être » protégé par un rempart et, si c'est possible, se trouver à » l'abri des projectiles arrivant sous un angle de 1/4 » (voir annexe 3).

La même conclusion peut être tirée des siéges de Strasbourg et de Paris. Il est vrai que, dans l'attaque de cette dernière place, les Prussiens n'ont pas fait de brèche praticable, et que les Versaillais n'en ont produit qu'une seule, après un tir prolongé; mais nous ferons observer :

1° Que si les Prussiens avaient voulu battre en brèche le fort Issy, après le tir d'essai que fit contre la courtine de ce fort la batterie n° 19, située à 1,650 mètres de distance, ils auraient parfaitement réussi, puisque 200 coups du canon court de 24 suffirent pour ouvrir deux voûtes de la courtine;

2° Que le canon rayé français ne tire pas avec la même précision que le canon prussien, et que les batteries des Versaillais n'ont pas employé la meilleure méthode pour obtenir un résultat prompt et certain.

Nous déduirons de l'ensemble de ces considérations, qu'il est nécessaire de couvrir l'escarpe sur toute sa hauteur et non sur la moitié de sa hauteur seulement, comme le propose le comité du génie français.

Ce comité est plus logique lorsqu'il conclut :

1° A la nécessité d'élever sensiblement la masse couvrante au-dessus de la magistrale, afin que celle-ci ne puisse être mise à découvert par un simple écrêtement de cette masse ;

2° A la nécessité d'enfoncer autant que possible les escarpes dans le sol, et de diminuer la largeur des fossés ;

3° A la nécessité de laisser une large berme en arrière de la magistrale, pour faire disparaître les indices que fournissent les découpures du parapet et diminuer la masse de terre et de décombres qui doit former la brèche.

4° A la nécessité de substituer les voûtes en décharge aux escarpes pleines, pour augmenter les difficultés du tir en brèche (l'artillerie faisant dans les voûtes des trouées qui absorbent une partie des terres et des décombres).

B.

Divers résultats obtenus à l'île d'Aix en 1864, à Vérone en 1862, et à Juliers en 1860.

Les expériences de brèche faites contre le fort Liédot, dans l'île d'Aix, ont prouvé que le canon rayé court de 24 ne le cède en rien, sous le rapport de la justesse, de tir, au canon rayé long de 24. Il doit donc être préféré, parce qu'il est plus léger et qu'il permet de tirer sous de plus grands angles.

Voici les principaux résultats de ces expériences :

PÉNÉTRATIONS.

CALIBRES	DISTANCES.	CHARGES.	Élévation.	Pénétration dans la maçonnerie.	DIAMÈTRE extérieur de l'entonnoir.	Pénétration dans les terres.	DIAMÈTRE de la chambre d'éclatement.
12 R.	1,220 m.	1 k,200	4 1/4°	0,65	0,60	1,10	0,40
»	»	0 k,570	10°	0,30	0,60	»	»
24 R.	»	2 k,500	4 3/4°	0,70	0,80	1,20	0,60
»	»	1 k,060	10°	0,55	0,65	»	»
50 R.	»	2 k,500	8 1/2°	0,80	1,20	»	»
12 R.	670 m.	1,200	3°	0,70	1,00	1,20	0,40
»	»	0,355	10°	0,25	0,45	»	»
24 R.	»	2,500	3°	0,90	1,20	1.70	0,60
»	»	0,675	10°	0,40	0,70	»	»
50 R.	»	1,500	10°	0,60	1,05	»	»

N. B. Les terres du parapet et celles en arrière du revêtement étaient fortement argileuses.

La fig. 3, pl. I, représente l'entonnoir formé, dans un mur du fort Liédot par un obus du 24 rayé, tiré à 550 mètres avec la charge de guerre de 2 1/2 kilogrammes.

Les tirs exécutés à Juliers en septembre 1860 ont produit des entonnoirs dont voici les dimensions :

1° Le canon rayé de 12, tiré à 900 mètres avec une charge un peu supérieure à la moitié de la charge de guerre, dans de la très-bonne maçonnerie en briques :

Profondeur moyenne de l'entonnoir . . . $0^m,39$
Hauteur » $0^m,73$
Largeur » $0^m,78$

2° Le canon rayé de 12, tiré à 600 mètres, avec la même charge et dans la même maçonnerie :

Profondeur moyenne de l'entonnoir . . . $0^m,63$
Hauteur. . . . . $0^m,86$
Largeur . . . . $0^m,94$

3° Le canon rayé de 6, tiré à 38 mètres, avec charge de guerre, dans la même maçonnerie :

Profondeur moyenne de l'entonnoir . . . $0^m,55$
Hauteur. . . . . $0^m,52$
Largeur . . . . $0^m,63$

4° Le canon rayé de 24, tiré à 600 mètres, avec la charge de guerre, dans un mur détaché de très-bonne maçonnerie :

Profondeur moyenne de l'entonnoir . . . $0^m,84$
Hauteur. . . . . $1^m,25$
Largeur . . . . $1^m,18$

5° Le même canon, tiré à 98 mètres avec la même charge, dans un revêtement en décharge de très-bonne maçonnerie :

Profondeur moyenne de l'entonnoir . . . $1^m,10$
Hauteur. . . . . $0^m,68$
Largeur. . . . . $0^m,78$ (1)

A Vérone, en 1862, on a tiré avec des canons rayés de 12 et de 24 contre un mur détaché de 19 1/2 pieds de hauteur et de 4 pieds d'épaisseur, construit en maçonnerie mixte, c'est-à-dire composé de moellons cyclopéens à l'extérieur et de gros galets à l'intérieur :

A 1,740 pas, le canon rayé de 12, avec la charge d'une livre, a produit des entonnoirs de 21 pouces de profondeur et de 30 pouces de diamètre extérieur (2).

Le canon rayé de 24, tiré à la même distance avec la charge de 2 livres, a produit des entonnoirs de 24 pouces de profondeur, dont l'ouverture extérieure avait 18" de hauteur et 34" de largeur. (Il est à noter que, dans ce dernier tir, la charge explosive de l'obus était du coton poudre, qui produit plus d'effet que la poudre ordinaire.)

Dans l'attaque du fort Motteggiana, à Borgo-Forte (le 17 juillet 1866), les projectiles de 40 (17 centimètres), tirés à la distance de 1,800 pas, ont produit, dans la maçonnerie en briques, des entonnoirs de 4 pieds de profondeur et de 5 pieds de diamètre extérieur (3).

Les obus de 12 et de 17 centimètres, tirés à des distances de 1,500 à 2,200 pas, contre le fort Mottegiana, dans une terre compacte, ont donné des pénétrations de $1^m,20$ et creusé des entonnoirs de $0^m,50$ à $0^m,75$ de rayon.

---

(1) Compte rendu des expériences par Weigelt, capitaine d'artillerie de Brandebourg.
(2) Voir les *Mittheilungen* du comité de l'artillerie autrichienne (1869).
(3) *Mittheilungen* du comité de l'artillerie.

Le volume des terres soulevées par les obus de 17 centimètres était le double environ de celui des terres soulevées par les obus de 12 centimètres. (*Journal de l'artillerie italienne*, 1867.)

Pour le tir en brèche, les canons rayés l'emportent de beaucoup sur les canons lisses, parce que leurs projectiles, en éclatant, nettoient le trou qu'ils font et laissent la maçonnerie du fond à découvert.

Les projectiles tirés dans les terres du fort Liédot n'ont pas produit d'entonnoir (voir fig. 2, pl. I). Cela provient sans doute de ce que les obus français ne contiennent pas assez de poudre ou de ce que la terre était trop compacte.

Brèches faites à 80 mètres de distance (fort Liédot).

1° Brèche faite avec le canon court de 24, d'après la méthode réglementaire. (Voir l'instruction du 25 mai 1852.)

Il a fallu 156 projectiles pour faire une brèche de 9 mètres. La largeur praticable de cette brèche était de 5^m,50 et sa pente moyenne de 34 degrés. De gros blocs de maçonnerie rendaient les abords de la rampe difficile;

2° Brèche faite avec le même canon, d'après la méthode de la commission.

(Voir fig. 4, pl. I.)

Après 138 coups, la brèche était praticable sur 9 mètres de largeur et avait une pente moyenne de 34 degrés.

Avec le canon rayé de 12, il a fallu 300 coups pour faire une brèche praticable d'après la méthode réglementaire, et

258 coups pour faire une brèche praticable d'après la méthode de la commission.

Pente des deux brèches, 34 degrés.

Les trouées dans les voûtes en décharge sont mieux évitées dans la 2ᵉ méthode ; or une partie des matériaux et des terres sont absorbées par ces trouées ; elles retardent par conséquent la formation de la rampe, lorsqu'elles peuvent être comblées, et diminuent la largeur praticable de la brèche, lorsque le comblement des trouées est impossible.

En outre, dans la deuxième méthode, les abords de la brèche ne sont pas obstrués ou rendus difficiles par de gros blocs de maçonnerie.

En revanche, la méthode réglementaire exige moins d'habileté pratique.

Voici l'énoncé de la méthode de la commission :

« Faire une tranchée horizontale 1 (voir fig. 4, pl. I),
» d'une profondeur égale à la pénétration des projectiles ;
» exécuter une deuxième tranchée 2, à 0ᵐ,50 au-dessus
» pour le 12 rayé et à 1 mètre pour le 24 rayé, de ma-
» nière à faire disparaître la maçonnerie qui sépare les
» deux tranchées. Diriger ensuite le tir sur le fond de
» l'excavation, pour y déterminer une nouvelle tranchée
» horizontale 3, plus élevée que la première et formant
» pour ainsi dire la deuxième marche d'un escalier, dont
» le premier degré serait la première tranchée elle-même.
» Remonter ainsi successivement le tir, en ayant soin, à
» mesure que la rampe se forme dans la maçonnerie, de
» diriger les coups sur le sommet du talus naturel, formé
» par les débris qui s'accumulent sur cette rampe. »

Il arrivera un moment où quelques coups bien dirigés

détermineront l'affaissement de la partie supérieure non attaquée. A partir de ce moment, l'opération s'exécutera suivant les prescriptions de la méthode réglementaire (du 25 mai 1852).

Le comité de l'artillerie est d'avis que, pour faire brèche à des revêtements en décharge, la deuxième méthode est préférable, parce qu'elle permet de ménager les voûtes et de ne pas y pratiquer des trouées qui retardent la formation de la rampe.

A 80 mètres, le canon de 12 a une légère supériorité sur le 24, par rapport à la quantité de fonte et de poudre dépensée.

Le comité du génie est d'avis que des parapets de 6 mètres d'épaisseur suffisent, tant qu'on n'emploiera pas dans les siéges des canons plus puissants que le 24 rayé.

Pendant l'exécution des tirs en brèche à 80 mètres de distance, on a constaté que 8 p. c. de projectiles de 12 ont projeté des éclats en arrière. Pour les projectiles de 24, cette proportion n'a été que de 4 p. c.

Dans les terres, aucun projectile n'a projeté des éclats en arrière.

Les éclats les plus éloignés ont été lancés à 250 mètres. Pour se garantir de ces éclats, on avait établi, à droite et à gauche de chaque plate-forme, des cloisons verticales en madriers, et recouvert le terre-plein d'une toiture composée de deux couches de madriers, appuyés sur la crête intérieure du parapet. On avait, en outre, placé, contre l'ouverture intérieure des embrasures, des portières en cordages, confectionnées d'après le procédé de Strasbourg, qui ne différait pas sensiblement de celui que les Russes ont employé avec tant de succès à Sébastopol.

Pour les batteries de siége, les revêtements d'embrasure en gabions sont les meilleurs. Les sacs à terre prennent fréquemment feu.

Tirs obliques exécutés aux distances de 98 à 42 mètres (fort Liédot).

La commission a pris pour angle limite de l'obliquité du tir celui où le projectile produit encore un entonnoir au fond duquel il éclate, et non celui où il ricoche après avoir plus ou moins entamé la maçonnerie.

Pour le 12 rayé, l'angle limite a été de 24 degrés, l'escarpe étant à droite, et de 25 degrés, l'escarpe étant à gauche :

Pour le 24 rayé court, cet angle a été de 24 degrés, l'escarpe étant à droite, et de 28 degrés, l'escarpe étant à gauche :

Soit en moyenne 25 degrés pour le 12, et 30 degrés pour le 24 court.

Il est à remarquer que le parement extérieur des maçonneries était composé de pierres tendres.

Dans le tir plongeant à grande distance, l'angle limite admis par les Prussiens est de 55 degrés. Quelques ingénieurs autrichiens, entre autres le major von Keil (voir *Oestreichische militair Zeitung* de 1864), ont adopté l'angle de 45 degrés comme limite du défilement latéral des maçonneries. C'est également l'angle indiqué dans les derniers cahiers de l'école de Metz.

Rasement d'un parapet en terre (fort Liédot).

A 670 mètres, le 12 rayé est impuissant. Le 24 rayé pourrait produire l'effet désiré, mais en consommant une quantité de projectiles hors de proportion avec les résultats qu'on obtiendrait.

A 560 mètres, le 24 ne pénètre dans les terres qu'à $2^m,20$ ou $2^m,30$, y compris le diamètre de la chambre d'éclatement (fig. 2, pl. I).

Le tir prolongé du 24 ne forme dans le parapet qu'une sorte d'embrasure de $1^m,50$ de profondeur, à la ligne de feu.

Après 86 coups, la longueur de parapet ainsi creusée n'était que de 4 mètres. Encore faut-il tenir compte de ce fait que la partie supérieure du mur d'escarpe, ayant été détruite sur $4^m,50$ de longueur, avait entraîné une partie des terres dans le fossé.

Mortiers de 32 centimètres et canon rayé de 50 (fort Liédot).

A 1,220 mètres, la bombe du mortier de 32 s'enfonce à $1^m,27$ dans la terre et produit des entonnoirs de $2^m,05$ de diamètre à la surface du sol.

L'obus de 50, qui pèse 49 kilog. et renferme 3 ½ kilog. de poudre, se trouve à peu près dans les mêmes conditions que la bombe de 27 cent.; à $1,220^m$ il pénètre de $0^m,80$ dans le sol et produit des entonnoirs de $1^m,50$ de diamètre; à 2,635 mètres, l'obus pénètre à une profondeur de $2^m,55$, y comprise la chambre d'éclatement (qui a 1 mètre de diamètre), mais il ne lance plus de terres à l'extérieur.

A cette même distance, la bombe de 32 cent. produit des mouvements de terre considérables, mais son tir est très-incertain.

Sur 550 bombes de 32 tirées à 1,220 mètres, 351 sont tombées dans le carré de $93^m,55$, formé par les côtés extérieurs du fort.

Des voûtes de 1 mètre de rouleau, extradossées en chape sous l'inclinaison de 20 à 30 degrés, peuvent résister à un tir prolongé du mortier de 32 et du canon de 50, à 1,220 mètres de distance, alors même que les chapes ne sont recouvertes que de 30 centimètres de terre. En faisant varier cette épaisseur jusqu'à 2 mètres, on assure la plus complète sécurité aux défenseurs.

Les voûtes sur lesquelles on a tiré avaient $5^m,50$ de portée et étaient en plein cintre.

Blindages (fort Liédot).

La commission est d'avis que les voûtes recouvertes de terre ont une immense supériorité sur les blindages en bois.

Les blindages horizontaux doivent être recouverts d'une couche de terre de $1^m,50$ au moins, pour résister à la bombe de 32, tirée à la distance de 1,220 mètres.

Pour former de bons blindages en bois, il faut 3 couches de corps d'arbres (chêne) de 40 cent. environ de diamètre, appuyés sur des pieds-droits en maçonnerie de $1^m,50$ d'épaisseur, espacés de 4 mètres, dans œuvre. Les interstices des arbres doivent être remplis de terre.

Deux rangs de corps d'arbres suffisent pour des blindages inclinés (appuyés à des murs) ayant 1^m,90 de largueur, 3^m,90 de hauteur (dans œuvre), lorsqu'ils sont couverts d'une couche de terre de 2 mètres d'épaisseur au sommet du blindage, et de 5^m,50 au pied.

C.

Tir en brèche exécuté en novembre 1869 contre un ouvrage détaché de Silberberg.

Le but de cette expérience était de constater si, par un tir indirect, on peut pratiquer, dans une escarpe terrassée, une section horizontale, sous le niveau de la crête couvrante.

Le mur était en moellons de *gneiss*, presque aussi dur que le granit. Les blocs les plus gros ne se fendaient pas; les projectiles y produisaient des empreintes de 2 à 3 pouces de profondeur et se brisaient en 5 morceaux.

La terre derrière le mur était compacte et avait peu de tendance à s'ébouler.

On diminua la hauteur de la contrescarpe, pour que les coups, tirés sous un angle de chute de 6°, atteignissent le mur à l'endroit voulu, c'est-à-dire à 4 pieds sous le niveau de la crête couvrante.

Le mur (fig. 4, pl. XXX) avait 35 pieds de hauteur, et la crête couvrante était à 17' 9" au-dessus du fond du fossé; par conséquent, les coups plongeants devaient atteindre le mur à 13' 9" au-dessus du fossé, c'est-à-dire aux 2/5 de la hauteur totale.

Le canon rayé court de 24, destiné à faire brèche, était placé sur le donjon, à 880 pas du mur et à 13 pieds au-dessus de la crête couvrante.

La ligne de tir formait avec la direction de l'escarpe un angle de 57 $1/3$ degrés. La maçonnerie avait dans cette direction une épaisseur de 13 $3/4$ pieds.

On tira avec la charge de 1,8 livre, donnant une vitesse finale de 562,5 pieds; l'angle de chute qui correspondait à cette charge était de 6 $1/16$" et le point touché du mur se trouvait, comme nous l'avons dit, à 4 pieds sous la crête couvrante.

La distance entre ce point et la crête était de 38 pieds.

On convint que les coups seraient observés de la batterie, et que les observateurs rapprochés, chargés de constater les effets, ne donneraient aucune indication.

1re *séance*. Le tir commença le 13 novembre. Temps défavorable : forts coups de vent et tourbillons de neige.

On tira 34 coups, dont 8 pour déterminer l'élévation ; les autres portèrent comme l'indique la fig. 5, pl. XXX.

Un obus non éclaté avait pénétré dans le mur à 16 pouces de profondeur. Ce résultat prouve combien le revêtement était dur ; car, dans une expérience analogue faite à Stettin contre un mur en briques, la pénétration avait été de 17 $3/4$ pouces, avec une vitesse finale de 416 pieds, de 17 pouces, avec une vitesse finale de 426 pieds, et de 34 $3/4$ pouces, avec une vitesse finale de 634 pieds.

2e *séance*. Temps couvert, mais favorable : on tira 50 coups.

3e *séance*. Temps favorable : 33 coups.

4e *séance*. Fort vent : 35 coups.

5e *séance*. Tempête violente : 25 coups; 8 projectiles atteignirent la masse couvrante, 14 seulement produisirent de l'effet : On jugea utile de cesser le tir.

6ᵉ *séance*. Temps favorable : 40 coups.

Trois projectiles pénétrèrent dans la section horizontale, sans produire de fumée ; on en conclut que le mur était percé et que ces projectiles avaient éclaté dans les terres.

Les 7ᵉ et 8ᵉ *séances* furent employées à faire les deux sections verticales. On tira avec la charge de 2,8 livres, donnant une vitesse de 727 pieds.

Le premier jour, vent violent et rafales de neige : 13 coups ; un obus éclate à la sortie du canon.

Le second jour, temps favorable : 55 coups. Pendant ce tir, une partie du mur s'écroula ; on fit tomber la partie restante, puis on lança 5 obus, à la charge de 1,8 livre, pour faire ébouler les terres.

L'arête autour de laquelle le mur avait pivoté se trouvait à 2′ 9″ sous la crête couvrante. La fig. 12, pl. XXX, fait connaître les effets produits après chaque séance de tir.

La brèche avait une pente de 35 à 46 degrés (voir fig. 13, p. XXX).

Pour former les sections verticales, qui avaient 16 à 18 pieds de hauteur, il ne fallut que 68 projectiles. La section horizontale en avait exigé 225, soit 200, en défalquant les coups d'essai et les coups nuls. C'est un chiffre maximum, eu égard à la dureté des matériaux et au temps défavorable qui régna pendant les expériences.

Des décombres provenant du mur avaient été lancés à 200 pas ; on trouva quelques gros morceaux de pierre 100 pas plus loin. Des éclats de projectiles avaient été lancés jusqu'à 600 pas.

Les coups tirés avec la charge de 2,8 livre projetèrent

les débris du mur à une plus grande distance que ceux tirés avec la charge de 1,8 livre.

Bien que des coups tirés sous une obliquité de 45° puissent encore faire brèche à un mur, cependant la commission d'expérience fut d'avis qu'il est bon de ne pas descendre au-dessous de 60°, puisque sous 57° $1/3$ on avait constaté 4 ricochets.

Le nombre des coups nécessaire pour former une section horizontale augmente lorsqu'on diminue la charge, et diminue lorsqu'on l'augmente. Cela résulte du tableau suivant, qui indique les vitesses au point d'arrivée, à diverses distances et sous diverses charges, l'angle de chute restant à peu près le même :

CHARGES.	DISTANCES.	ANGLES DE CHUTE.	VITESSE FINALE.
1,8 livre.	890 pas.	6^1 degrés.	562,5 pas.
2	1.000	6^1	595
2,2	1.150	6^2	620
2,4	1.270	6^3	646
2,6	1.400	6^4	670
2,8	1.520	6^4	690
3	1.520	5^{12}	715

Ce tableau prouve en outre qu'il est utile de s'établir à plus de 890 pas pour faire brèche par le tir indirect.

L'inspection générale du génie, ayant été appelée à donner son avis sur ce point, en avril 1870, émit l'opinion que l'on peut établir les batteries de brèche à tir indirect jusqu'à 1,600 pas. A cette distance, le tir est, à la vérité, moins exact, mais, comme d'un autre côté la pénétration est plus forte, la formation de la brèche exige moins de coups.

L'inspection générale conclut, en outre, à la nécessité de construire en pierres dures les escarpes exposées au tir indirect.

Quand le temps est favorable, chaque pièce peut tirer 15 coups par heure.

La brèche de l'ouvrage à cornes de Silberberg avait exigé 298 coups. Ce nombre eût été moins élevé si, au lieu de tirer avec une seule pièce, on avait tiré avec plusieurs, et formé les deux sections verticales en même temps que la tranchée horizontale.

Il se serait produit alors un ébranlement et d'autres effets favorables à la chute du mur.

Le tir indirect rend dangereuse l'occupation des travaux d'approche jusqu'à une distance de 200 pas de l'escarpe.

En revanche, il supprime les difficultés et les dangers que présentent la construction et l'armement de batteries de brèche à portée des grenades, des pierriers et des petits mortiers de la place.

L'expérience de Silberberg a prouvé qu'il n'est pas nécessaire d'observer de près les effets des projectiles pour faire brèche de loin, *lorsque le profil est connu.*

Généralement, du reste, on pourra constater ces effets, parce qu'il est conforme aux bons principes de n'ouvrir une brèche que lorsqu'on est assez rapproché de la place pour pouvoir en profiter.

Aucune expérience faite en Prusse n'a démontré jusqu'ici

qu'on peut ouvrir une section horizontale, sans observer les coups de près, lorsque le profil est inconnu ou lorsqu'on doit tirer sous un angle de chute de plus de 6° (1).

La commission de Silberberg prétend qu'il est douteux que le canon rayé court de 15 centimètres permette de faire brèche, par le tir indirect, à une distance de moins de 800 pas, à cause des faibles charges qu'on doit employer à cette distance.

---

(1) Nous avons vu plus haut, que l'artillerie française, a fait brèche de loin, au fort Liédot, en tirant sous de plus grand angles (10 à 14 degrés).

D.

Expérience faite à Silberberg, en 1869, contre des abris voûtés, avec le mortier rayé de 8 pouces (21 centimètres).

Les abris contre lesquels on tira se trouvaient sous la courtine de l'ouvrage à cornes du donjon de Silberberg.

Les voûtes étaient en plein cintre; elles avaient 12 pieds de hauteur et 15 de largeur intérieure.

Les chapes formaient un angle de 114 degrés; sous l'arête du dos d'âne se trouvait une petite galerie pour l'évacuation de la fumée, débouchant dans la tablette du mur de masque.

Les voûtes se composaient d'un rouleau de 1 $^1/_2$ briques maçonnées en liaison (les briques ayant 11 pouces sur 5 $^1/_2$ et 2 $^3/_4$), et d'un rouleau en moellons taillés en coins, de 28 pouces d'épaisseur. Ces moellons étaient en *gneiss* et en *granit*.

L'épaisseur de terre au-dessus de l'arête des chapes était de 2 pieds, contre le mur de masque, et de 6 pieds, près du parapet. Deux des douze voûtes avaient été entièrement découvertes.

Avec les terres excédantes, on avait fait trois traverses de 10 et de 12 pieds d'épaisseur en crête.

On tira avec la charge de 5 livres et sous l'angle d'élévation de 59 degrés environ; sur 100 obus, 82 atteignirent l'ouvrage à cornes. La commission fut d'avis que, dans des circonstances climatériques plus favorables, tous les coups auraient porté.

Des 82 projectiles réussis, 40 avaient atteint l'espace occupé par les voûtes (sa longueur était de 100 pas et sa largeur de 20).

Les 4 coups qui avaient frappé les voûtes découvertes prouvèrent que les projectiles des mortiers rayés ne rebondissent pas sur les maçonneries comme les bombes sphériques.

Un des 4 obus n'avait pas éclaté; il s'était enfoncé à une profondeur de 18 pouces dans la maçonnerie; sa vitesse initiale (avec 5 livres de poudre) avait été de 560 pieds, et on l'avait tiré sous l'angle d'élévation de 51 $1/_2$. Un obus éclata après avoir pénétré de 23 pouces dans la maçonnerie; il produisit un grand entonnoir, cependant aucune dégradation ne se manifesta à l'intrados.

La pointe du 3e obus pénétra de 26 pouces et celle du 4e de 23; ni l'un ni l'autre ne causèrent de dommages à l'intérieur de la voûte.

La commission fut d'accord que si, aux points touchés, un second obus avait éclaté, la voûte eût été percée.

L'effet contre les voûtes couvertes de terre fut nul.

Les entonnoirs étaient moins larges que ceux des bombes sphériques qui avaient été tirées avec les mortiers ordinaires de 50 livres, en 1853 à Cosel et en 1856 à Coblence, bien que la charge explosive de ces dernières fût beaucoup plus faible. A Cosel et à Coblence, les entonnoirs avaient de 7 à 9 pieds de diamètre et 2 $1/_2$ pieds de profondeur, tandis qu'à Silberberg, plusieurs entonnoirs étaient à peine visibles. Cela provenait de ce qu'aux points touchés, à Silberberg, il y avait au moins 5 pieds de terre et que, par conséquent, la pénétration des obus avait été trop grande pour que l'effet se produisît à l'extérieur. L'effet contre les maçonneries n'en aurait dû être que plus grand et, néanmoins, à l'intérieur des voûtes on ne remarquait aucun dégât.

Après le tir, on découvrit les voûtes et on les trouva intactes aussi à l'extérieur. Cette circonstance tient peut-être à ce que les obus, moins résistants que les bombes, éclatent avant que toute la poudre soit comburée.

Les projectiles qui atteignirent les parties où il n'y avait pas de voûtes, pénétrèrent si avant dans les terres (1) qu'ils agirent à la façon des camouflets; on en trouva à plus de 7 pieds de profondeur qui n'avaient produit aucun entonnoir.

L'effet des obus de 21 centimètres contre les traverses fut considérable et d'autant plus important que le point d'impact était plus élevé.

Ceux qui touchèrent le mur de soutenement et les chapes découvertes produisirent une grêle de décombres qui eût été fort dangereuse pour les défenseurs du rempart.

Les obus de 21 centimètres sont également très-redoutables lorsqu'ils éclatent dans une terre mêlée de décombres ou de pierres.

---

(1) Les terres de rempart offraient peu de résistance à la pénétration et contenaient beaucoup de pierres.
La pénétration de l'obus de 21 centimètres dans la terre labourée ordinaire n'est que de 4′ 30″.

La commission tira de cette expérience les conclusions suivantes :

1" La précision du mortier rayé de 8", avec des charges de 5 à 5,7 livres de poudre et des angles d'élévation de 50 à 60 degrés, est si grande qu'il n'y a, sous ce rapport, aucun inconvénient à ce qu'on l'emploie, à des distances d'environ 3,700 pas, contre des buts de 100 pas de longueur et de 20 pas de largeur, d'autant plus, que l'observation du tir est rendue facile à cette grande distance, par le mode d'action du projectile ;

2" Les projectiles tirés avec la charge et sous l'angle d'élévation indiqués plus haut, ne peuvent percer des voûtes (même découvertes), que s'ils atteignent le même point plusieurs fois.

La plus forte charge, tirée avec la plus grande élévation, a produit dans les expériences un effet supérieur à celui de la charge la plus faible, tirée avec la plus petite élévation ;

3" Les projectiles du mortier rayé de 8" ne sont dangereux, pour les voûtes solidement maçonnées, recouvertes de terre et construites d'après le modèle usité jusqu'à ce jour, que lorsqu'on a réussi à déblayer la terre au-dessus des voûtes ;

4° L'action de ces mêmes projectiles contre des épaulements des remparts et des traverses (et particulièrement contre ces dernières) est fort destructive quand la ligne de moindre résistance n'est pas assez grande pour diminuer l'effet de l'explosion ;

5" Dans l'hypothèse faite au 4°, l'action des projectiles du mortier rayé de 8" est également très-nuisible pour les canons et les servants placés à découvert sur le rempart. Même les défenseurs abrités derrière des traverses ordinaires en terre n'en sont pas préservés.

Selon nous, il y a lieu de conclure de l'expérience que nous venons de rapporter, que l'épaisseur de terre à mettre sur les voûtes (à partir de la crête du dos d'âne) doit être au moins égale à la pénétration des obus des mortiers rayés dans une terre de même espèce.

L'influence de la nature du remblai est très-grande. C'est ainsi qu'après avoir constaté les effets du mortier rayé de 21 cent. contre le fort Montrouge, dont les terres sont argileuses, l'amiral la Roncière le Noury dit : « comme protection contre les bombes de cette espèce, il faut au moins 3 mètres de terre ; » tandis qu'à Silberberg, une couche de 2 à 6 pieds d'épaisseur a été jugée suffisante.

E.

Expériences faites au polygone de Brasschaet, depuis 1861.

Nous n'indiquerons que les résultats de ces expériences et les conclusions qui en ont été tirées :

Les terres du polygone sont légères et sablonneuses, sans trace d'argile.

1° A 300 mètres, les projectiles non explosifs, tirés avec le canon rayé de 24, ricochent sur une plongée inclinée au tiers et dont la crête se trouve à 4^m,50 au-dessus du sol de la batterie ;

2° Sur des talus inclinés au $1/4$ et au $1/5$, les projectiles explosifs de même calibre ricochent et éclatent en laissant des traînées de 2 mètres à 2^m,50 de longueur et de 0^m,35 à 0^m,70 de profondeur maximum ;

3° L'obus du canon rayé, en pénétrant dans un parapet de terre sablonneuse, dévie à droite et se relève au point de sortir quelquefois par la plongée. On a constaté que, pour une pénétration de 2^m,60, le projectile se relève en moyenne de 50 cent. Plus la vitesse est grande, plus ce phénomène est prononcé ; ainsi, des expériences faites en novembre 1868, avec un canon en acier de 9 pouces, ont prouvé que lorsque des projectiles animés d'une vitesse initiale de 400 à 420 mètres, tirés à 200 mètres de distance, touchent à 1^m,50 et même à 2 mètres sous la crête extérieure du parapet, ils sortent par la plongée et tombent non loin de là. Plus le point d'entrée est bas, plus le projectile se relève et plus le point de sortie est rapproché de la créte extérieure.

4° Le canon lisse de 24, tiré avec 6 kilog. de poudre à la distance ordinaire des batteries de brèche (60 mètres) dans un parapet en terre sablonneuse rassise, donne une pénétration moyenne de $3^m,32$. — Dans le même parapet, le projectile du canon lisse de 68, tiré à 100 mètres avec la charge de 10 kilog., ne pénètre pas à une plus grande profondeur.

Le canon rayé de 24, tiré avec la charge du douzième ($2^k,400$ gr.), à la distance ordinaire des batteries de brèche, donne une pénétration moyenne de $4^m,20$.

Le canon lisse de 24 et le canon rayé de 24 tirés à 300 mètres, avec les charges de 6 kilog. et de $2^k 40$, ont donné $2^m,32$ et $2^m,65$ de pénétration moyenne.

Les mêmes, canons tirés avec les mêmes charges à 800 mètres, ont donné $2^m,19$ et $2^m,33$ de pénétration moyenne. Ainsi à mesure que la distance augmente, la supériorité du canon rayé devient plus accentuée.

La pénétration maximum de $4^m,20$, obtenue avec le 24 rayé, à la distance ordinaire des batteries de brèche, n'a pas été dépassée avec le canon de 9 pouces, tiré à 200 mètres avec des charges de 21 à 23 kilog. de poudre à gros grains.

On a constaté, en effet, en 1868 qu'avec ces charges, des projectiles pesant 122 à 125 kilog., animés de vitesses initiales de 400 à 420 mètres, ne pénètrent dans les terres sablonneuses du polygone qu'à une profondeur maximum de $4^m,30$ (voir notre *Traité de fortification polygonale*, t. II, p. 414 et suivantes).

Depuis lors ce même fait a été constaté en Angleterre, où l'on avait obtenu précédemment des pénétrations de 40 pieds dans des parapets en terre argileuse compacte (1). Il prouve à l'évidence, que la terre sablonneuse doit être préférée pour la construction des parapets, des traverses, des parados et, en général, de toutes les masses couvrantes exposées au feu de l'artillerie.

Le canon rayé de 24, tiré à 300 mètres contre une face de demi-lune en terre sablonneuse, a donné les résultats suivants :

Les projectiles chargés pesaient 29^k240, la charge explosive était de 950 grammes, et la charge du canon, de $2^k,400$ ($^1/_{12}$).

Dix obus atteignirent la demi-lune à 3 mètres environ sous la crête extérieure ; ils projetèrent quelques éclats à 50 mètres en arrière. La fig. 7, pl. V, indique l'effet d'un de ces coups.

Après 96 coups, la brèche présentait la forme indiquée par la fig. 6, pl. V. Le cube de terre dispersé autour de la brèche était de 44 mètres.

En 1862, on tira, à la distance de 300 mètres, contre une palissade ordinaire. Les projectiles brisèrent les palissades touchées et éclatèrent en arrière.

---

(1) A Shoeburyness, le canon Armstrong de 110, tiré a 800 yards, avec une charge de 12 livres, a donné, dans la terre argileuse, des pénétrations de 25 pieds.

Il résulte de là que, pour détruire des palanques ou des palissades, les obus des canons rayés ne sont pas supérieurs aux projectiles pleins des canons lisses; mais ils sont très-redoutables pour les hommes chargés de défendre ces obstacles, l'explosion ayant lieu à 3 ou 4 mètres au delà du point touché.

F.

Expériences faites à Magdebourg en 1862.

Ces expériences faites avec des canons rayés du système prussien, contre des parapets en terre argileuse forte, confirment la conclusion que nous venons de tirer des expériences belges et anglaises, à savoir : que plus la terre est compacte, moins elle convient pour la construction des masses couvrantes.

En effet, à Magdebourg il fut constaté :

1° Qu'à 800 pas, des obus non chargés, du calibre de 6, traversent de part en part des parapets en terre argileuse forte, de 10 pieds 5 pouces et de 11 pieds 5 pouces d'épaisseur ;

2° Qu'à 1,000 pas, des obus non chargés, du calibre de 24, donnent des pénétrations de 14 à 15 pieds dans un parapet permanent en terre argileuse, mélée d'un peu de sable (1) ;

3° Qu'il suffit de donner 18 pieds d'épaisseur au parapet

---

(1) Le canon rayé de 13 pouces (dont le projectile pèse 518 livres), tiré à 200 yards contre un épaulement en terre argileuse compacte (marsh cley), avec des charges de 50, 60 et 70 livres, a donné des pénétrations de 31 à 50 pieds.

Le canon rayé de 9" dont le projectile pèse 221 livres, tiré à la même distance, avec des charges de 44 livres, a donné des pénétrations de 21 à 40 pieds (Shoeburyness, 1863).

pour couvrir les défenseurs et le matériel, mais que 24 pieds sont nécessaires, quand on doit obtenir une grande force de résistance ;

4° Que les traverses doivent être élevées à 4 pieds au-dessus de la crête du parapet et avoir 8 pieds d'épaisseur à la partie supérieure.

G.

Expérience faite à Shoeburyness en 1869, pour constater l'effet de l'explosion des projectiles dans une casemate.

Cette expérience que nous avons décrite p. 417, T. II, de notre *Traité de fortification polygonale*, prouve :

1° Qu'il est nécessaire d'emmagasiner les obus de manière à les mettre à l'abri des feux directs, des feux d'enfilade et des feux verticaux;

2° Que, pendant le transport des obus dans une batterie en action, on doit les préserver du choc des projectiles et même des éclats de projectiles.

Pour atteindre ce but, le moyen le plus sûr sera d'établir, sous les batteries, des magasins d'approvisionnement d'où l'on fera monter les projectiles dans des traverses creuses, situées à proximité des pièces.

Effets du souffle des pièces.

Les pièces de gros calibre ont un souffle si puissant, qu'il détruit promptement les plongées et les joues des embrasures. Le béton même est attaqué après quelques coups. En Angleterre, on a reconnu que, pour détruire l'effet de ce souffle, il est nécessaire de revêtir les plongées et les joues au moyen de madriers solidement fixés ou de très-grosses pierres.

A Brasschaet, nous avons vu une pièce de 9 pouces, dont la bouche était élevée à plus de 2 mètres au-dessus du sol, creuser dans celui-ci un profond sillon qui commençait un peu en avant de la bouche et avait 6 à 7 mètres de longueur. La terre était sablonneuse mais dure et couverte de bruyère.

H.

Expériences de tir faites à Brasschaet en 1869 et 1870, dans le but de constater si les projectiles qui éclatent dans les parados sont dangereux pour les servants des pièces.

Le parados était en terre sablonneuse rassise; il avait 5 mètres de hauteur, et son talus extérieur était incliné à 45°.

La batterie, armée de canons rayés de 12 et de 6, était à 1,000 mètres du parados.

Trois cibles de 15 mètres de longueur et de 3 mètres de hauteur, placées à 10 mètres l'une de l'autre, se trouvaient en deçà du parados, la première à 10 mètres du pied du talus.

Le plus grand angle de projection que les affûts belges permettent d'employer est de 15 degrés; on tira sous cet angle pour que le projectile ne ricochât point après avoir touché le sol.

Les charges pour la portée de 1,000 mètres, sous l'angle de 15°, furent calculées par la formule d'interpolation,

$$p = ax + bx^2,$$

p étant la portée et x la charge; mais après vérification, on trouva que les 173 et les 323 grammes déterminés par ce calcul, pour le 6 et le 12 rayé, devaient être réduites à 155 et à 305 grammes.

Le point visé se trouvait sur la 3ᵉ cible, à 2 mètres au-dessus du sol. La ligne de tir correspondait au milieu du parados.

Les résultats de l'expérience sont consignés dans le tableau suivant :

— 194 —

CALIBRE DE LA PIÈCE	N° DU COUP	CHARGE DE POUDRE	ESPÈCE DE PROJECTILE	NOMBRE de degrés correspondant à la hausse	VENT Direction	VENT Vitesse	POINT DE CHUTE	HAUTEUR du point au-dessus du sol	DÉVIATION	PROFONDEUR DE L'ENTONNOIR	RÉSULTAT DES OBSERVATIONS
6 Rayé en acier	1	0 k. 155 grammes	Obus explosif	15°	190°	1m	Dans le talus	1m,30	+1m	1m,20	Tous les éclats dans l'entonnoir.
	2						Idem.	0m,50	10m,75	1m.	Un éclat projeté en arrière à 19 mètres, atteint la 1re cible, à 2m,95 de hauteur et à droite. — Un autre et 2 morceaux de plomb atteignent également la 1re cible et ne donnent que des empreintes.
	3						Idem.	4m,50	0,0	0,70	Le culot du projectile vient frapper la 1re cible sans pénétrer, à 1m,25 de hauteur et à droite.
	4						Sur la plongée à 4m de la crête.	5m.	—1	0,25	2 éclats entre le talus et la 1re cible. — 5 éclats à 70 mètres environ en arrière et à gauche, les autres grands éclats dans l'entonnoir.
12 en fonte rayé	5	0 kil. 305 grammes	Obus explosif	15°	180°	1m,30	sur le sol à 6m en deçà du pied du talus	0	+4	0,30	Le projectile a percé d'abord la 1re cible à 1m,10 de hauteur : 2 éclats à 148m à gauche et 10m en arrière. — Un à 50m à gauche et 90m en arrière. — 2 à 100m arrière et 50m à gauche ; le reste dans l'entonnoir.
	6						dans le talus.	4m,20	10,30	1m,40	3 éclats au pied du talus, 5 autres près de la ligne de tir, respectivement à 5, 7 et 90 mètres du talus
	7						id.	5m.	10,40	1m,50	Tous les éclats dans l'entonnoir ; le piquet indiquant sur le talus le point visé, est coupé.
	8						id.	2m.	0,0	1m,40	Tous les éclats dans l'entonnoir.
	9						id.	4m,30	—2,20	1m,10	Le projectile a percé la 2e cible à 2m,70 de hauteur. — Un éclat à 100m en arrière et à gauche, les autres dans l'entonnoir, en avant ou dans la 2e cible.
	10						sur le sol à 10m en deçà.	0,0	0,0	0,25	Tous les éclats dans l'entonnoir.

L'examen du tableau précédent montre que les obus n°s 1, 2 et 3 (de la pièce de 6), n°s 7, 8 et 9 (de la pièce de 12), qui ont éclaté dans le parados, et l'obus n° 4 de la pièce de 6, qui a porté sur la plongée, n'ont produit qu'un petit nombre d'éclats dangereux.

L'obus n° 5 (de la pièce de 6), et l'obus n° 10 (de la pièce de 12) se sont enfoncés dans le terrain naturel, et ont fourni un plus grand nombre d'éclats dangereux.

Comme le talus du parados se présente au projectile sous un angle favorable, et qu'une pénétration plus grande diminue les effets de l'explosion, il s'ensuit que le parados, loin d'être dangereux pour les défenseurs d'une batterie ou d'un rempart, absorbe au contraire la plus grande partie des éclats qui eussent été dangereux, si les projectiles étaient tombés sur un terre-plein sans parados.

L'expérience décrite ci-dessus a été continuée et terminée en juillet 1870.

Le programme était le suivant :

Tirer à 400 mètres avec un ou deux canons rayés de 12 contre une butte simulant un parados ou un cavalier de 7 mètres de hauteur et opposant à la batterie un talus de 45 degrés (les cibles placées comme en 1867) :

1° Avec la charge de 1/100 (145 grammes), 10 obus explosifs dans la partie inférieure du talus ;

2° Avec la charge ordinaire de 1 kil. 110 gr., 10 obus explosifs dans la partie moyenne du talus, en rasant les cibles, et 5 obus, dans la partie supérieure.

Le premier tir fut très-difficile à exécuter, à cause des

anomalies que d'aussi faibles charges produisent dans les portées.

Les obus avaient leur chargement de guerre de 500 grammes.

Deux obus seulement atteignirent le talus, l'un à $3^m,50$ au-dessus du sol, l'autre à 4 mètres.

1er obus : tous les éclats dans l'entonnoir, un gros éclat à $0^m,50$ de profondeur : néant dans les cibles ;

2e obus : 15 petits éclats dans la cible la plus rapprochée du talus ; quelques empreintes d'éclats dans la même cible. Deux gros éclats tombés 20 mètres en arrière et à 25 mètres sur la droite.

Les dix coups à charge ordinaire, tirés dans la partie moyenne de la butte, donnent les résultats suivants :

Les 4 premiers coups touchent à $2^m,70$, $3^m,25$, $2^m,60$ et $2^m,60$ au-dessus du sol : aucun éclat n'atteint les cibles ;

Il en est de même des trois derniers qui touchent à $2^m,75$, $2^m,80$ et $3^m,50$ au-dessus du sol ;

On trouve de gros éclats enfoncés dans le talus à $0^m,50$, $0^m,70$ et $0^m,80$ de profondeur ;

Les cinq coups tirés dans la partie supérieure de la butte, à $6^m,625$, $6^m,25$, $5^m,75$ et $6^m,00$ au-dessus du sol ne donnent également aucun éclat dans les cibles ;

On trouve de gros éclats dans le talus, depuis $0^m,35$ jusqu'à $1^m,25$ de profondeur, plus 2 gros éclats au pied du talus.

Une autre expérience a été faite dans la même séance.
On a tiré contre deux cibles placées l'une à côté de l'autre

à 2 mètres du pied du talus de la butte. La première était composée de 4 épaisseurs de planches de sapin recroisées et chevillées, de 2 $^1/_2$ centimètres, et la seconde, de 3 épaisseurs de planches de même épaisseur, recouverte à l'intérieur et à l'extérieur d'une tôle en fer de 1 $^1/_2$ millimètres.

On a d'abord tiré 4 projectiles explosifs à charge ordinaire contre la partie de la cible non revêtue de tôle, puis 3 projectiles contre la partie revêtue.

On a ensuite tiré avec la petite charge de 145 grammes 11 projectiles, dont 2 seulement ont atteint la cible, l'un dans la partie revêtue, l'autre dans la partie non revêtue.

Enfin, on a tiré un dernier coup avec la charge de 290 grammes dans la partie revêtue de la cible.

Les résultats de ces tirs sont consignés dans le tableau ci-dessous :

N° DES COUPS	HAUTEUR DU POINT D'IMPACT DANS LA CIBLE	POINT DE CHUTE PAR RAPPORT AU PIED DE LA HAUSSE	CHARGES	DÉVIATION	RÉSULTATS OBSERVÉS	OBSERVATIONS
1	1,90	»	1,110 grammes.	+ 0,40	Éclaté dans le talus, un morceau de plomb trouvé au pied du talus.	Cible en bois non revêtue.
2	»	2ᵐ en deçà.		−0,40	Éclaté au point de chute, les gros éclats ont traversé la cible.	Id.
3	1,40	»		−0,25	Éclaté dans le talus, tous les éclats dans l'entonnoir.	Id.
4	1,75	»		−0,30	Éclaté dans le talus, un morceau de chemise de plomb revenu en arrière dans la cible avec assez de force pour y adhérer.	Id.
5	1,60	»		−0,55	Éclaté dans le talus, un gros éclat trouvé au pied du talus.	Cible en bois recouverte de tôle.
6	1,50	»		0	Éclaté dans le talus, tous les éclats dans l'entonnoir.	Id.
7	1,85	»		0	Éclaté dans le talus, un gros éclat revenu en arrière dans la cible à 1ᵐ de hauteur et laissant une empreinte sur la tôle.	Id.
8	»	56ᵐ au delà.	145 grammes.	0	N'a pas éclaté.	Cible en bois.
9	»	8ᵐ en deçà.		−6ᵐ	Éclaté au point de chute.	Id.
10	»	11ᵐ id.		−4ᵐ	Id.	Id.
11	»	25ᵐ id.		−4ᵐ,50	Id.	Id.
12	»	66ᵐ id.		−7ᵐ	Id.	Id.
13	»	38ᵐ id.		−4ᵐ	Id.	Id.
14	»	21ᵐ id.		−0	Id.	Id.
15	»	7ᵐ id.		+1ᵐ	Id.	Id.
16	0,25	»		+1ᵐ50	Éclaté entre la cible et le talus. Néant dans la cible.	
17	1,00	dans le talus.	290g	+1ᵐ	Éclaté dans la cible et l'entonnoir.	
18	1,75	»		−0,30	Éclaté entre la cible et le talus. Néant dans la cible.	Cible en bois recouverte de tôle.
19	1,70	»		−0,70	Éclaté entre la cible et le talus. Néant dans la cible. On a trouvé le culot sur le talus à 1ᵐ de hauteur.	Id.

Il résulte de ces expériences :

1° Que les projectiles tirés contre des traverses ou des parados, avec des charges de $1/100$ du poids du projectile, donnent des éclats dangereux pour les défenseurs du rempart ;

2° Que dans le tir à forte charge, les projectiles qui traversent une cible placée en avant d'un parados, éclatent dans ce parados sans projeter des fragments dangereux en arrière ;

3° Que dans le tir à petite charge, les projectiles éclatent entre la cible et le parados et ne projettent aucun éclat en arrière ;

4° Qu'un écran en bois ou en bois recouvert de tôle, placé en arrière des pièces et contre un massif de terre, n'augmente pas sensiblement la sécurité des servants ;

5° Qu'un écran non revêtu peut rendre sous ce rapport les mêmes services qu'un écran revêtu, ce dernier étant percé de la même manière que le premier, et tous les deux ayant une résistance suffisante pour arrêter les éclats.

Cependant, sur ce dernier point, il reste quelques doutes, l'expérience n'ayant pas été suffisamment complète.

Si d'autres expériences prouvaient qu'un écran en bois n'offre pas assez de résistance pour arrêter les éclats des projectiles, il y aurait lieu de le renforcer au moyen d'une ou de plusieurs plaques en tôle mince, fixées à l'intérieur et non à l'extérieur du masque. On a vu, en effet, à Brasschaet que la tôle placée extérieurement est fortement déchirée et même enroulée par l'effet des obus qui traversent l'écran.

Les résultats obtenus à Brasschaet dans ce tir contre des parados en terre sablonneuse, eussent été sans doute différents, si les parados avaient été construits en terre argileuse ou en terre végétale mêlée de pierres ou de graviers.

La gelée exerce aussi une influence sensible sur les effets des projectiles. Le siége de Paris en a fourni la preuve. On lit, en effet, p. 290 de *la Marine au siége de Paris,* par l'amiral la Roncière le Noury : « l'obus de 24, dans les terres molles, projette peu de terre, parce qu'il pénètre à 2 et à $2^m,50$. Dans les terres durcies par la gelée, il fait des entonnoirs de 1 à $1^m,50$ de diamètre, et le terrain environnant est fortement bouleversé. »

Il a été constaté également, dans les batteries prussiennes, que les projectiles qui, en temps de gelée, atteignent les traverses ou des escarpements situés en arrière des batteries, sont dangereux pour les servants des pièces, à cause des éclats et des blocs de terre qu'ils projettent.

I.

Expériences faites en 1871 au polygone de Brasschaet, pour apprécier l'effet que produisent des obus à fusée percutante, lorsqu'ils traversent des rideaux en branches d'arbres ou en paille.

La commission d'expériences fit établir sur une branche de demi-lune :

1° Une haie de branches d'aune munies de leurs feuilles, ayant, à 80 cent. de leur gros bout, 3 à 3 $^1/_2$ cent. de diamètre.

Ces branches étaient enfoncées à $0^m,50$ de profondeur, sur deux rangs distants entre eux de $0^m,40$. Il y avait un intervalle de $0^m,25$ entre deux branches consécutives, et dans l'espace vide compris entre les deux rangs, on avait planté de menus branchages.

La hauteur de la haie était de 2 mètres, et sa longueur de $12^m,50$;

2° Une haie de bois de fascinage (en chêne) pour saucissons. Les branches étaient enfoncées à $0^m,50$ de profondeur ; elles avaient 3 mètres de longueur sur $2^m,70$ de hauteur et formaient deux rangées distantes de $0^m,30$. On avait laissé le feuillage aux branches ; le diamètre de celles-ci était de 2 $^1/_2$ à 3 $^1/_2$ cent. à $0^m,80$ du gros bout. Les intervalles dans les rangées avaient été réduits à $0^m,10$.

3° Un paillasson de 4 mètres de longueur sur 1^m,70 de hauteur, formé de 9 piquets en chêne *sec* pour claies, distants entre eux de 0^m,50, enfoncés par le petit bout de 0^m,80 dans le sol, ayant à fleur du sol un diamètre de 3 $^1/_2$ cent. et au gros bout, de 4 $^1/_2$ cent.

Ces piquets étaient assemblés au moyen de 4 lattes en sapin, distantes entre elles de 0^m,50. Elles avaient 0^m,04 de largeur sur 1 $^1/_2$ cent. d'épaisseur. La 1re latte était enterrée, et la plus haute se trouvait à 0^m,20 du gros bout des piquets.

A la latte supérieure ainsi qu'à la 2e, on avait attaché jointivement des bottillons de paille de 6 à 8 cent. de diamètre et dont la partie inférieure était flottante.

Tir contre la haie en bois d'aune :

Ce tir a eu lieu le 31 août 1871.

On avait établi à 300 mètres de la haie une pièce de 12 rayée en fonte, sur affût de siége et sur plate-forme ordinaire.

1er coup (avec obus d'exercice pour régler la hausse). Il traverse les branchages en les écartant, et touche le sol à 125 mètres de là.

2e coup (obus explosif). Traverse les branchages en les écartant, touche terre à 125 mètres et éclate.

3e coup (obus explosif). Se comporte comme le second.

4e coup (obus explosif). Coupe à 0^m,20 de la plongée 2 branches de 2 cent. de diamètre; rencontre 2 mètres plus loin un montant de cible qui se trouvait couché sur la plongée, et éclate.

5ᵉ coup (obus explosif). Coupe à 0ᵐ,20 de la plongée 2 branches de 2 cent. de diamètre, rencontre le sol à 125 mètres et éclate.

6ᵉ coup (obus explosif). Traverse les branchages à 0ᵐ,80 au-dessus de la plongée, enlève l'écorce d'une branche de 2 cent. de diamètre, rencontre le sol à 125 mètres et éclate.

7ᵉ coup (obus explosif). Traverse les branchages en les inclinant, touche le sol à 125 mètres et éclate.

Tir contre la haie en bois de chêne :

Ce tir a eu lieu le 4 septembre 1871, avec le canon de 12 rayé en fonte, placé à 300 mètres de la haie. On a tiré un obus d'exercice et 5 obus explosifs.

1ᵉʳ coup (obus d'exercice). Touche la haie à 0ᵐ,35 au-dessus de la plongée.

2ᵉ coup (obus explosif). Coupe à 0ᵐ,60 au-dessus de la plongée une branche de 27 mill. de diamètre, la projette à 2 mètres en arrière, rencontre le sol à 225 mètres et éclate.

3ᵉ coup (obus explosif). Coupe à 0ᵐ,48 au-dessus de la plongée une branche de 27 mill. de diamètre et 3 petites branches de la 2ᵉ rangée, rencontre le sol à 180 mètres et éclate.

4ᵉ coup (obus explosif). Coupe à 0ᵐ,22 au-dessus de la plongée une branche de 3 $^1/_2$ cent. de diamètre, passe entre deux branches de la 2ᵉ rangée, touche la 1ʳᵉ traverse de la demi-lune, à 15 mètres en arrière, et ricoche sans faire explosion.

Après ce coup on renforce la haie. De nouvelles branches sont intercalées dans les anciennes.

5ᵉ coup (obus explosif). Coupe à 0ᵐ,50 au-dessus de la plongée une branche de 3 cent. de diamètre, en effleure une seconde, coupe dans la 2ᵉ rangée une branche de 2 ½ cent. de diamètre et en effleure deux autres. Il touche ensuite le sol à 195 mètres de là, se relève et éclate au 2ᵉ point de chute qu'on ne peut trouver, mais qui est très-éloigné.

6ᵉ coup (obus explosif). Coupe à 0ᵐ,50 de la plongée, dans la 1ʳᵉ rangée, une branche de 3 ½ cent. de diamètre; effleure la branche voisine; coupe dans la 2ᵉ rangée une branche de 3 ½ cent. de diamètre et une menue branche à côté, va rencontrer le sol à 185 mètres de la haie et éclate.

Tir contre la haie en bois de chêne et le paillasson.

Ce tir a eu lieu le 12 septembre 1871. On y a employé un canon de 24 rayé en fonte, sur affût de siége exhaussé, disposé sur plate-forme ordinaire. La distance aux objets à battre était de 300 mètres.

A. — Tir contre la haie.

1ᵉʳ coup (obus d'exercice), coupe à 0ᵐ,60 de la plongée une branche de 0ᵐ,03 de diamètre et quelques menus branchages, et touche le sol à 280 mètres.

2ᵉ coup (obus explosif), coupe dans la 1ʳᵉ rangée une branche de 0ᵐ,03 de diamètre, et dans la 2ᵉ rangée une branche de même diamètre ainsi que plusieurs menus branchages. Le projectile touche le sol à 270 mètres de là, ricoche et éclate au deuxième point de chute.

3ᵉ coup (obus explosif), coupe deux branches de 0ᵐ,03 de diamètre, touche à 280 mètres, et éclate.

B. — Tir contre le paillasson.

1ᵉʳ coup (obus explosif), frappe à 1ᵐ,15 au-dessus de la plongée, un piquet servant de montant et qui, au point touché, a un diamètre de 0ᵐ,04. Le projectile éclate 13 mètres plus loin, avant d'avoir atteint le sol.

2ᵉ coup (obus explosif), frappe à 1 mètre au-dessus de la plongée un piquet servant de montant et qui a 0ᵐ,048 de diamètre au point touché. Le projectile éclate à 75 mètres de là sans avoir touché le sol.

3ᵉ coup (obus explosif), frappe à 0ᵐ,70 au-dessus de la plongée, contre un piquet servant de montant et qui a 0ᵐ,04 de diamètre. Le projectile éclate au point de chute.

4ᵉ coup (obus explosif), enlève un des piquets, fait un trou dans la paille en brisant une latte de sapin et éclate au point de chute.

Conclusions.

De ces faits, la commission conclut :

1° Qu'une haie de bois *vert* dont les branches ne dépassent pas la grosseur de 3 ½ centimètres ne détermine pas l'explosion des projectiles de 12 et de 24.

2° Que les piquets en chêne *sec*, de 4 cent. de diamètre au gros bout, dont on s'est servi pour fixer le paillasson sur le parapet, déterminent l'explosion des projectiles, puisque sur trois obus de 24 qui ont rencontré ces obstacles, deux ont éclaté sans avoir rencontré le sol.

La commission croit devoir faire observer, au sujet de l'emploi de ces piquets, qu'il s'agissait de soutenir solidement un système de paillasson d'une hauteur de 1^m,70, exposé à tous les vents, dans la plaine du polygone.

Lorsque le rideau formé par les paillassons n'aura pas besoin d'avoir une hauteur de 1^m,70, on pourra réduire le diamètre des piquets à 3 centimètres ; et, dans ce cas, si l'on prend la précaution de faire les piquets de bois vert, les résultats relatés au 1" des présentes conclusions, montrent qu'on n'aura plus à craindre que les projectiles éclatent par suite du choc contre ces piquets.

3° Le tir contre le paillasson fait voir aussi que des bottillons de paille de 6 à 8 centimètres d'épaisseur, fixés en deux points à des lattes de sapin, ne déterminent pas l'explosion des projectiles. Ces lattes elle-mêmes, qui avaient 4 cent. de largeur et 1 $\frac{1}{2}$ cent. d'épaisseur, n'offrent pas une résistance suffisante pour faire éclater les projectiles, lorsque la distance entre les piquets sur lesquels les lattes sont fixées, est portée à 1 mètre par l'enlèvement d'un piquet intermédiaire (voir les résultats du 4e coup à obus de 24).

K.

Expérience faisant suite à la précédente.

On avait prescrit de tirer 2 obus explosifs de 12 et 2 obus explosifs de 24 :

1° Contre une haie en bois vert, plantée à 4 mètres de la tranche de la bouche du canon ;

2° Contrée une haie de même espèce, plantée à 8 mètres de la tranche de la bouche.

Ces haies, en léger bois de fascinages, devaient être établies sur la plongée d'un parapet, et les clayons être assez espacés et assez dégarnis de feuilles, dans le bas, pour que l'on pût voir et pointer par les intervalles.

Il s'agissait de constater si les haies sont renversées, ou simplement roussies, ou brûlées.

On s'est servi, pour cette expérience, de canons rayés en fonte de 12 et de 24, tirant des obus explosifs à la charge de $1^k,110$ et de $2^k,260$.

Sur le parapet on avait planté, à 4, 8 et 9 mètres de la bouche des pièces, des haies de branchages construites de la manière suivante :

1ᵉʳ *type*. Formé de clayons (jeune chêne) non effeuillés, pour gabions, disposés en quinconce sur deux rangs, distants l'un de l'autre de $0^m,40$. On laisse entre les branches d'une même rangée des intervalles de $0^m,20$. Chaque branche est enfoncée dans le sol de $0^m,40$. Les tiges ont 15 à 18 mill. de diamètre au niveau du sol et 11 à 14 mill. à $0^m,40$ au-dessus du sol. Les branchages de la haie dépassent la plongée de $1^m,70$ à 2 mètres. Ils ont leur feuillage, sauf sur une hauteur de $0^m,30$ à $0^m,40$ à partir de la plongée.

Au premier coup du canon de 12, quelques branches ayant été arrachées et jetées à des distances de 12 à 14 mètres par le souffle de la pièce, on a modifié le premier type comme suit :

2ᵉ *type*. Les branches sont disposées de la même manière, les unes par rapport aux autres, mais enfoncées en terre de 0ᵐ,60 au lieu de 0ᵐ,40 comme précédemment. La terre est fortement damée contre les branches. Celles-ci sont un peu plus fortes que dans le premier type ; elles ont, à 0ᵐ,30 au-dessus de la plongée, 14 à 18 mill. de diamètre.

3ᵉ *type*. Mêmes branches et même distance d'un rang à l'autre que dans les types précédents, mais les intervalles sont réduits à 0ᵐ,10 dans chaque rang. Les branches sont enfoncées de 0ᵐ,60 dans le sol.

4ᵉ *type*. Mêmes dispositions que dans le 3ᵉ type, sauf que l'on se sert de branches de genêt et d'ajonc (Ulex) au lieu de branches de chêne.

Pour s'assurer que les rideaux de branchages ne nuisent pas à la justesse du tir, on a placé à la distance de 400 mètres, une cible de 4 mètres de hauteur sur 4 mètres de largeur portant une rose dont le point à viser était à 1ᵐ,30 au-dessus du sol.

Les tirs avec le canon de 12 ont eu lieu le 9 octobre 1871 ; ceux avec le canon de 24, le 10 du même mois. Ils ont donné les résultats qui se trouvent consignés dans le tableau suivant :

DATES.	N° DU COUP.	CALIBRES.	DISTANCE de la haie à la bouche de la pièce.	TYPE DE LA HAIE.	EFFETS PRODUITS SUR LES HAIES — OBSERVATIONS.
9 oct. 1871	1	.12	4 mèt.	1er type.	Les branches n°s 3, 5, 7 du 1er rang et n° 6 du 2e rang sont arrachées de la plongée sans être coupées et projetées; savoir : 3, 5 et 6 dans le fossé de la batterie et respectivement à 12m,30, 14m,40 et 17m,40. La branche n° 7 est projetée contre le 2e rang, en travers duquel elle reste engagée. Le projectile éclate après avoir traversé la cible.
»	2	»	4 »	2e »	Coupe les deux branches 5 et 6, la 1re à 55 et la 2e à 40 cent. du sol. Le diamètre à la partie coupée est : branche 5mm,14, branche 6,11mm. La branche 4 est brisée à 50 cent. du sol et repliée en arrière sans être arrachée; elle a au point de rupture un diamètre de 17 1/2mm. La partie supérieure de la branche 5 a été projetée à 12 mètres en avant du rideau. Le projectile a éclaté après avoir traversé la cible.
»	3	»	8 »	3e »	Coupe une branche du 1er rang et deux du 2e rang; celle du 1er rang à 0m,55 du sol. Elle a au point de rupture 12mm de diamètre. Celles du 2e rang à 0m,57 du sol; elles ont au point de rupture, la 1re 14 et la 2e, 11mm de diamètre. Le projectile a éclaté après avoir traversé la cible. On est obligé d'écarter légèrement les branches au moyen de la hampe de l'écouvillon, pour permettre le pointage. Le même tir se reproduit pour le coup suivant.
»	4	»	8 »	3e »	Coupe au 1er rang une grosse branche; diamètre 13mm, et 2 petites, diamètre 7 et 9mm ; au 2e rang une grosse branche, diamètre 11mm et 3 petites, diamètre 7 et 8mm. Le trou de percée est à 0m,57 au-dessus du sol. Le projectile éclate après avoir traversé la cible. Les débris de branches sont en général projetés de 10 à 15 mètres en avant de la haie. Quelquefois, ceux du 1er rang restent engagés dans les branchages du 2e rang. Le passage du projectile et le souffle de la pièce, plient le rideau, qui se redresse ensuite.
19 oct. 1871	1	24	8 »	3e »	Coupe au 1er rang les branches n° 5 et 3 ayant 12mm de diamètre au point de rupture, et la branche n° 7 ayant 8mm de diamètre. Au 2e rang, les branches 6 et 8 ayant 8mm de diamètre. Le projectile éclate après avoir traversé la cible.
»	2	»	8 »	3e »	Coupe au 1er rang une branche de 10mm de diamètre et 5 branches de 8mm ; au 2e rang une branche de 11mm, 2 de 10mm et une de 8mm de diamètre. Les branches du 1er rang sont coupées à 0m,52 au-dessus de la plongée et celles du 2e rang à 0,m56. Le projectile éclate après avoir traversé la cible.
»	»	»	9 »	4e »	Les genêts et les ajoncs sont coupés par le passage du projectile; les branches fléchissent par le souffle de la pièce, puis se redressent. Le projectile a atteint le 1er rang à 62 cent. et le 2e rang à 65 cent. au-dessus de la plongée. Le pointage s'effectue en écartant les genêts avec la hampe d'un écouvillon.
»	3	»	4 »	2e »	Coupe à 52 cent. de hauteur 2 branches du 1er rang, ayant 16mm de diamètre, et une branche du 2e rang ayant 17mm de diamètre. Tout le rideau, surtout le 1er rang, est fortement incliné par le souffle de la pièce ; il reste incliné après le tir. Une grande partie des feuilles est enlevée, aucune des branches n'est arrachée du sol.
»	4	»	4 »	2e »	Coupe à 55 cent. du sol 2 grosses branches, l'une de 15 et l'autre de 14mm de diamètre et 2 petites branches de 7 à 8mm au 1er rang, et à 40 cent. au-dessus du sol, une branche de 14mm et une de 6mm au 2e rang. Les effets sur la haie sont les mêmes qu'au coup précédent. Le projectile éclate après avoir traversé la cible.

Conclusions.

Les haies artificielles de bois de fascinages encore verts, (jeune chêne de 14 à 20 mill. de diamètre au gros bout) ou de grosses branches de genêt et d'ajonc, placées sur un parapet, à une distance minima de 4 mètres de la bouche d'un canon rayé, ne déterminent pas l'explosion du projectile.

Pour que ces haies ne soient pas détruites par le souffle de la pièce, il faut, lorsqu'elles sont à 4 mètres de la bouche, que leurs branches soient enfoncées de 50 à 60 cent. dans la terre et que *celle-ci soit bien damée* contre les tiges des branches. A 8 mètres de la bouche du canon, l'action du souffle est fortement diminuée.

Le projectile forme une trouée dans la haie, en coupant les tiges qui sont sur son passage. Cet effet a lieu même pour les menus branchages dont les tiges n'ont que 4 à 5 mill. de diamètre.

La rencontre des plus fortes branches (diamètre de 12 à 15 mill. à 40 ou 50 cent. au-dessus du sol) ne nuit pas à la justesse du tir, et, par conséquent, ne fait pas dévier le projectile.

Le pointage peut se faire à travers la *partie dénudée* des haies.

Un feuillage, *même assez léger*, est une cause d'empêchement pour la visée. Il oblige à écarter momentanément les branches, opération qui, du reste, s'effectue facilement lorsque les branches sont de bois vert.

L.

Ecrans en rondins et autres matériaux, pour produire l'éclatement des obus.

La propriété des obus à fusée percutante d'éclater au passage des plus faibles obstacles, tels que des parois en rondins ou en planches, des palissades, de fortes branches, etc., pourra être mise à profit, tant par l'attaque que par la défense, pour soustraire des travaux importants aux effets du choc et de l'explosion des projectiles.

Ce cas s'est présenté à Belfort.

Voici dans quels termes il nous a été signalé par M. le capitaine du génie Thiers, qui a pris une part importante à la défense de cette place.

« Je veux vous indiquer, en passant, un système que j'ai été conduit à employer par la nécessité, et qui m'a réussi merveilleusement.

» Il s'agissait de construire et de blinder, sous un feu très-vif, des abris pour les hommes, dans la redoute de Bellevue. Ces abris étaient formés de cadres rectangulaires en bois, de $0^m,35$ à $0^m,40$ d'équarrissage, et espacés de 1 mètre d'axe en axe. Le tout était coffré en planches.

» Il fallait donc accumuler, autour de ces abris, des masses considérables de terre, pour préserver leurs parois, dont la résistance était nulle. On les avait enfoncés autant que possible, mais ils faisaient encore saillie de 1 mètre à $1^m,50$, et la terre était tellement gelée qu'on déblayait au pétard, ce qui m'empêchait de couvrir les cadres assez vite.

Ils étaient frappés, et des hommes périssaient dessous.

» J'eus alors l'idée de coucher sur le talus, dès que j'aurais seulement 1 mètre d'épaisseur de terre à l'endroit des chapeaux, des rails dressés debout, présentant le champ dans la direction du choc à craindre. J'espérais par-là provoquer l'éclatement prématuré des projectiles percutants des Allemands et empêcher leur introduction dans les abris. J'y réussis, en effet, mais les rails se brisaient comme verre, et ce n'était pas chose commode, que de les remplacer. J'employai alors, au lieu de rails, de simples rondins d'environ $0^m,20$ de diamètre. Mes abris ne furent plus percés, et je pus ajouter, par-dessus les rondins, une couche de $0^m,50$ de terre. Quand un obus de 12 ou même de 24 frappait ces talus, il éclatait au passage des rondins, en brisait un ou deux et déblayait une petite portion de la couche de terre superficielle de $0^m,50$ d'épaisseur. Les éclats perdaient presque toute force dans cette terre, et ne portaient plus leur effet bien au loin.

» Quant à la réparation, elle était des plus simples : Quelques bouts de bois et par-dessus, dans le trou, une ou deux brouettées de terre, ou de sacs à terre.

» J'ai, grâce à ce procédé, pu achever mes abris, malgré le feu le plus vif.

» Or, pendant ce temps, dans d'autres parties de la place, des abris analogues, formés de cadres jointifs de $0^m,40$ d'équarrissage, recouverts de 2 mètres ou $2^m,50$ de terre, mais sans couche superficielle de rondins, étaient défoncés et les cadres brisés par les mêmes projectiles, qui, pénétrant dans les terres, et éclatant profondément, renversaient les bois jointifs. »

M.

Expériences de tir contre une traverse casematée.

Faites à Tegel en mai et en juin 1870.

1° Expérience faite avec le canon rayé court de 24 (15 centimètres), tirant des obus allongés.

Le poids de l'obus était de 26,4 kil., et sa charge explosive de 2,033 kil.

La traverse avait été construite en novembre 1869 ; elle était en terre sablonneuse et conforme au dessin fig. 6, pl. XXX.

La distance de la crête couvrante à la batterie était de 1,250 pas (941 mètres) ; on tira avec la charge de 1,2 kil., donnant une vitesse finale de 203 mètres et un angle de chute de $6\ ^1/_{16}$ degrés.

Le premier jour on tira 30 coups : 1 projectile passa au-dessus de la masse couvrante et 5 touchèrent la crête du parapet (pas de ratés).

Le second jour, on chercha à atteindre la traverse plus bas, pour mettre à nu les maçonneries.

Il fallait, en conséquence, ou bien réduire la charge à 0,85 ou 0,90 kil. (ce qui entraînait une grande diminution de vitesse au point d'arrivée), ou bien échancrer davantage la masse couvrante, par l'emploi d'une charge de 1,4 kil., donnant une vitesse finale de 221,4 mètres. C'est ce dernier moyen qui fut préféré.

On tira 40 coups dont une partie atteignirent la masse couvrante et une partie le parapet (pas de ratés).

Après ce tir, la maçonnerie était intacte et recouverte encore de 16 à 47 centimètres de terre.

Le troisième jour, on tira avec la même charge, 50 coups.

Après 35 coups dont un seul n'éclata point, la traverse avait l'aspect que représente le profil EF, fig. 6, pl. XXX (1). Son talus extérieur était entamé jusqu'au pied, mais la maçonnerie n'avait pas souffert. Les 15 derniers coups furent tirés avec une élévation plus forte, pour atteindre la chape de la voûte. Ils touchèrent tous la traverse et, à partir du sixième coup, la maçonnerie était à nu. Après le tir, on constata que la voûte était crevassée, que plusieurs briques avaient été projetées à l'intérieur, mais que les pieds-droits n'avaient point souffert et que l'abri n'était pas hors de service.

La commission conclut de cette expérience, que le canon court de 24 (15 centimètres) ne convient pas pour détruire des traverses creuses, analogues à celle qui avait été expérimentée, et se trouvant dans les mêmes conditions que celle-ci.

2° Expérience avec le mortier rayé en bronze, de 21 centimètres.

L'obus pesait 75,1 kil. non comprise la charge explo-

---

(1) L'effet est indiqué en projection horizontale par la courbe avec hachures, au centre de laquelle se trouve la lettre G.

sive, qui était de 7 kil. La bouche à feu se trouvait à 1,300 pas (970 mètres) du pied de la traverse. On employa la charge de 1,1 kil.

Le 18 juin, on tira 35 obus : les 10 premiers, sous l'angle de 26 $^1/_2$ degrés. Douze atteignirent la traverse ; sa maçonnerie présentait quelques crevasses, au mur en aile seulement.

Le 21 juin, on tira 23 coups : six atteignirent la traverse, mais 5 seulement éclatèrent. La voûte avait beaucoup souffert ; son extrémité postérieure était détruite sur 4 pieds de longueur, et un peu plus loin elle présentait une cavité moins grande, que recouvrait encore le rouleau supérieur de la voûte. L'abri n'était pas détruit, mais il ne pouvait plus servir.

L'effet produit après le dernier coup est représenté en profil par la fig. 7, pl. XXX, et en projection horizontale, par la courbe *a b c d e f*, fig. 6.

Les dégradations à l'intérieur de la traverse sont indiquées en plan par la fig. 9, et en élévation, par la fig. 10. Cette dernière est un profil pris dans l'axe de la voûte, avec projection des écorchures et des crevasses d'un des pieds-droits.

Le résultat que nous venons d'indiquer parut satisfaisant, bien que 66 pour cent des coups n'eussent pas atteint la traverse. « La grande dépense de munitions, dit la commission, ne plaide pas contre l'emploi du mortier de 21 centimètres pour détruire les traverses creuses. »

« Il est digne de remarque, dit-elle encore, que ce tir n'exige pas l'emploi d'angles d'élévation supérieurs à 30 degrés. »

Dans l'expérience que nous venons de décrire, l'effet produit par les obus de 21 centimètres a été triple de celui produit par l'obus allongé du canon rayé court de 15 centimètres (1).

La commission fut d'avis que le tir d'enfilade n'est pas celui qui convient le mieux pour détruire les traverses creuses. Ce tir, en effet, exige l'emploi de faibles charges qui diminuent la vitesse au point d'arrivée et nuisent à la précision du tir.

Il serait donc préférable d'attaquer directement les têtes des traverses (voir fig. 8, pl. XXX), en employant le tir à charge maximum, dont les effets sont plus grands et peuvent être observés de la batterie même qui les produit.

Le seul avantage que présente le premier mode de tir, c'est que les obus qui tombent devant la traverse ou qui passent au delà, sont dangereux pour les défenseurs du rempart et pour le matériel en batterie.

Notre conclusion sera donc celle-ci :

Dans certains cas, on devra préférer le tir direct et, dans d'autres, le tir d'enfilade. Cela dépendra de la situation des faces d'ouvrages par rapport aux travaux d'attaque.

---

(1) Les obus tombés au delà de la traverse (probablement sur le terrain naturel du polygone) ont produit des entonnoirs de 3,70 à 4,30 de diamètre et de 1 mètre à $1^m,80$ de profondeur.

Les entonnoirs formés par les obus allongés de 15 centimètres dans le même terrain, avaient $2^m,50$ environ de diamètre et $0^m,90$ de profondeur.

N.

Conclusions pratiques des expériences faites en Angleterre sur la résistance des plaques.

Il résulte de l'ensemble des expériences faites en Angleterre sur la résistance des plaques, que les canons rayés, tirés à la distance de 200 yards, avec les plus fortes charges, percent des plaques d'une épaisseur égale aux diamètres de leurs projectiles (1).

On devra donc, pour calculer l'épaisseur des plaques, multiplier par $1\ 1/4$ le diamètre des plus gros projectiles qui peuvent les atteindre.

En supposant que le calibre maximum à employer dans les contre-batteries est le 24 rayé, on devra donner, aux batteries flanquantes cuirassées, des plaques de $1,25 \times 0^m,15$ ou $0^m,1875$ d'épaisseur.

Cette épaisseur sera réduite, si les plaques sont appuyées à des fers en U ou en T, comme l'indique la fig. 6, pl. VII.

Les expériences faites en 1866 à Mayence prouvent que, dans ces conditions, des plaques de 6 pouces ou de 15 centimètres, offrent une résistance suffisante.

On admet, en Allemagne, que des plaques de 4 pouces

---

(1) Une expérience faite en 1871, à Shoeburyness, a prouvé que le canon de 12 pouces, tiré à 200 yards, avec la charge de 85 livres de poudre Pellet ($1/7$) donne une pénétration de $13\ ^{95}/_{100}$ de pouce dans une plaque homogène de 14 pouces.
C'est la plus forte pénétration qu'on ait constatée jusqu'à présent.

ou de 10 centimètres d'épaisseur protégent efficacement une casemate contre le tir indirect ou plongeant du canon rayé de 24.

Les plaques de 4 à 6 pouces d'épaisseur étant celles dont le fer est le mieux travaillé, il sera avantageux de remplacer les plaques de plus de 9 pouces par deux plaques d'inégale épaisseur, dont la plus forte se trouvera à l'extérieur.

Une combinaison de deux plaques, l'une de 6 et l'autre de 4 pouces, offrira autant de résistance qu'une plaque unique de 10 pouces et coûtera $1/4$ de moins. Toutefois, pour obtenir ce résultat, il faudra que les boulons soient d'excellente qualité et conformes au type Palisser, perfectionné par le lieutenant du génie English.

La résistance augmente beaucoup lorsqu'on boulonne les plaques contre des fers en U ou en T, dont les vides et les intervalles sont remplis de chêne teck. L'élasticité du bois joue, en effet, un grand rôle dans ces boucliers, ainsi que le prouve une expérience faite à Shoeburyness, il y a peu d'années. (Voir annexe I.)

Il est utile, lorsque le bouclier se compose de plusieurs plaques, d'établir entre ces plaques un corps élastique. Le colonel Inglis avait proposé dans ce but un béton de fer qui a de remarquables propriétés (voir annexe, n° 2). Ce béton pèse environ 240 livres par pied cube et coûte un peu plus de 4 centimes par livre. Il se compose de goudron de gaz et de copeaux de fer de fonte (cast iron borings) mêlés au moyen d'une machine.

Toutefois, comme il est difficile d'empêcher que ce béton ne s'échappe par les bords des plaques ou par les trous que font les projectiles, l'amirauté anglaise a décidé tout récemment qu'on le remplacera par des madriers de chêne teck.

La fig. 3, pl. VIII, représente un bouclier du système Inglis (avec béton de fer), qui a convenablement résisté en 1870, au tir du canon de 600 (25 tonnes), du canon de 300 (18 tonnes) et du canon Whitworth, de 9 pouces, tirés à 200 yards avec les plus fortes charges.

Le projectile de 600 livres, tiré à 200 yards avec 76 livres de poudre Pellet, s'est arrêté avant d'avoir percé la troisième plaque et n'a produit aucun effet préjudiciable derrière le bouclier ni contre ses appuis.

Quelque soin que l'on apporte à la confection des boulons, il y aura toujours des écrous projetés à l'intérieur de la batterie, quand plusieurs projectiles atteindront le cuirassement à la même place; on devra donc, pour préserver les servants, suspendre derrière le bouclier un mantelet en cordages ou couvrir les têtes de boulons au moyen d'une contre-plaque de $^1/_2$ pouce à $^3/_4$ pouce d'épaisseur.

0.

Expériences contre un réseau de fils de fer et contre une grille en fer, exécutées à Tegel, pendant l'hiver de 1869-1870.

Les fils de fer étaient attachés au moyen de petits crampons, à des piquets de 5 pieds de longueur et de 3 pouces d'épaisseur, enfoncés de 2 $^1/_2$ pieds dans le sol.

D'après le dessin, les distances entre les lignes de piquets étaient de 3 pieds, et celles entre les piquets, dans chaque ligne, de 6 pieds.

Pour le réseau principal, on employa du fil de $0^m,005$ (100 pieds courants pèsent 10 livres). Pour l'entrelacement, on se servit de fil de $0^m,002$ (100 pieds pèsent 2 $^1/_2$ livres). Les points de croisement furent attachés par des ligatures en fil d'archal.

Les obus de 12 et de 15 centimètres firent des entonnoirs dans le sol, dérangèrent les fils, bombèrent les mailles vers le haut, et fracassèrent quelques piquets. Il n'en résulta toutefois, ni dans les réseaux les plus forts, ni dans les plus faibles, des dégradations telles qu'on eût pu traverser facilement l'obstacle. Les entonnoirs avaient formé une espèce de trous de loup qui auraient rendu très-difficile l'enlèvement du réseau.

De nouvelles expériences résoudront les questions relatives à la mise en place, à la hauteur, à l'étendue de ces réseaux, à l'épaisseur des fils, à l'écartement des piquets, au mode d'attache des fils aux piquets, au choix et à la disposition des mailles, etc., etc.

Le réseau en fils de $0^m,002$ avec des mailles d'environ 1 pied carré, coûte :

Par verge carrée . . . . 1 $^1/_2$ thaler.
Et sans piquets . . . . 1 thaler.

Il résulte des expériences faites jusqu'à présent et des résultats constatés pendant la guerre de 1870, que les réseaux en fils de fer constituent un obstacle redoutable aussi longtemps qu'ils sont défendus par un ouvrage rapproché ; ils résistent d'ailleurs fort bien au feu de l'artillerie.

Grille double en fer.

La grille avait 8 pieds de hauteur; elle était formée de panneaux de 5½ pieds de largeur.

Les barreaux étaient distants de $0^m,15$ d'axe en axe (leur épaisseur, à en juger par le dessin, était de $2\ ^1/_2$ à 3 centimètres).

Les deux grilles se trouvaient à 7 pieds l'une de l'autre et étaient reliées par des croix de Saint-André, espacées de 5 pieds (la fig. 10, pl. XXIX, représente une grille analogue; mais plus haute).

On tira contre la grille dans le sens de la longueur, avec des canons rayés de 12 centimètres et des canons rayés courts de 15 centimètres, placés à 1,300 pas du but. On tira ensuite à mitraille, à la distance de 350 pas, dans le prolongement de la double grille, puis à mitraille, à 200 pas en arrière et à 40 pas en dehors de l'une des extrémités.

Il résulte de l'ensemble de ces expériences, que les grilles opposent des difficultés considérables à l'escalade et à l'enlèvement par la main de l'homme. Ce fait avait déjà été constaté par les expériences de Coblence de 1868.

Les grilles ont peu souffert du tir plongeant direct ; mais, établies sur une plaine libre, elles ont été rapidement détruites par le canon, tirant dans le sens de leur longueur. Elles ont bien supporté le tir à mitraille, et elles n'ont pas sensiblement diminué les effets de ce tir.

Les grilles sont faciles à manier, à placer, à réparer, et on peut y ménager aisément des portes. Les croix de Saint-André ne paraissent pas indispensables. Le fer plat doit être préféré au fer d'angle pour les barreaux, à cause de son moindre prix et de la facilité des assemblages.

Si l'on compare les grilles aux palissades, on trouve :

1° Que les grilles sont beaucoup plus difficiles à escalader que les palissades ;

2° Qu'elles ne donnent aucun couvert à l'assaillant ;

3° Qu'elles peuvent être mises en place aussi facilement et plus rapidement que les palissades ;

4° Qu'elles sont plus difficiles à enlever par la main de l'homme ;

5° Qu'elles ont une durée incomparablement plus grande ;

6° Qu'elles souffrent moins du feu de front ;

7° Qu'elles opposent moins d'obstacles au feu de flanc.

Mais les grilles sont inférieures aux palissades, sous le rapport du prix. Ce désavantage toutefois disparaît, si l'on considère une période de temps assez longue. Il faut remarquer, en outre, que dans le même espace, on peut conserver beaucoup plus de grilles que de palissades, que l'entretien des unes exige moins de soins que l'entretien des autres et qu'il est plus facile d'expédier, dans les places menacées, du fer que du bois.

P.

Expérience faite en 1870 à Tegel, pour apprécier la valeur d'une coupole tournante, armée de 2 canons rayés de 15 centimètres.

La coupole avait été construite par l'usine de Cammell, à Sheffield.

Les pièces n'étaient pas d'une exactitude complète dans toutes leurs parties. Ainsi la cuirasse ne se fermait pas tout à fait, parce que le couvercle était un peu trop grand ; les trous de boulons ne correspondaient pas bien entre eux ; le couvercle n'avait pu être relié à la partie cylindrique de la cuirasse ; il y avait entre les plaques du couvercle des joints de près de 1 centimètre de largeur ; les rivets des plaques du couvercle, qui auraient dû ne pas dépasser la surface, avaient une saillie de 2 centimètres ; enfin les chevilles en queue d'aronde ne reliaient pas complétement les plaques entre elles, et on avait dû les retravailler.

Par suite de ces circonstances, le montage de la coupole souffrit quelque retard. D'un autre côté, on avait négligé de donner aux fondations de la couronne de roulement une solidité suffisante ; il en résulta des tassements inégaux, qui rendirent le mouvement de rotation plus difficile et moins régulier.

Après plusieurs corrections, l'appareil de rotation laissait encore à désirer ; il fut remplacé par la disposition représentée sur la feuille 4 (1). Ce dernier mécanisme paraît convenable, et permet de tourner la coupole facilement et rapidement.

Le fer employé était de bonne qualité. La coupole avait coûté 22,000 thalers (fr. 82,500).

Elle était armée de deux canons rayés en bronze de 15 centimètres, placés sur affûts en fer de Schumann, pour embrasure minima.

Le service de ces canons et la manœuvre de la coupole exigent 1 sous-officier et 12 canonniers. L'espace intérieur est suffisant; cependant on ne peut pas écouvillonner la pièce avec l'écouvillon réglementaire. lorsque l'inclinaison est inférieure à 5°, parce que la tige de l'écouvillon frappe alors contre la paroi postérieure de la coupole. On doit alors, après chaque coup, augmenter l'élévation de la pièce, ou tirer plusieurs coups sans écouvillonner, comme on l'a fait, sans le moindre inconvénient.

Il fut constaté que la forme circulaire, donnée originairement aux embrasures, n'était pas convenable pour permettre d'observer le terrain et de viser le but : on fit une entaille à la partie supérieure de l'embrasure de gauche, et l'inconvénient disparut.

Les ouvertures pratiquées dans le couvercle sont assez grandes pour permettre d'observer le terrain ; pendant que l'un des canons fait feu, on regarde par le trou d'homme placé au-dessus de l'autre.

---

(1) Nous avons jugé inutile de reproduire cette feuille, qui se trouve dans la 10e livraison des *Mittheilungen des ingenieur-comites*, de 1871.

Les manœuvres à faire pour introduire les pièces et pour les retirer sont difficiles. Il faut une excellente direction et beaucoup de prudence, pour ne pas y consacrer trop de temps, et pour ne pas exposer les hommes.

Quoique la galerie qui enveloppe la coupole soit assez large pour qu'on puisse placer contre la paroi de la coupole une rangée de caisses à projectiles et à cartouches, il est préférable d'abriter ces munitions, comme d'ordinaire, dans des locaux en communication avec la galerie et de déposer seulement dans la coupole 2 ou 3 charges.

Par suite du manque de solidité des fondations, la couronne de roulement n'avait pas une position tout à fait horizontale; il en résulta que, pour plusieurs directions, la coupole n'était pas bien fixe; le mouvement à droite était un peu plus difficile qu'à gauche; avec 2 hommes à chacun des deux leviers, on tournait la coupole, complétement armée et occupée, en 2 minutes 40 secondes, à gauche, et en 3 minutes à droite, de sorte qu'en $^3/_4$ de minute on pouvait la déplacer de 90°, c'est-à-dire soustraire complétement ses embrasures aux vues et aux coups de l'ennemi.

Les hommes ne furent pas incommodés par le bruit des détonations, soit dans la coupole, soit dans la galerie. Après un coup et même après deux coups, tirés simultanément, il y avait si peu de fumée dans l'intérieur de la coupole, que le service n'en fut pas ralenti. Après 30 coups, se succédant à 3 ou 4 minutes d'intervalle, la fumée ne présentait aucun inconvénient sérieux.

Résistance de la coupole au feu de l'ennemi.

Pour faire ces expériences, on plaça dans la coupole deux pièces de 15 centimètres hors de service, dont une lisse, en fer, sur un haut affût avec châssis, et l'autre, en acier fondu, sur un échafaudage en bois. Les servants étaient figurés par des cibles en planches. Il faut remarquer que la grandeur des embrasures minima était réglée sur la bouche du canon rayé de 15 centimètres de 1865. Il en résulta que les canons hors de service d'ancienne construction, ne pouvaient pénétrer dans ces embrasures; on les plaça de manière que leur bouche fût à environ 0^m05 de la paroi intérieure.

Le 16 juillet 1870, on dirigea contre la coupole, à 377 mètres de distance, le tir de deux canons de 15 cent., l'un en acier, l'autre en bronze. On tira d'abord 10 coups avec d'anciens obus, à la charge de $1^k,95$, puis 6 coups avec des obus allongés, à la charge de $1^k,4$, ensuite 6 coups avec d'anciens obus, à la charge de $2^k,25$, et enfin 2 coups avec des obus allongés, à la charge de 2 kilogr.

Les 22, 25 et 29 juillet 1871, on plaça deux canons en acier de 15 cent., à 377 mètres de la coupole.

On tira d'abord 10 coups avec projectiles pleins en fonte durcie, à la charge de 2 kilogr., puis 10 coups avec obus en fonte durcie, à la charge de $1^k,9$; ensuite 5 projectiles pleins à la charge de $2^k,25$, et 3 obus à la charge de $2^k,15$; enfin 4 projectiles pleins, à la charge de 3 kilogr. et 5 obus à la charge de $2^k 81$.

Le 29 juillet et le 3 août, on dirigea contre la coupole, à la distance de 377 mètres, un canon court de marine, de 15 cent. On tira d'abord 2 projectiles pleins en fonte durcie, avec charge de $4^k,9$., puis 8 obus également en fonte durcie, avec charge de $4^k,2$. On tira ensuite 7 projectiles pleins, avec charge de 6 kilogr. et 9 obus, avec charge de $5^k,5$.

A l'avant-dernier coup tiré avec obus, c'est-à-dire au 59e coup d'obus, et au 48e *touché*, on constata que la crapaudine du pivot de la coupole, ainsi que la pierre de taille qui lui sert de support, étaient brisées.

La coupole avait reculé de 4 cent. sur la couronne de roulement, dans la direction du tir. Cependant, comme on pouvait encore la faire tourner, quoique plus difficilement, l'expérience fut continuée.

On tira encore 5 coups, avec obus en fonte durcie, fortement chargés; la coupole se déplaça peu à peu d'une quantité totale de $0^m,09$; de sorte qu'après le 72e coup, c'est-à-dire le 58e *touché*, trois roues et un levier avaient complétement abandonné la couronne de roulement et que la rotation de la coupole n'était plus possible.

Profondeur de pénétration.

Le tableau suivant fait connaître les pénétrations dans les plaques de $0^m,205$ (8″) avec des obus en fonte durcie :

ANGLE DE RENCONTRE (auftreffwinkel)(¹).	VITESSES FINALES.	PÉNÉTRATION.
85°	237 mètres.	0^m,14
86°	303 »	0^m,15
87°	312 »	0^m,16
85°	365 »	0^m,195
80°	237 »	0^m,13
80°	312 »	0^m,14
80°	386 »	0^m,205 (²)
60°	237 »	0^m,06
60°	365 »	0^m,075
55°	303 »	0^m,05
55°	132 »	0,^{m}045
45°	303 »	La pointe du projectile ne reste plus engagée, et l'empreinte formée n'a que 2 à 3 centimètres de profondeur.

Les obus ont une plus grande profondeur de pénétration que les projectiles pleins.

Il résulte des expériences faites jusqu'à ce jour que :
1° toutes les parties de la coupole doivent être fabriquées avec beaucoup d'exactitude pour qu'elles s'ajustent bien. Le montage peut alors se faire en 8 ou 10 jours par n'importe quelle usine ;

---

(1) C'est l'angle horizontal que forme la ligne de tir avec le plan tangent à la partie frappée de la coupole.
(2) C'est-à-dire toute l'épaisseur de la plaque.

2° La couronne de roulement doit être établie dans un plan parfaitement horizontal et sur des fondations solides. Les autres détails de construction sont simples, et n'offrent pas de difficultés techniques;

3° Le poids de la coupole et le frottement des roues sur la couronne ne suffisent pas pour résister au choc du canon de 15 centimètres. Une partie du choc est reportée sur le pivot : la crapaudine doit donc être renforcée et solidement reliée à la fondation.

4° La couronne de fonte qui s'appuie sur les roues doit être renforcée ou remplacée par du fer forgé;

5° Abstraction faite des défauts signalés ci-dessus, et qui sont faciles à corriger, le mécanisme de rotation de la coupole a très-bien fonctionné. Au moyen du levier, la rotation est simple, facile et rapide; on peut y employer des hommes tout à fait inexpérimentés. La partie inférieure du levier a seule besoin d'être un peu renforcée. La question du mécanisme de rotation peut donc être considérée comme résolue;

6° Il y a lieu d'être satisfait de la disposition et du mode d'assemblage des autres parties de la coupole, particulièrement de la liaison des plaques de cuirassement avec la partie inférieure de la coupole, du mode d'assemblage des plaques entre elles, au moyen des chevilles en queue d'aronde, et de la construction du couvercle.

Les emplacements réservés pour mettre les munitions à l'abri sont convenables.

L'espace pour le service des pièces est suffisant.

Les manœuvres pour introduire et pour retirer les canons, sont exécutables, mais longues et difficiles. Dans les coupoles qui ne doivent recevoir qu'une bouche à feu, cette opération se ferait beaucoup plus facilement.

Le mécanisme de rotation permet de déterminer avec une grande exactitude les alignements nécessaires pour le tir.

Les conditions acoustiques dans l'intérieur de la coupole sont bonnes, et la fumée est faible.

L'affût pour embrasure minima de Schumann doit être amélioré en ce qui concerne le mouvement en avant et en arrière.

Les expériences ont démontré que la coupole résiste suffisamment au canon de 15 centimètres, et même au canon court cerclé de la marine, tiré avec les plus fortes charges : sur 96 coups, 74 ont touché la coupole. Avec les canons rayés du matériel actuel de siége, ce ne serait qu'au prix d'une dépense disproportionnée de temps et de munitions et de grandes pertes d'hommes que l'on parviendrait à démolir la coupole ou, en d'autres termes, à briser les plaques du cuirassement.

L'obus en fonte durcie s'est montré supérieur, quoiqu'à un faible degré, au projectile plein du même métal; dans le tir oblique, il a été inférieur à ce dernier.

L'effet des projectiles décroît rapidement avec la diminution de l'angle de chute.

Les plaques qui ne peuvent être atteintes que sous l'angle de 45 degrés et en-dessous, résistent au canon de 15 cent., même lorsqu'elles n'ont qu'une épaisseur de $0^m,13$. On a reconnu que les parties de la coupole qui se trouvent sous les plaques de cuirassement sont suffisamment protégées par le masque en terre, lequel a reçu 10 coups. Il sera cependant nécessaire de faire encore une expérience pour établir définitivement ce point.

Les seules parties vulnérables de la coupole sont les embrasures. Elles ont été atteintes par 7 p. c. des coups *touchés*; et ces coups auraient produit de grands ravages à l'intérieur de la coupole, si elle avait été occupée. Dans la pratique toutefois, les embrasures seraient mieux protégées qu'elles ne l'ont été pendant l'expérience, parce que les volées des bouches à feu les rempliraient en partie; cependant on ne pourra pas empêcher complétement que des coups d'embrasure bien ajustés ne démontent les pièces et ne causent des pertes parmi les servants. Heureusement la chance d'atteindre un but aussi petit est très-faible et peut encore être diminuée, si l'on donne à la coupole un peinturage convenable.

Les projectiles qui se brisent sur les plaques de la cuirasse, surtout lorsqu'ils touchent obliquement, produisent, par la masse des éclats, une espèce de mitraille qui agit autour de la coupole. On doit avoir égard à ce fait dans le choix des emplacements, et en outre protéger les parties voisines du terre-plein, au moyen de traverses.

Nous avons vu que le pivot de la coupole avait été endommagé. La commission voulant continuer le tir, décida qu'on la remettrait en état de pouvoir servir de nouveau. Les travaux de réparation consistèrent dans le remplacement de la pierre de taille brisée, par une plate-forme en poutrelles de fer de 12 pouces, dans laquelle on encastra la crapaudine. La couronne de fonte qui s'appuie sur les roues fut remplacée par du fer forgé, dans les parties où elle avait été rompue. Pour faire ces opérations, on souleva la coupole au moyen de crics. Lorsqu'on la remit en mouvement, on s'aperçut que les axes de deux roues étaient brisés, ce qui rendait le mouvement de rotation plus difficile. Toutefois, pour ne pas retarder les expériences et, en même temps, pour constater l'efficacité des travaux de réparation provisoire exécutés, ainsi que l'influence de la rupture des axes des roues, la commission se décida à reprendre le tir contre la coupole, le 5 octobre.

Un canon court de marine, de 15 cent., fut placé à 377 mètres de distance. On tira, avec 6 kilogr. de poudre prismatique, 5 obus non chargés, en fonte durcie. Par suite du grand nombre de coups qui avaient atteint les plaques de $0^m,205$, il s'était formé des crevasses telles, qu'un tir prolongé eût provoqué la chute de morceaux entiers de plaques. La coupole était cependant encore en état de servir et de résister. Du reste, et en ce qui concerne particulièrement le mécanisme de rotation de la coupole, il était à présumer que la continuation de l'expérience n'amènerait pas de nouveaux résultats; il fut donc décidé qu'on cesserait le tir contre les plaques de cuirassement.

Pour éprouver la galerie qui enveloppe la coupole, on tira, à 377 mètres de distance, avec un canon court de 15 cent. en bronze, sur affût de siége; la charge était de $1^k,5$ et les obus (allongés) renfermaient beaucoup de poudre. On tira d'abord 10 coups, puis encore 6 coups, avec obus en fonte durcie et à la charge de 6 kilogr.

Le 4 novembre, on dirigea contre la coupole un mortier rayé de 21 cent. (de Gruson), placé à une distance de 970 mètres. Les projectiles étaient des obus allongés du poids moyen de $80^k,112$, avec charge d'éclatement de $4^k,9$. On tira 20 coups. Un obus atteignit la partie supérieure de la cuirasse, un autre le couvercle. Deux obus tombèrent sur la poterne, et un sur la partie antérieure de la galerie annulaire. Les derniers coups projetèrent des éclats de pierres dans la coupole, par les embrasures, et disloquèrent la maçonnerie de la galerie. Les deux coups qui frappèrent le couvercle et la cuirasse furent inoffensifs, les projectiles s'étant brisés sans éclater.

Il résulte de ces expériences :

1° Que le remplacement provisoire du pivot n'offre pas de difficultés particulières : si la réparation devait avoir un caractère permanent, elle demanderait plus de temps. Il faut donc avant tout donner assez de solidité au pivot pour qu'il ne puisse pas être endommagé par le tir des bouches à feu auxquelles la coupole doit résister ;

2° Quoique le mauvais état de quelques axes de roues n'empêche pas la rotation de la coupole, il sera cependant utile de renforcer également ces parties ;

3° Sous le rapport de la puissance de résistance des plaques de cuirassement contre les coups de l'artillerie, les coupoles pour une pièce sont supérieures aux coupoles pour deux pièces, parce qu'elles ont une circonférence plus faible et une courbure plus forte. Nous avons déjà fait observer que les premières conviennent mieux aussi pour la manœuvre de la bouche à feu.

Ce qui milite encore en faveur des coupoles cuirassées pour une seule pièce, c'est que le danger de voir l'artillerie démontée et les servants atteints par les coups d'embrasure, est proportionnellement moindre que dans les coupoles pour deux pièces. De plus, dans ces dernières, on ne peut pas se servir de l'un des canons pendant le temps nécessaire pour effectuer le remplacement de l'autre.

Quant à la question de savoir de quelles bouches à feu il faut armer les coupoles, la commission est d'avis que le canon court de 15 centimètres suffira dans la plupart des cas, et qu'on ne doit désirer un canon à longue portée que pour inquiéter les cantonnements ennemis, les camps, les parcs, etc., ce qui n'exigera d'ordinaire qu'un petit nombre de bouches à feu. La construction d'une coupole pour canon court de 15 centimètres sera beaucoup plus facile que celle d'une coupole pour canon long; le service et le remplacement de la pièce offriront aussi moins de difficulté. Quand il est nécessaire d'employer des canons longs de 15 centimètres, la construction des coupoles pour une pièce est proportionnellement beaucoup plus dispendieuse que celle des coupoles pour deux pièces; de sorte qu'il reste à examiner si les avantages du premier mode de construction sont en rapport avec le surcroît de dépense qu'il exige.

Le couvercle de la coupole résiste suffisamment au tir du mortier rayé de 21 centimètres. D'après les résultats des expériences, les trous d'homme f ménagés dans ce couvercle ne paraissent pas dangereux; cependant il sera bon, pour éviter les éclats, de les construire de manière à pouvoir les fermer de l'intérieur.

On apportera à la galerie qui enveloppe la coupole les changements suivants :

a. La mince plaque intérieure de l'anneau de la galerie sera supprimée ;

b. L'espace compris entre la coupole et la galerie sera réduit autant que possible, et garanti contre les éclats, au moyen d'une cornière fixée à la cuirasse du parapet;

c. Dans la construction de la galerie, au lieu d'employer du fer laminé et de la maçonnerie, on se servira de fonte durcie ou d'acier fondu, au moins pour la partie supérieure;

d. Il sera toujours avantageux, comme dans la construction des blindages en fer, à l'épreuve de la bombe, d'assujettir des tôles courbées entre les poutres en T de la galerie annulaire, pour empêcher l'écoulement du béton.

Observations finales.

Les coupoles ont la propriété de présenter une grande résistance, d'offrir peu de prise aux coups de l'ennemi, et de battre une grande étendue de terrain. Elles permettent de continuer le combat d'artillerie après que le feu des remparts découverts est éteint. Elles dispensent enfin de résoudre les difficultés croissantes du défilement vertical et horizontal. Leur emploi est avantageux partout où l'on doit conserver intactes, jusqu'à la dernière période de l'attaque, de lourdes bouches à feu. Ce but ne peut être atteint avec les moyens dont dispose aujourd'hui la fortification, lorsque les faces d'ouvrages ont une certaine longueur, et qu'elles sont exposées au feu d'enfilade et d'écharpe; c'est ce que démontrent les dernières expériences faites pendant la paix et pendant la guerre.

On ne doit pas perdre de vue non plus que l'introduction générale des coupoles cuirassées permettra de faire une grande économie de canons et de servants, par la raison qu'un canon de coupole, particulièrement dans des forts détachés, peut battre le terrain de front, en flanc, et même à revers.

D'un autre côté, les coupoles augmentant la puissance des bouches à feu dans une proportion qui n'est pas inférieure à 2 ou 3 fois celle des pièces à ciel ouvert, et permettant de supprimer les traverses, il sera possible de réduire considérablement les dimensions des forts et des batteries de côte, ce qui donnera lieu à une économie notable.

N. B. Ce qui précède est extrait presque textuellement du rapport de la commission d'expériences (voir les *Mittheilungen des ingenieur-comités*, 10ᵉ livraison 1871).

Q.

Engins et armes.

Torpédos.

Une commission nommée récemment aux États-Unis et composée de MM. les généraux Barnard, Cullum, Tower, Wright et Humphreys (ce dernier chef du corps du génie), a formulé les conclusions suivantes quant à l'emploi des torpédos.

« Le secrétaire de la marine parle des torpédos dans les
» termes explicites que voici :

« Les seuls navires perdus par le gouvernement des
Etats-Unis dans ces deux attaques (il s'agit des combats livrés dans la rade de Mobile et près du fort Fisher), malgré
les batteries bien servies des confédérés, furent détruits par
des torpédos électriques ; ces engins formidables, dans les
ports et dans les rades, nous ont fait plus de mal que tous
les autres moyens de destruction combinés. »

« Cette assertion du secrétaire de la guerre se justifie
» par la perte de deux monitors de mer et deux monitors
» de rivière ; par la destruction complète des vaisseaux
» cuirassés le *Caire, Cincinnati, Rodolphe,* et *Housatonic*
» et par de graves avaries faites à sept canonnières et ba-
» teaux de transport.

» Il y eut en tout 24 navires détruits et 9 gravement
» endommagés. Au début de la guerre, l'emploi des torpé-
» dos était peu compris ; mais l'on peut juger du redoutable
» développement que prit cette invention, en constatant
» qu'il n'y eut qu'un seul vaisseau détruit pendant l'année
» 1862 et qu'il y en eut onze, pendant les 4 derniers mois
» de la guerre. »

Cette même commission est arrivée, pour la défense des
côtes, à d'autres conclusions que nous transcrivons textuellement :

« Pour empêcher le mouillage dans les rades, il n'y a rien
» de plus efficace que les mortiers. Il est probable — bien
» que cela ne soit pas encore acquis par l'expérience —
» que l'on pourra empêcher par ce moyen l'approche des
» forts et des côtes par les vaisseaux cuirassés. S'il en est

» ainsi, la question embarrassante des constructions en
» fer sera écartée. »

« On sait qu'il n'est pas de projectiles qui inspirent au-
» tant de crainte aux marins que ceux tirés par les mor-
» tiers, parce que l'invulnérabilité des flancs des navires
» ne peut que très-difficilement être étendue à leur pont.
» D'un autre côté, il ne faut pas se dissimuler que la chance
» d'atteindre par le feu vertical une cible aussi étroite est
» très-minime. Mais eu égard à l'effet que produit un seul
» projectile bien dirigé, on peut conclure, en somme, que le
» résultat des bombes qui atteignent les navires, compense
» amplement l'inexactitude du tir. »

En Angleterre, on est également d'avis que les mortiers sont fort à craindre pour les bâtiments cuirassés. Voir à ce sujet une lettre intéressante du général Lefroy, un des artilleurs les plus distingués de la Grande-Bretagne (annexe n° 4).

Le rôle des mortiers dans l'attaque et la défense des places est devenu moins important depuis l'invention des canons rayés ; cependant, dans bien des cas, ces bouches à feu rendront de très-grands services ; il faudra donc que les parcs de siége et de place en renferment un nombre égal au quart environ du nombre total des bouches à feu. (Vauban voulait qu'il y eût dans les parcs des forteresses autant de mortiers que de canons et d'obusiers.)

« Il est inutile de dire, ajoute la commission, que les
» batteries de côte, quelle que soit leur perfection, ne peu-
» vent agir efficacement contre une flotte cuirassée, qu'à la
» condition d'être armées de la plus puissante artillerie.
» Le génie a constamment insisté sur l'importance des

» gros calibres pour les batteries, et c'est pour satisfaire à
» ses demandes réitérées, que l'artillerie a produit le canon
» lisse de 15 pouces et un peu plus tard celui de 30, réputé
» irrésistible pour la défense des rades. On assure que les
» Prussiens ont adopté le canon de 50 tonnes de Krupp,
» pour les fortifications du port de Kiel. Cette pièce est à
» peu près l'équivalent de notre canon de 20 pouces. »

Mitrailleuses.

Cette bouche à feu, composée de plusieurs canons de fusil accolés (6 ou 10, de gros calibre, dans la mitrailleuse américaine de Gattling, et 37, de petit calibre, dans la mitrailleuse belge de Montigny), a une masse trop grande eu égard au poids des balles et à la charge de l'arme, pour qu'elle recule dans le tir. Il en résulte 1° que l'opération de la mise en batterie et du pointage ne doit pas être refaite après chaque coup, et que l'on peut ainsi conserver, la nuit, le pointage réglé pendant le jour, 2° que le chargement et le tir exigent seulement un artilleur, assisté de deux auxiliaires pris dans l'infanterie, 3° que tous les coups portent, lorsque le pointage initial a été bien fait, 4° que la rapidité du tir est beaucoup plus grande que celle des autres bouches à feu, 5° que le tir est continu, ce qui le rend très-efficace pour la défense des brèches et des défilés, 6° que, par suite de la suppression de la lumière et de la fermeture hermétique de la culasse, il ne se produit pas de gaz en arrière de la bouche à feu.

Douée de pareilles propriétés, la mitrailleuse convient

surtout pour flanquer les fossés et pour tirer contre un but immobile (batteries, cavaliers de tranchée, têtes de défilés, etc.)

La mitrailleuse Gattling est placée sur un affût de campagne; on peut également l'établir sur un affût de place, de casemate ou de marine.

La mitrailleuse de petit calibre lance des balles ogivales en plomb de $15^{mm},7$ (37 grammes); elle pèse 112 kilogr. sans son affût, 212 avec son affût (à peu près autant que le canon de 4 de montagne). Celle de gros calibre lance des balles ogivales en plomb de $25^{mm},4$ de diamètre, pesant environ 224 grammes. La cartouche en cuivre contient 21 grammes de poudre. Le poids de la pièce est de 364 kilogr. et celui de l'affût de 100 kilogr. (à peu près autant que la pièce de campagne de 4). A 1,000 mètres, la mitrailleuse met autant de projectiles dans la cible qu'en peut mettre, pendant le même temps, à 200 mètres, l'obusier de 24, tirant avec boîtes à balles (1). A cette même distance (1,000 mètres), la mitrailleuse a tiré 92 coups en une minute; 50 projectiles pleins ont atteint une cible de 3,64 mètres carrés de surface. Depuis peu, on a obtenu, avec des mitrailleuses Gattling à 8 et à 10 canons de 25 millimètres, un tir de 150 et de 250 coups par minute, tir qui est encore très-efficace à 2,000 et 2,400 mètres (2).

Pour des distances inférieures à 200 mètres, on emploie

---

(1) Expériences faites en Amérique, en juin 1866.
(2) Voir, dans *la Revue militaire française* n° 4, de 1870, un article du capitaine Joachim Richard.

des cartouches contenant 15 petites balles sphériques de 12^g,7 et une balle ogivale de 50 grammes (formant la tête de la cartouche).

On jugera de l'efficacité des mitrailleuses Gattling de gros calibre, par ce seul fait qu'à 500 mètres, les projectiles pleins de 240 grammes pénètrent de plus de 1 mètre dans le terrain naturel et qu'à 1,000 mètres, ils percent un gabion rempli de terre.

Il est incontestable que les mitrailleuses rendront d'excellents services dans la défense des places, non-seulement par l'efficacité et la continuité de leur tir, mais encore parce que n'ayant pas de recul et ne produisant que peu de fumée, elles pourront être installées dans de petits locaux. Un emplacement de 2 mètres de longueur et de 2^m,50 de largeur, suffit à la rigueur pour une mitrailleuse Gattling. Comme chaque canon de cette mitrailleuse ne part que lorsqu'il est arrivé, par la rotation, au point le plus bas, et que la bouche de l'arme ne se déplace point, il en résulte que les batteries de mitrailleuses n'ont besoin que de très-petites embrasures. Un créneau pour mousqueterie suffira dans la plupart des cas. Par conséquent, pour mettre les batteries de mitrailleuses à l'abri des attaques de vive force, il ne sera plus nécessaire d'établir devant ces batteries un fossé diamant ou tout autre obstacle.

D'un autre côté, les créneaux à mitrailleuses étant presque entièrement remplis par la bouche de ces engins, on n'aura plus à redouter l'inconvénient des embrasures qui sont si dangereuses pour les défenseurs de deux flancs opposés.

La mitrailleuse permet aussi de suppléer à la mousqueterie, avantage d'autant plus précieux que, par suite de la nécessité d'employer un grand nombre de traverses pour préserver le personnel et le matériel des coups plongeants d'écharpe ou d'enfilade, on a été obligé de réduire d'une manière fâcheuse l'emplacement réservé autrefois à l'infanterie.

Pour combattre les cheminements et les colonnes de troupes, la mitrailleuse doit tirer à barbette et être montée sur un affût à pivot. Son tir a d'autant plus d'efficacité qu'il est plus rasant. On s'en servira donc principalement pour la défense des fossés et des glacis.

Comme arme de flanquement, on donnera la préférence à la mitrailleuse Gattling, de 1 pouce de diamètre. La mitrailleuse française et celle de Montigny n'ont pas assez de force pour briser des échelles et percer des matériaux de sape.

Avec la Gattling, on lance à volonté des projectiles de $1/2$ livre ou des boîtes contenant 16 balles.

La pénétration des projectiles de $1/2$ livre, à 1,000 yards, est supérieure à celle des éclats des obus, tirés à la même distance.

Les expériences faites en 1866, au fort Monroë, avec une mitrailleuse à 6 canons de 1 pouce et avec un obusier court de 15 centimètres (employé en Amérique pour le flanquement), ont prouvé qu'à 150 yards, la mitrailleuse met six fois plus de projectiles dans la cible que l'obusier tirant avec des boîtes à balles.

A 1,000 yards, la mitrailleuse met, dans le même temps, autant de balles de $1/2$ livre dans la cible que l'obusier tirant avec des boîtes à balles, à la distance de 200 yards.

Pointée sous 10°40′, elle a une portée de 2,800 yards.

Un tir exécuté à Hartford, en novembre 1869, fait connaître le degré de précision que l'on peut obtenir avec cette bouche à feu.

La cible avait 10 pieds de côté, et la rose, 18 pouces.
Longueur de la bouche à feu 33 pouces.
Poids　id.　id. . . . . 1,000 livres.
Poids　id.　balle. . . . $1/2$ livre.
Id.　id.　poudre. . . . 500 grammes.
Distance. . . . . . . 1,000 yards.
Nombre de coups tirés. . . . 100.
Balles ayant touché la cible. . 76.
Id. la rose. . . . . . 6.

Même tir à 500 yards :
Nombre de coups. . . . 110.
Balles dans la cible . . . 110.
Id. dans la rose. . . . 10.

En Suisse, on a fait une expérience comparative entre une mitrailleuse Gattling, un canon ordinaire de 4 se chargeant par la bouche et un canon de 8 se chargeant par la culasse. La mitrailleuse a tiré 202 coups par minute ; le canon de 4, dont les boîtes renfermaient 48 balles de zinc, a tiré un coup en 17 secondes ; et le canon de 8, dont les boîtes renfermaient 84 balles, a tiré un coup en 18 secondes.

La cible, placée à 500 pas, avait 8 $1/2$ pieds de hauteur et 50 pieds de largeur.

Voici les résultats que l'on obtint :
La mitrailleuse mit toutes les balles dans la cible.
Le canon de 4 :　id.　162　id.
Le canon de 8 :　id.　378　id.

Par conséquent, la mitrailleuse Gattling a donné par minute 101 atteintes dans la cible, le canon de 4, 32 atteintes, et le canon de 8, 73 atteintes.

Ce résultat est tout en faveur de la mitrailleuse, qui sera certainement appelée à jouer un rôle important dans la défense des places.

Au mois d'août 1870, on a comparé, au polygone de Brasschaet, l'effet d'une mitrailleuse Christophe-Montigny à celui de 25 carabiniers, déployés à 4 ou 5 pas d'intervalle et tirant chacun 10 cartouches en 3 minutes, contre une cible de 12 mètres de largeur sur $2^m,50$ de hauteur.

Le tir des soldats a donné :

à	600 mètres	55 p. c. de *touchés*.
	800 »	30 »
	1,000 »	20 »
	1,200 »	10 »

Le tir de la mitrailleuse a donné :

Par coups isolés :		Par salves de trois coups.	
à 600 m.	61 p. c.	à 600 m.	42
800 »	50 »	800 »	45
1,000 »	31 »	1,000 »	29
1,200 »	16 »	1,200 »	14

R.

Angles de chute des canons rayés.

1.° Angles de chute de l'obus du canon rayé de 24 en fonte, de l'armée belge (système prussien), tiré à la charge de 2^k,260 de poudre ordinaire et pesant, chargé, 29^{k}370.

à			
400 mètres	. . .	1°20′
600 »	. . .	2°10′
800 »	. . .	3°00′
1,000 »	. . .	3°50′
1,200 »	. . .	4°40′
1,400 »	. . .	5°35′
1,600 »	. . .	6°30′
1,800 »	. . .	7°30′
2,000 »	. . .	8°30′
2,200 »	. . .	9°35′
2,400 »	. . .	10°40′
2,600 »	. . .	11°55′
2,800 »	. . .	13°15′
3,000 »	. . .	14°40′

2° Angles de chute de l'obus du canon rayé de 24 long, en bronze (de l'armée prussienne), tiré à la charge de 4,5 livres de poudre ordinaire et pesant, chargé, 54,3 livres.

à 500 pas	375 mètres	1°2'
1,000 »	750 »	2°6'
1,500 »	1,125 »	3°12'
2,000 »	1,500 »	5°2'
2,500 »	1,875 »	6°11'
3,000 »	2,250 »	8°8'
3,500 »	2,625 »	10°8'
4,000 »	3,000 »	12°12'
4,500 »	3,375 »	15°2'
5,000 »	3,750 »	17°10'
5,500 »	4,125 »	20°4'
6,000 »	4,500 »	23°

La charge des canons rayés longs de 24, en acier, employés au bombardement de Paris, était de 6 livres ; on a obtenu avec ces canons des portées de 7,500 mètres, sous un angle d'élévation de 32 à 34 degrés.

La charge du canon rayé belge de 24 en bronze (long) étant de 5^k50 de poudre à gros grains, cette bouche à feu donnera vraisemblablement de plus grandes portées sous les mêmes angles.

3° Angles de projection et de chute de l'obus du canon rayé court de 24 (de l'armée prussienne), tiré à la charge ordinaire de 3 livres.

DISTANCES EN PAS de 0m,75.	ANGLES DE PROJECTION.	ANGLES DE CHUTE.
à 500 pas.	1° 7'	1° 10'
1,000 »	3° 5'	3° 9'
1,500 »	5° 2'	5° 10'
2,000 »	7° 1'	7° 13'
2,500 »	9° 1'	10° 5'
3,000 »	11° 5'	13° 1'
3,500 »	13° 11'	16° 3'
4,000 »	16° 6'	19° 12'
4,500 »	19° 8'	24° 1'
5,000 »	23° 2'	29° 11'
5,500 »	27° 7'	36° 14'
5,800 »	30° 5'	44° 15'

CHAPITRE IV.

PRINCIPES GÉNÉRAUX DE LA FORTIFICATION.

SOMMAIRE :

A. Tracé : Préceptes généraux. — **B. Batteries flanquantes** : batteries flanquantes directes ; id. à feux de revers. Cas où l'on peut se contenter d'un flanquement de mitrailleuse ou de mousqueterie. Coffres, fossés diamants. **C. Profil** : relief au-dessus du terrain. Commandement sur le glacis. Bermes. Talus extérieur : disposition préconisée par le général Todleben. Plongée. Règles pour le défilement des escarpes. Angle de dépression minimum pour le tir en brèche. — **D. Revêtement d'escarpe** : son utilité ; sa hauteur. Propriétés de l'escarpe terrassée ; idem de l'escarpe détachée. Cas où l'on peut construire, dans une escarpe terrassée, des locaux servant d'abris ou de magasins. — **E. Revêtement de contrescarpe** : ses propriétés. Diverses espèces de revêtements de contrescarpe. Quand on peut créneler ces revêtements. Nécessité de les renforcer à l'arrondissement du fossé. Cas où la contrescarpe ne doit pas être revêtue : précautions à prendre pour soutenir les terres sous un talus roide, ayant 1 de base pour 3 de hauteur.— **G. Largeur et profondeur du fossé** : principes qui règlent ces deux dimensions. — **H. Glacis intérieur** : propriétés, emploi. Cas où l'on peut remplacer, par une palissade, une grille ou un abatis, le revêtement de contrescarpe, situé au delà de ce glacis. — **I. Chemin couvert et glacis** : organisation du chemin couvert — nécessité d'abaisser son terre-plein pour soustraire les défenseurs aux coups plongeants : Principales dimensions. Discussion sur l'inclinaison qu'il convient de donner au glacis. Relief de ce dehors au-dessus du terrain. Réduits de places d'armes; leurs propriétés; types divers. Dans quel cas le chemin couvert doit être palissadé. Emplacements qu'il convient de donner aux palissades : proposition de Vauban. Possibilité de remplacer la palissade par une haie ou par une grille : proposition de Choumara. — **K. Ravelin appliqué** : ses propriétés. Quand on peut le supprimer. Rôle spécial du ravelin dans la fortification polygonale. Conditions auxquelles il doit satisfaire. Contre-gardes. Défauts que présentent les contre-gardes de Coehoorn, de Bousmard, de Noizet de St-Paul et de Cormontaingne. Dans quels cas on peut supprimer le revêtement du ravelin et celui de la contre-garde. — **L. Ravelin avancé** : circonstances où il est préférable au ravelin appliqué. Conditions qu'il doit remplir. Objections de Choumara et du général Tripier. Utilité du réduit de ravelin. Comment il doit être constitué. Types de ravelins avancés, sans réduit. — **M. Glacis de contrescarpe** : son utilité. — **N. Défilement des terre-pleins** : moyens employés. Traverses. Parados. Cas où ces masses couvrantes doivent être pourvues d'une banquette pour la mousqueterie.

I

Dans le chapitre IV, t. 1, du *Traité de fortification polygonale*, nous avons exposé et justifié les principes généraux suivants :

1° Abandonner les tracés angulaires (tenaillés ou bastionnés), pour adopter les tracés rectilignes ou polygonaux ;

2° Assurer au corps de place et aux dehors un flanquement rigoureux. Employer à cet effet l'artillerie (1) et la

---

(1) Les cas exceptionnels où l'on peut se contenter du flanquement par mitrailleuses ou par fusils, seront indiqués plus loin.

disposer, autant que possible, en deux étages, dont l'un au moins soit casematé;

3° Régler le profil de la fortification de telle sorte qu'il offre des garanties suffisantes contre l'escalade et que les escarpes, les batteries casematées et, en général, toutes les maçonneries importantes soient à l'abri des feux plongeants de l'attaque;

4° Construire et protéger les batteries flanquantes de manière qu'on ne puisse pas les réduire au silence avant l'époque du siége où elles doivent agir (le couronnement du chemin couvert et le passage du fossé);

5° Assurer une grande supériorité à l'artillerie de la défense, surtout pendant la dernière période du siége (1), supériorité résultant du nombre des bouches à feu, de la puissance des calibres, de la bonne organisation des batteries et — pour une partie de l'armement — de la mobilité du matériel;

6° Favoriser la défense active par un système de communications larges, faciles, sûres et bien couvertes;

7° Établir avec soin dans toutes les places, mais principalement dans les petites, les défenses du fossé et les contre-mines : deux moyens certains de prolonger la durée de la résistance, sans verser beaucoup de sang et sans consommer beaucoup de munitions;

8° Régler le commandement des ouvrages de manière

---

(1) Le général Todleben, après avoir signalé la résistance que le bastion n° 4 de Sébastopol opposa aux derniers cheminements des alliés, dit : « Cet épisode de la défense prouve combien il est important, dans la défense des places, de faire tous les efforts possibles pour conserver l'artillerie pendant la dernière période du siége. Aucun sacrifice ne doit paraître trop grand pour atteindre ce but. » T. II, p. 187.

que l'artillerie du corps de place puisse agir efficacement sur la campagne ;

9° Mettre autant que possible les troupes et le matériel à l'abri des bombes et des obus ;

10° Combiner le tracé et le relief de la fortification de telle sorte que l'on ne puisse pas, des points dangereux du terrain, voir dans l'intérieur des ouvrages, et que les terre-pleins soient préservés, autant que possible, des coups partant de ces mêmes points ;

11° Éviter les coupures nombreuses, les ouvrages morcelés et étriqués, qui ne permettent aucun déploiement de troupes, ni aucun déplacement rapide de matériel ;

12° Forcer l'assaillant à établir ses contre-batteries en des points où il ne puisse pas leur donner un développement supérieur à celui des batteries de la défense ;

13° Assurer la défense intérieure, pour diminuer le danger résultant des surprises, et pour empêcher que la place ne tombe entièrement au pouvoir de l'assiégeant, quand un seul de ses ouvrages est emporté d'assaut.

Un principe déjà ancien, que Vauban ni son école n'ont voulu admettre et qui, depuis une dizaine d'années, a repris faveur en France, est celui que M. le lieutenant-colonel du génie Prevost formule dans les termes suivants (1) :

Toute fortification permanente doit présenter deux parapets distincts : l'un destiné à lutter de loin, l'autre approprié à la défense rapprochée et qui ne doit servir que pour cette dernière.

---

(1) *Les forteresses françaises* pendant la guerre de 1870-1871. Paris. 1872.

« Nous regardons cette proposition, dit l'auteur, comme devant faire partie des principes fondamentaux d'après lesquels doit être établie toute fortification. »

Le comité du génie français est du même avis, puisque les forts de Metz et de Langres, approuvés par lui en 1868, présentent la combinaison d'un cavalier, disposé pour la défense éloignée et d'une enveloppe organisée seulement pour la défense rapprochée.

Les ingénieurs allemands ont eu à se prononcer sur cette combinaison avant d'arrêter les plans des forts jugés nécessaires pour achever et compléter le camp retranché de Metz. Quelques-uns se sont prononcés en faveur des cavaliers, mais seulement parce que ces ouvrages forment d'excellents parados et protégent bien les casernes établies sous le terre-plein de leurs remparts. La majorité les a condamnés, jugeant, d'une part, qu'un double étage de feux présente un but favorable à l'artillerie ennemie, qu'il augmente considérablement la dépense et qu'il expose les défenseurs de l'enveloppe à être blessés par les obus qui éclatent dans le talus extérieur du cavalier, et par les terres, quelquefois gelées, d'autres fois mêlées de cailloux ou de décombres, que projettent ces obus; et jugeant, d'autre part, qu'il n'est pas indispensable d'avoir des batteries hautes pour atteindre de loin les travaux et les établissements de l'attaque.

Cette dernière raison a frappé également le colonel de Villenoisy (1), qui repousse les feux étagés et préconise une combinaison inverse dans laquelle le second rang de bat-

---

(1) *La fortification actuelle*: ouvrage déjà cité.

teries se trouve à un niveau inférieur à celui du premier rang.

Nous approuvons de tous points la résolution des ingénieurs prussiens; pour la justifier, du reste, il nous suffira d'analyser les arguments qui ont été produits en faveur de la thèse contraire.

Voici comment s'exprime M. le lieutenant-colonel Prevost :

« Une fortification qui n'a qu'un seul parapet destiné à
» la protéger à la fois contre l'attaque éloignée et contre
» l'attaque rapprochée, est défectueuse. L'assiégeant arri-
» vera fréquemment à supprimer cette dernière phase du
» siége qui lui est d'ordinaire si fatale. »

« Les choses suivront une tout autre marche, si la forti-
» fication est organisée de la manière suivante : de hauts
» et vastes cavaliers, en terre, tracés en vue de contre-bat-
» tre les positions les plus probables des batteries de l'at-
» taque. Sous ces cavaliers, de nombreuses casemates
» pour loger les défenseurs, abriter les vivres, les muni-
» tions.

« L'armement de ces cavaliers consistera en canons à
» très-longue portée, à calibres puissants, comme ceux des
» pièces de marine qui ont rendu de si grands services à
» Paris. L'attaque aura de la peine à leur en opposer de
» semblables, parce que la question des transports devien-
» drait difficile à résoudre. Voilà pour la partie de la for-
» teresse qui doit lutter de loin.

« Pour celle qui est destinée à *n'agir que de près*, nous
» adopterons une enceinte bastionnée, basse, enterrée, in-
» visible de loin autant que possible, avec escarpe maçon-

» née de dix mètres de hauteur, bien couverte contre les
» coups plongeants, précédée d'une contrescarpe, également
» revêtue, haute de six mètres au minimum.

» Cette enceinte basse entourera l'ensemble des cavaliers
» dont nous avons parlé ; et quand ceux-ci auront, à la
» longue, terminé leur rôle, il faudra que l'ennemi recom-
» mence une nouvelle attaque par cheminements, et vienne
» forcément sur le bord du fossé, pour détruire une fortifi-
» cation *contre laquelle il ne peut se battre que de près.* »

Il n'est pas exact, comme l'affirme l'auteur de ces lignes, qu'une fortification sans cavaliers ne peut être attaquée que de près.

Le siége de Strasbourg en fournit la preuve, puisque les batteries éloignées des Prussiens imposèrent silence à l'artillerie des remparts et firent brèche aux escarpes de la place et des dehors.

Quoique M. Prevost soutienne le contraire, il n'est pas douteux non plus que l'artillerie allemande n'eût réussi à faire promptement des brèches *praticables* aux forts de Paris, si elle en avait eu le dessein. Le commencement de brèche exécuté, à 1,650 mètres de distance, par la batterie n° 19, dans la courtine 2-3 du fort d'Issy, n'avait été autorisé que pour faire l'essai du canon court de 24, nouvellement introduit dans l'artillerie prussienne pour détruire de loin les maçonneries imparfaitement couvertes. Lorsque le commandant de la batterie, après avoir renversé, en 200 coups, les murs de masque de deux voûtes, demanda à continuer le tir, pour faire une brèche praticable, il lui fut répondu qu'on n'avait pas l'intention de prendre les forts d'assaut, la place étant sur le point de succomber à la famine.

Il est prouvé d'un autre coté, que des remparts à faible relief peuvent lutter avec succès contre des batteries éloignées. M. Prevost lui-même le reconnaît en disant, p. 28 :
« L'artillerie des forts de Paris a tenu tête à celle des
» Prussiens pendant tout le temps du siége. Son tir a pu
» diminuer d'intensité, mais il n'a jamais été éteint; » et page 106 : « Paris et ses forts, *quoique bastionnés,* ont sou-
» tenu avec leur artillerie la plus magnifique lutte éloignée
» qu'on pût imaginer.

» .....On ne leur a pas rasé de parapets, et c'est à peine
» si l'on a démonté à chaque fort 2 ou 3 pièces d'artil-
» lerie. »

Cet éloge, bien qu'exagéré (1), confirme — ce qui du reste n'est pas contestable — qu'un ouvrage à faible relief peut tirer aux grandes distances aussi bien qu'un cavalier; M. Prevost semble l'admettre également, puisqu'il préconise, en se fondant sur l'exemple de Belfort, l'emploi, pour la lutte éloignée, de batteries cachées derrière les masses couvrantes.

---

(1) Les renseignements qui suivent en fournissent la preuve.

Les Prussiens n'ont jamais eu, en batterie, autour de Paris plus de 300 bouches à feu. Au sud, 112 de ces bouches à feu étaient contre-battues par 245 pièces françaises. Dans les attaques de ce côté, ils n'ont eu que 13 bouches à feu atteintes, dont 4 seulement étaient hors de service.

Les pertes totales de l'artillerie de siége, dans les 24 batteries de l'attaque, se sont élevées (pendant *toute la durée* du blocus) à :

    54 hommes tués, dont 6 officiers.
    70 »   blessés grièvement, dont 8 officiers.
    208 »   » légèrement » 18 »

Les pertes en hommes et en matériel de la défense ont été beaucoup plus fortes, à en juger par les chiffres incomplets qu'ont publiés l'amiral la Roncière le Noury et le lieutenant-colonel Prevost.

On peut même dire que, s'il s'agissait uniquement de tirer au loin, un faible relief serait préférable à un relief élevé, qui met les batteries en évidence et rend ainsi leur destruction plus facile.

Les officiers employés dans les batteries prussiennes devant Paris, nous ont certifié qu'ils eurent moins de peine à démonter les pièces des forts que celles des batteries basses, construites dans les intervalles du camp retranché, et qui étaient beaucoup moins en vue. Cette appréciation est confirmée, du reste, par le témoignage des officiers français et par la comparaison des pertes éprouvées dans les batteries basses et dans les forts.

Les hauts reliefs ne sont utiles que pour obtenir un défilement complet des maçonneries et pour plonger les travaux *rapprochés* de l'attaque.

M. le colonel de Villenoisy propose de donner à la fortification un relief de 12 à 15 mètres au-dessus du terrain, *pour le mieux découvrir dons toute l'étendue de la portée des armes actuelles.* Cette proposition est excellente, mais la raison qu'il donne pour la justifier n'a aucune valeur ; en effet, pour découvrir un pli de terrain éloigné qui ne bat point une enceinte à faible relief, il ne suffit pas d'exhausser cette enceinte de quelques mètres (une simple règle de trois le prouve). L'influence du relief, au point de vue de l'action de l'artillerie sur le terrain, ne se fait sentir qu'aux petites distances, et c'est pourquoi Vauban, Cormontaingne, Bousmard, Choumara et d'autres partisans de la défense rapprochée, ont soutenu qu'on ne saurait donner trop de relief aux remparts.

Nous verrons plus loin, en traitant du profil de la fortication, qu'un relief de 10 à 12 mètres au-dessus du terrain naturel est aujourd'hui indispensable pour que le glacis — très-élevé, à cause de la nécessité de couvrir l'escarpe — soit efficacement battu par le canon de l'enceinte.

Ce relief permet de satisfaire à tous les besoins de la défense éloignée et de la défense rapprochée : c'est pourquoi nous n'admettons le principe du double parapet, l'un bas, l'autre haut, que dans des cas exceptionnels dont deux des fronts d'attaque de l'enceinte d'Anvers offrent l'exemple.

Nous développerons et compléterons les *treize* principes généraux exposés ci-dessus, par les recommandations et les préceptes suivants :

A. — Tracé.

Tracer les fronts de manière qu'ils battent efficacement le terrain des attaques, et qu'ils ne soient ni dominés, ni enfilés, ni pris à revers.

Éviter, autant que possible, les petits fronts auxquels il est difficile d'assurer un bon flanquement.

Éviter également toute brisure qui ne serait pas justifiée par la nécessité de soustraire les faces à l'enfilade ou de battre efficacement le terrain des attaques.

L'ingénieur qui sait profiter de la configuration du site pour obtenir ces avantages, possède *l'art de plier la fortification au terrain*.

Toutes les fois que l'emplacement d'une forteresse ou d'un ouvrage n'est pas rigoureusement déterminé par des considérations stratégiques ou géographiques, le mérite de l'ingénieur consistera moins à plier la fortification au site qu'à choisir des emplacements qui ne soient pas dominés, et à proximité desquels il n'y ait pas des ravins ou d'autres accidents de terrain favorables à l'attaque.

Quand les conditions indiquées ci-dessus sont remplies, le problème du défilement ne présente aucune difficulté; aussi Vauban attachait-il peu d'importance à ce problème. Le seul précepte qu'il ait formulé à cet égard, est le suivant : « Quand les commandements (hauteurs) nuisibles sont
» près des places, le mieux est de les occuper par quelque
» bon ouvrage bien contre-miné, si l'on ne peut les raser,
» sinon se bien traverser contre ou s'en éloigner (1). »

Les polygones doivent, autant que possible, être réguliers. Si Vauban a poussé trop loin cette prescription, Cormontaingne est tombé dans un défaut contraire et a commis une faute grave en proposant de substituer aux places régulières, dites *royales*, des places triangulaires dans le genre de celle de Strasbourg.

La régularité du tracé n'est désirable, toutefois, que pour une place pouvant être attaquée de tous les côtés. Lorsque cette circonstance ne se présente pas — et c'est le cas ordinaire, — on doit développer la partie attaquable autant que possible en ligne droite ou suivant une courbe très-aplatie.

B. — Batteries flanquantes.

Établir les batteries flanquantes au centre des fronts, afin qu'elles soient mieux protégées par le corps de place.

---

(1) *Défense des places*, p. 18.

Ce principe admet cependant deux exceptions :

1° Lorsqu'un front est exposé au ricochet et que le tracé n'en peut être modifié, il est avantageux de flanquer ce front, au moyen d'une demi-caponnière occupant l'extrémité la plus rapprochée de l'ennemi. Ce cas se présente pour les fronts latéraux d'un fort de camp retranché, lesquels ne sont, à proprement parler, que des demi-fronts polygonaux;

2° Les fortins, les redoutes et les réduits, à cause du peu de longueur de leurs fronts, ne comportent en général qu'un flanquement de revers (d'artillerie, de mitrailleuse ou de mousqueterie), obtenu au moyen de coffres ou de galeries de contrescarpe.

Ces galeries doivent être mises en communication, par deux passages souterrains, avec l'intérieur de l'ouvrage, afin que le renversement d'une portion de contrescarpe n'ait pas pour effet de couper la retraite à une partie de ses défenseurs. Pour la même raison, chaque coffre doit avoir une ligne de retraite séparée. On évitera, autant que possible, de mettre les coffres en communication l'un avec l'autre, pour que l'ennemi ne puisse pas s'emparer de tous en même temps.

Les batteries flanquantes doivent avoir deux étages de feux :

1° Quand le front peut être attaqué pied à pied;

2° Quand il ne peut pas l'être, et qu'il a une grande importance.

L'étage inférieur, établi à peu près au niveau du fossé, sera casematé, et l'étage supérieur, dominant la crête du glacis, sera tantôt casematé, tantôt à ciel ouvert.

Il sera casematé pour les fronts importants que l'ennemi doit attaquer pied à pied.

On se contentera d'une plate-forme à ciel ouvert, pour les fronts les moins exposés d'une enceinte et pour ceux des forts détachés qui, en raison de leur situation par rapport au terrain ou à d'autres ouvrages, ne peuvent pas être attaqués pied à pied, ni battus en brèche du couronnement du chemin couvert. (Les forts construits sur le roc et ceux d'un grand camp retranché se trouvent dans ce cas.)

L'organisation des batteries basses flanquantes donne lieu à des difficultés et exige des précautions qu'il importe de signaler.

Quelques ingénieurs allemands établissent le sol de ces batteries au niveau du fossé et même au-dessous de ce niveau, de manière que la bouche du canon s'élève à deux, trois ou quatre pieds au-dessus du pied de l'escarpe.

Cette pratique est mauvaise, non-seulement parce qu'elle prive l'artillerie flanquante de l'avantage de plonger les sapes dans le fossé, mais encore parce qu'il suffit, pour masquer cette artillerie, de jeter par-dessus la contrescarpe, devant la batterie, des gabions, des fascines, des sacs à terre, des balles de laine ou d'autres objets faciles à transporter.

On élèvera donc la bouche des pièces flanquantes à 3 mètres environ au-dessus du fond du fossé.

Ce commandement sera augmenté, lorsque le fossé aura une grande longueur ou lorsque son niveau s'abaissera depuis l'angle flanqué jusqu'à la caponnière.

Dans tous les cas où l'on pourra *sans inconvénient* élever davantage les batteries basses flanquantes, il sera utile de le faire; mais cette circonstance se présentera rarement dans la pratique, parce que l'exhaussement des batteries basses aura tantôt pour résultat d'élever les batteries hautes plus qu'il ne convient de le faire, tantôt (lorsqu'elles seront situées en arrière), de soustraire à leur action une plus grande partie de fossé, près de la caponnière.

Les batteries basses ont un inconvénient que le général Tripier a signalé dans les termes suivants : « Des embra-
» sures peu élevées au-dessus du fond du fossé sont tou-
» jours des portes ouvertes à l'ennemi, portes qui exigent
» une grande surveillance. »

Cet inconvénient est réel, mais il n'a pas une grande importance. Prendre en effet une caponnière bien organisée (dont les servants couchent à côté des pièces) en s'introduisant par les embrasures, est une opération si dangereuse et si incertaine, qu'on trouverait bien peu d'hommes assez déterminés pour s'y résoudre, assez habiles pour y réussir. Néanmoins, comme il faut tout prévoir à la guerre pour n'avoir pas de déceptions, nous sommes d'avis qu'il y a lieu de remédier à l'inconvénient dont il s'agit, encore qu'il ne soit guère à redouter.

On y parviendra de trois manières :

1° En adoptant un affût à bouche pivotante qui permette de tirer sous tous les angles de dépression et d'élévation, par une ouverture trop étroite pour livrer passage à un homme armé;

2° En employant des mitrailleuses ou des canons dont le recul soit limité au point que la volée ne quitte jamais l'embrasure;

3° En construisant devant la batterie basse un fossé de

4 à 6 mètres de largeur et de 2 à 4 mètres de profondeur, appelé *fossé diamant*.

Le troisième moyen n'est à conseiller que lorsqu'on peut éviter l'angle mort que forment d'ordinaire les fossés diamant. Nous avons résolu ce problème dans la plupart de nos projets, en construisant le fond des fossés diamant en rampe, de manière à les soumettre au feu des batteries flanquantes.

Les batteries basses sont armées tantôt de canons rayés, tantôt de mitrailleuses.

Dans les fossés où l'ennemi doit exécuter des tranchées ou des passages avant de monter à l'assaut, les canons rayés sont préférables aux mitrailleuses, parce qu'ils peuvent seuls détruire des masses couvrantes en terre ou en gabions (1).

La mitraille de ces canons est plus efficace aussi, quand le fossé a assez de longueur pour que la gerbe puisse se développer convenablement.

Enfin les canons rayés peuvent, bien mieux que les mitrailleuses, empêcher ou retarder la construction des batteries du couronnement ou du chemin couvert, et lutter, dans de bonnes conditions, avec ces batteries.

---

(1) Un colonel du génie français écrivait récemment : « Un seul canon à balles (mitrailleuse) peut diriger, dans l'étroit espace d'un fossé, un feu beaucoup plus redoutable que celui de plusieurs pièces ordinaires. » (La *Fortification actuelle*, par le colonel de Villenoisy.)

Il serait dangereux d'accepter cette opinion, qui est contraire aux résultats les mieux constatés. La mitrailleuse ne peut remplacer le canon que dans les cas spéciaux qui seront indiqués plus loin. Beaucoup d'ingénieurs ont une tendance à exagérer ses propriétés. Avant la campagne de 1870, on la croyait préférable aussi au canon pour la guerre de campagne, mais l'expérience a fait justice de cette appréciation. Il en sera de même pour la guerre des siéges.

Ce n'est que pour flanquer les fossés de peu de longueur et ceux des ouvrages exposés seulement à des attaques de vive force, tentées au moyen d'échelles, soit d'emblée, soit, après le renversement d'une partie de la contrescarpe, que les mitrailleuses sont préférables aux canons, pourvu qu'elles aient un calibre qui permette de briser les échelles, les ponts volants et les autres engins dont l'ennemi peut faire usage.

Les expériences comparatives faites sur le tir de la mitrailleuse Gattling et de l'obusier court de 15 centimètres (voir plus haut, pag. 200) ne laissent pas de doute sur ce point. Aux petites distances, la mitraille des canons et des obusiers n'est pas assez divergente. Pour corriger ce défaut, on devrait tirer avec des charges tellement réduites que les balles ne produiraient plus l'effet voulu.

En revanche, les mitrailleuses construites en France et en Belgique ont l'inconvénient de grouper les balles dans un espace trop étroit; mais, depuis peu, Gattling et d'autres inventeurs sont parvenus à corriger ce défaut par un mécanisme qui imprime à la bouche à feu un léger mouvement latéral pendant le tir (1).

Les flancs hauts doivent être armés de canons rayés, lorsque l'ennemi, pour monter à l'assaut, est obligé de couronner le chemin couvert et de construire un passage de fossé.

---

(1) MM. Christophe et Montigny ont inventé un appareil fort simple, appelé *mouvement latéral*, au moyen duquel la dispersion des balles se fait très-convenablement. On obtient ainsi des *tirs fauchants* à toutes les distances et dispersant les balles autant qu'on le désire.

Sur les fronts exposés seulement à des attaques de vive force, les flancs hauts peuvent être armés de mitrailleuses.

Les flanquements supérieurs de mousqueterie ne sont admissibles que pour les ouvrages de peu d'importance et dans la fortification passagère.

Une petite pièce vaut pour le flanquement 15 fusils (1), et une mitrailleuse Montigny, 25 fusils (2).

Il faut renoncer à faire agir l'artillerie des flancs sur le terrain des attaques.

Ce rôle appartient exclusivement aux faces de l'enceinte et aux dehors. Toute artillerie qui bat au loin peut être contre-battue de loin ; or la fortification n'a pas de principe plus incontestable que celui-ci : conserver les batteries flanquantes intactes jusqu'au moment où leur véritable rôle doit commencer.

La longueur des flancs n'est pas arbitraire ; elle est déterminée par la largeur des fossés, laquelle est limitée par la nécessité de couvrir les revêtements d'escarpe. Les flancs trop petits sont défectueux non-seulement parce qu'ils donnent moins de feux, mais encore parce qu'ils ne voient pas à revers les brèches du corps de place et que leur artillerie peut être masquée par les décombres de ces brèches. Il faut donc qu'ils aient le plus de longueur possible.

C. — Profil.

Nous appellerons *relief au-dessus du sol* la différence de

---

(1) *Oestreichische militair zeitung* de 1864.
(2) Expérience faite au polygone de Brasschaet, au mois d'août 1870.

niveau entre le terrain naturel et la crête du parapet ; *relief absolu* ou *total*, la différence de niveau entre cette crête et le plafond du fossé.

Quelques auteurs confondent le *relief* avec le *commandement*.

Pour éviter cette confusion et rectifier les définitions incomplètes que l'on a données du mot *commandement*, nous distinguerons deux espèces de commandements :

1° Le *commandement sur un plan* (par exemple le glacis), qui est la différence de niveau entre ce plan et la crête du parapet. (Lorsque le plan passe au-dessus de la crête, le commandement est négatif.)

2° Le *commandement sur une crête ou sur un point*, qui est la différence de niveau entre les deux crêtes ou entre une crête et le point désigné du terrain extérieur ou des dehors.

A commandement égal, l'*efficacité du commandement* est proportionnelle à l'angle que forme avec l'horizon la ligne qui joint la bouche du canon au point à battre (*ligne de tir*).

La nécessité de plonger les travaux rapprochés de l'assiégeant, de découvrir les plis de terrain dans le voisinage de la place et surtout de battre directement les glacis à grand relief — indispensables pour défiler les escarpes — oblige à donner à l'enceinte un relief au-dessus du sol de $10^m,50$ à $11^m,50$.

Pour justifier ces chiffres, nous rappellerons :

1° Que les canons de l'étage supérieur de la caponnière doivent avoir un commandement minimum de $1^m,50$ sur la crête du glacis, laquelle — ainsi que nous le verrons plus loin — exige un relief de $3^m,50$ à $4^m,50$. (Par conséquent, le sol de cet étage sera au niveau de la crête, les affûts de casemate ayant une hauteur de genoullière de $1^m,50$ environ);

2° Que la terre qui couvre la caponnière s'élève à $5^m,50$ au-dessus du sol de celle-ci (soit à la cote 19 ou 20);

3° Que le corps de place doit avoir un commandement d'au moins $1^m,50$ sur la caponnière, ce qui porte la cote à $20^m,50$ ou $21^m,50$ (correspondant à un relief de $10^m,50$ ou $11^m,50$).

Lorsque l'étage supérieur de la caponnière est à ciel ouvert, la crête du parapet de la plate-forme commandera de $2^m,50$ la crête du glacis; elle sera donc à la cote 16 ou 17, et, par suite, la crête du corps de place ne devra s'élever qu'à la cote $17^m,50$ ou $18^m,50$ (correspondant à un relief de $7^m,50$ ou $8^m,50$).

La condition de limiter à 14 mètres la largeur du fossé (nous la justifierons plus loin) et de porter à $10^m,50$ ou $11^m,50$ le relief du corps de place, semble exclure une autre condition non moins importante, celle de battre le chemin couvert de feux directs d'artillerie et de mousqueterie. La vieille école française s'en était affranchie, puisque la plongée de ses demi-lunes ne rencontrait le terre-plein du chemin couvert qu'au pied du talus de la banquette; mais c'était évidemment un défaut.

Nous posons en principe que le prolongement de la plongée, supposée inclinée au sixième, doit passer au plus à $0^m,50$ au-dessus du bord intérieur du chemin couvert.

Lorsqu'il en est ainsi, le plan des embrasures, mené

parallèlement à la plongée et à $0^m,50$ sous la crête du parapet, rencontre exactement le bord intérieur.

Dans certains cas, il sera utile de battre au-dessous de cette ligne, par exemple, quand l'ennemi devra enterrer ses batteries profondément dans le chemin couvert, pour faire brèche à l'escarpe ou pour échapper à des feux de revers plongeants.

La pente maximum des glacis dans les fronts exposés seulement à des attaques de vive force, doit être réglée de telle sorte que les projectiles qui rasent la crête du glacis passent à 1 mètre au-dessus du pied.

Dans le cas de fronts pouvant être attaqués pied à pied, le prolongement du plan du glacis doit passer au moins à $0^m,50$ sous la ligne de feu du rempart (1).

Plus cette distance sera grande, plus les cheminements sur le glacis seront plongés et, par conséquent, difficiles à exécuter.

Cormontaingne préconise ce qu'il appelle le *commandement du canon*, c'est-à-dire une disposition telle, que le projectile dirigé sur la queue du glacis passe à 3 ou 4 pieds au-dessus de la palissade « (afin de ne tuer personne dans
» le chemin couvert et de voir commodément ce qui se
» passe dans la campagne). »

---

(1) « Le général Noizet dit : qu'on est généralement dans l'usage de faire passer les
» plans de glacis à un mètre au-dessus des crêtes, bien qu'à la rigueur on puisse se
» contenter de les faire passer à $0^m,50$ ou même seulement à $0^m,30$, en supposant les
» pièces montées sur affûts de place. Quant aux faces qui ne sont pas susceptibles de
» porter de l'artillerie, il suffit que les plans de glacis passent immédiatement au-
» dessous de leurs crêtes. »

Le colonel Tunkler fixe à 1 pied le commandement minimum du parapet sur le plan du glacis.

Les glacis à pente douce sont donc les meilleurs ; on ne donnera le maximum de roideur qu'à ceux qui peuvent être battus à revers ; les cheminements offrent alors des difficultés d'autant plus grandes que l'inclinaison du glacis est plus forte.

Lorsque dans la pratique on cherche à réaliser ces diverses conditions, on reconnaît qu'il n'est possible d'y satisfaire qu'en reculant la ligne de feu du rempart.

Cette nécessité n'a rien de fâcheux pour la défense, puisqu'elle se concilie très-bien avec l'établissement d'une escarpe détachée ou d'un chemin de ronde et avec la construction de plusieurs bermes.

Nous avons eu souvent l'occasion d'insister sur l'utilité de ces bermes étagées, qui permettent de réparer facilement les dégâts résultant de l'explosion des projectiles. A cet égard nous sommes entièrement de l'avis du général Todleben, qui préconise l'emploi de deux bermes, l'une située à peu près au niveau du terrain naturel, l'autre à 3 mètres environ sous la crête extérieure de la plongée.

Lorsque les terres peuvent se soutenir sous un talus de 45°, on donnera au talus extérieur une inclinaison des $4/5$ ou des $3/4$, pour prévenir les éboulements pendant la construction des ouvrages et diminuer l'effet des obus pendant le siége (1). (Voir pl. VII, fig. 4, profil $e f g$.)

Une autre disposition recommandée par le célèbre ingénieur russe, et qui offre également de grands avantages, consiste à éloigner plus encore le parapet en donnant

---

(1) Plus le talus est doux, plus, après l'explosion, il retombe de terres dans l'entonnoir.

au talus extérieur une pente de $^1/_2$ à partir de la 1re berme (au niveau du terrain naturel), sauf à supprimer la seconde et à planter des broussailles épineuses sur le talus jusqu'à 2 ou 3 mètres au-dessous de la crête extérieure de la plongée. (Voir pl. VII, fig. 4, profil *a b c d*.)

Il sera très-difficile de produire des éboulements dans un talus aussi doux, et l'escalade sera fortement contrariée par les broussailles qui, arrêtant à chaque pas les assaillants, les empêcheront de monter avec l'ensemble nécessaire pour déloger les défenseurs du rempart.

Nous avons depuis longtemps insisté sur cette propriété des plantations et sur l'utilité d'un rideau de genêts ou de jeunes arbres, planté soit au milieu de la plongée, soit sur la berme la plus élevée, pour diminuer les dangers du tir à barbette et cacher aux vues de l'ennemi les mouvements qui se font sur le rempart (Voir T. II, chap. XII, de nos *Études sur la défense des États, etc.*)

Nous recommandons, en outre, de planter une haie sur le bord extérieur de chaque berme, pour soustraire les travailleurs aux vues de l'ennemi, pour arrêter les terres provenant de la dégradation du talus extérieur et pour opposer aux attaques de vive force un obstacle difficile à détruire.

La fig. 4, pl. VII, montre quelles sont les conséquences du recul du parapet, la hauteur du rempart restant invariable (11^m,00); ces conséquences sont les suivantes :

Plus le parapet est éloigné de l'escarpe, mieux le chemin couvert est battu (voir les profils *a b c d* et *m n o p*). En revanche, la difficulté de plonger le glacis augmente avec l'éloignement de la ligne de feu (voir ces mêmes profils).

Le profil moyen *a e f g*, avec deux bermes de deux

mètres de largeur, séparées par des talus inclinés au $4/5$, se trouve dans des conditions très-satisfaisantes, puisque le coup de feu, tiré suivant une plongée inclinée au sixième, passe à $0,^m08$ sous le pied du talus de la banquette du chemin couvert, et que le coup de feu tiré suivant une plongée du septième, passe à $1^m,28$ au-dessus de ce pied.

Dans les mêmes conditions, le plan du glacis, supposé incliné au douzième, passe à $1^m,60$ au-dessous de la ligne de feu de rempart.

Le profil $m\ q\ r\ s$ montre que la substitution d'une escarpe terrassée avec chemin de ronde, à une escarpe détachée, a pour résultat de diminuer la distance entre le parapet et le fossé et de permettre ainsi d'obtenir le même commandement sur le glacis, avec un relief ayant un mètre de moins ; mais alors le prolongement de la plongée, supposée inclinée au sixième, passe à $0^m,86$ au-dessus du pied du talus de la banquette.

Il résulte de là que, pour satisfaire à la condition importante de battre de feux directs le chemin couvert, on doit ou bien éloigner davantage le parapet, ce qui nuit à l'autre condition (celle de plonger le glacis), ou bien lui donner un relief minimum au-dessus de sol de 11 mètres. C'est à cette dernière solution que nous donnerons la préférence, lorsqu'il s'agira d'une place ou d'un fort pouvant être attaqué pied à pied.

Dans le cas où l'on ne devra se prémunir que contre une attaque de vive force, il ne sera pas nécessaire que le glacis soit plongé de l'enceinte ; on pourra alors diminuer le relief au-dessus du sol et reculer le parapet de telle sorte que le prolongement de la plongée (supposée inclinée au sixième) passe à 1 mètre au-dessus du bord intérieur du chemin couvert et que le coup de feu rasant la crête, passe à 1 mètre au-dessus du pied du glacis.

Vauban et Cormontaingne inclinaient généralement la plongée au $1/9$.

Noizet fixe la limite supérieure de cette inclinaison à $1/6$: « Il est difficile, dit-il, d'obtenir du soldat qu'il tire sous » une inclinaison plus forte, parce que ce tir oblige à ex- » poser une plus grande partie de son corps.

Mais cette raison n'a pas de valeur ; souvent, en effet, on a vu les défenseurs du rempart monter sur la plongée pour repousser les colonnes d'attaque (1).

Le vrai motif pour lequel il convient de ne pas incliner davantage la plongée, c'est que plus sa pente est forte, plus il est facile à l'ennemi d'écrêter le parapet.

Dans le cours de Metz, il est dit que le parapet devient trop mince lorsque la plongée a plus de $1/5$. Toutes les fois qu'il sera nécessaire de tirer sous une inclinaison plus forte, on élèvera la banquette plutôt que d'affaiblir le parapet. C'est ce que fit le général Todleben à Sébastopol, en réduisant de $1^m,30$ à $0^m,90$ la différence de niveau entre la banquette et la ligne de feu.

---

(1) A Sébastopol, pendant l'assaut du 18 juin, les Russes montèrent sur la plongée pour repousser l'attaque de Brunet contre la courtine du front Malakoff. « Ils produisirent, dit le général Niel, un effet terrible. »

Le même fait s'était produit à Silistrie ; il avait frappé le général Todleben, qui se trouvait à ce siége.

Dans nos projets, nous donnerons rarement à la plongée une inclinaison supérieure à $1/7$. Cette inclinaison sera réglée, du reste, pour chaque cas d'après la position des objets à battre.

Vauban, à propos de la défense de Mayence, pendant laquelle beaucoup de soldats avaient été blessés et tués dans le chemin couvert par leurs camarades tirant du haut du rempart, disait : « Si j'étais le maître, je dirigerais toujours la plongée sur la pointe des palissades du chemin couvert (1). »

Mais cette opinion n'a pas été admise par les ingénieurs français et nous ne l'admettons pas davantage, parce qu'il est indispensable que la mousqueterie puisse atteindre les travaux de l'ennemi dans le chemin couvert.

Les expériences citées dans le chapitre III prouvent que les maçonneries doivent être défilées contre les coups directs, tirés sous une élévation telle, que la trajectoire forme avec l'horizon, au point de chute, un angle de 14°, correspondant à l'inclinaison du $1/4$.

Lorsque la batterie de brèche se trouve au-dessus ou au-dessous du niveau de la masse couvrante, l'angle du $1/4$ doit être pris par rapport au plan (2) passant par la crête de cette masse et la bouche des pièces (3).

---

(1) Voir les mémoires de Thomassin, secrétaire de Vauban, cités par le commandant de Villenoisy.
(2) Ce plan porte le nom de *plan de site*.
(3) Cette règle n'est pas rigoureusement exacte ; mais la différence que donne le calcul n'est pas assez importante pour qu'il soit nécessaire d'en tenir compte.

De là découle la règle suivante :

1° La masse couvrante étant donnée, pour déterminer le cordon du revêtement, mener un plan tangent au terrain dangereux, relevé de $1^m,50$; chercher l'intersection de ce plan avec le plan vertical du revêtement et abaisser le cordon au-dessous de cette ligne d'une quantité égale au $1/4$ de la distance horizontale entre la crête et le mur ;

2° Le cordon étant donné, pour trouver la hauteur de la masse couvrante, mener par ce cordon un plan tangent au terrain dangereux relevé de $1^m,50$; chercher l'intersection de ce plan avec le plan vertical passant par la crête de la masse couvrante, et relever cette ligne parallèlement à elle-même d'une quantité égale au $1/4$ de la distance horizontale entre la crête et le revêtement.

Lorsqu'une escarpe aura été défilée d'après ce principe, il sera sinon impossible, au moins très-difficile, d'y faire brèche, au moyen de batteries construites dans le couronnement.

Déjà en 1808, Dobenheim enseignait, à l'école de Metz, que, pour rendre les places imprenables, il suffirait de placer la tablette du revêtement dans un plan de défilement incliné au sixième et passant par la crête du glacis. Pour justifier cette opinion, il soutenait que le canon de brèche ne peut pas tirer, sous l'horizon, a plus de 10 degrés, angle correspondant à l'inclinaison de $1/6$ environ.

Mais, en 1836, on fit brèche à l'ouvrage à cornes de la citadelle de Metz, en tirant sous l'inclinaison des $2/7$, et cette expérience prouva que les affûts n'avaient point souffert.

Cependant il ne faudrait pas conclure de là qu'il est facile de faire brèche en tirant sous l'inclinaison du $1/3$ ou du $1/4$. Le général Noizet fait à ce propos une réflexion qui nous semble très-judicieuse.

« Tous les ingénieurs, dit-il, savent qu'il est possible de
» tirer le canon de haut en bas, sous une très-forte incli-
» naison ; mais ce qu'ils savent aussi, c'est qu'il est à peu
» près impossible d'établir une batterie en terre dans de pa-
» reilles conditions. Il faudrait, pour cela, ou donner une
» trop grande profondeur à ses embrasures, ce qui lui enlè-
» verait toute solidité, ou élever la culasse et, par suite,
» le corps du canonnier pointeur au-dessus du parapet,
» ce qui rendrait cette batterie intenable.

» Le service de l'artillerie a déjà bien de la peine à ad-
» mettre le tir à l'inclinaison de $1/6$, et il ne se départira
» pas de ses pratiques tant qu'un nouveau système de
» matériel n'aura pas été imaginé. »

Choumara est également de cet avis (1).

On peut donc admettre qu'un revêtement à l'abri des coups éloignés, tirés sous l'angle de 14° ($1/4$), sera également à l'abri du tir rapproché, ou forcera tout au moins l'assiégeant à enterrer profondément ses batteries de brèche, après avoir renversé ou écrêté une partie de la contrescarpe.

Les maçonneries les moins importantes sont suffisam-

---

(1) Voir p. 106 de l'édition de 1847.

ment protégées, lorsqu'elles ne peuvent être atteintes par des projectiles dont l'angle de chute (mesuré par rapport au plan de défilement) est de 9° 30′ ou de $1/6$.

Lorsque, dans la pratique, on ne pourra pas remplir ces deux conditions, on combinera le profil de telle sorte que la destruction de la partie exposée du revêtement ne produise pas de brèche praticable, ou ne rende pas trop facile une attaque de vive force.

On atteindra ce but en construisant un chemin de ronde derrière les parties exposées du revêtement, ou en reculant le parapet, comme l'a proposé Choumara.

D. — Revêtement de l'escarpe.

Les corps de place à fossés secs doivent avoir des escarpes revêtues, non-seulement pour être à l'abri de l'escalade, mais encore pour obliger l'assiégeant, soit à établir des batteries de brèche dans le couronnement ou sur le bord du fossé, soit à renverser une partie de l'escarpe, au moyen de fourneaux de mine.

Le dernier moyen n'est praticable que dans le cas exceptionnel où les feux de flancs sont éteints et les sorties rendues impossibles. Ce cas s'est présenté en 1832 au siége de la citadelle d'Anvers. Les Français attachèrent le mineur à la face gauche de la lunette Saint-Laurent, qui n'était pas flanquée (la ville ayant été déclarée neutre), et dont ils approchèrent au moyen d'un radeau. Malgré ces conditions favorables, les fourneaux ne purent jouer qu'à la fin de la 4ᵉ nuit.

A Stenay, du temps de Vauban, et à Astorga, en 1810,

les sorties et les feux de la place empêchèrent qu'on n'attaquât l'escarpe à la mine.

Quant au 2e moyen (l'établissement de batteries de brèche dans le couronnement), il offre de très-grandes difficultés, surtout depuis l'introduction de l'artillerie rayée, dont les obus dispersent si facilement les parapets et les gabionnades.

Moins pratique encore est le 3e moyen, qui fut employé en 1734 au siége du château de Traerbach et qui consiste à combler le fossé avec des terres et des fascines apportées de loin. Il ne faut pas, en effet, que le fossé soit bien profond pour que ce travail exige autant de jours que le fossé à de mètres de largeur.

L'escarpe revêtue prolonge donc efficacement la durée de la défense. On ne peut y renoncer que dans des cas exceptionnels, pour des ouvrages d'une importance secondaire (tels que lunettes, fortins et dehors) ou quand les crédits alloués sont insuffisants, circonstance qui ne laisse pas de se présenter souvent.

Il va sans dire que dans ce cas on devra augmenter la largeur du fossé et la puissance des batteries flanquantes, pour compenser dans une certaine mesure, la faiblesse résultant de la suppression du revêtement.

Les anciens ingénieurs donnaient au revêtement d'escarpe 10 mètres de hauteur.

La nécessité de mieux couvrir les maçonneries et d'éviter les inconvénients d'une trop grande profondeur de fossé ont fait réduire cette hauteur à 8 mètres; on peut même se contenter de 5 à 6 mètres pour les escarpes des dehors, qui ont bien moins d'importance que celles du corps de place, et pour les murs détachés, qui opposent à l'ennemi une double difficulté, celle de l'escalade et celle de la descente (1).

Nous ferons observer, du reste, que depuis l'invention des armes à tir rapide, les attaques de vive force sont devenues beaucoup plus difficiles, ce qui permet d'être moins exigeant quant aux obstacles matériels.

En Amérique et devant Paris, on a vu de très-braves soldats échouer dans l'attaque de faibles retranchements défendus par deux rangs de fusiliers et couverts par des abatis ou des réseaux de fils de fer.

Les dimensions indiquées plus haut n'ont donc rien d'absolu.

Lorsque la contrescarpe est très-élevée et le flanquement très-efficace, on peut sans inconvénient réduire la hauteur de l'escarpe.

Les murs détachés étant plus difficiles à escalader que les murs terrassés, surtout quand ils sont terminés en cape, on les emploiera de préférence pour les forts d'un grand pivot stratégique, ainsi que pour les ouvrages isolés et les fronts qui, en raison du site, ne peuvent pas être attaqués pied à pied.

Ces murs ont, du reste, d'autres propriétés qui en recommandent l'emploi : ils coûtent moins, se construisent plus

---

(1) A Belfort, on a vu une colonne prussienne, munie de tout ce qu'il fallait pour attaquer de vive force l'ouvrage détaché *les basses Perches*, se laisser faire prisonnière dans le fossé de cet ouvrage, parce qu'elle ne sut ni escalader le revêtement d'escarpe de 3 mètres de hauteur, ni franchir la contrescarpe, taillée dans le roc, et qui avait également 3 mètres de hauteur.

vite que les murs terrassés et n'exigent pas de grands mouvements de terre, ce qui les rend précieux pour les ouvrages demi permanents et pour les fronts avec talus en terre qu'il est nécessaire de renforcer après leur achèvement ; ils exigent aussi moins de réparations, et ces réparations peuvent se faire sans déblais préalables; quoique plus faciles à détruire, ils se prêtent moins bien à la formation de brèches praticables que des murs terrassés, dont le renversement a pour effet d'entraîner le parapet dans le fossé; enfin, ils permettent d'agir sur les flancs des colonnes d'assaut, au moment où celles-ci franchissent le couloir qui longe le talus extérieur.

En revanche, ils ont l'inconvénient de diminuer l'espace intérieur des ouvrages, de créer au pied du talus extérieur un couloir difficile à battre avec l'artillerie du parapet (dans les tracés angulaires) et d'exposer aux coups d'enfilade et aux éclats des projectiles creux, les fusiliers placés derrière les créneaux.

Mais on peut éviter ces inconvénients en augmentant les dimensions des ouvrages, en renonçant aux tracés angulaires et en ne crénelant pas les murs.

Les créneaux ont, du reste, le défaut d'affaiblir la maçonnerie ; cette raison, jointe aux autres, doit y faire renoncer partout où ils ne sont pas nécessaires pour supprimer un angle mort (1).

Une haie vive, plantée au pied du talus extérieur, aug-

---

(1) Les créneaux sont très-utiles encore vis-à-vis des endroits où l'ennemi doit établir des batteries ou des logements sur le bord de la contrescarpe, mais cet avantage ne compense pas l'inconvénient signalé plus haut.

mente la valeur du mur détaché, en opposant à l'ennemi un obstacle difficile à détruire et à franchir. Cet obstacle sera utile surtout, dans les petits forts dont l'escarpe est quelquefois reliée au talus extérieur par des palissades, des grilles ou des murs transversaux (voir pl. XXIII), pour que l'ennemi, après avoir franchi l'escarpe, ne monte pas à l'assaut par plusieurs points à la fois. Alors la haie vive empêche que l'assaillant ne tourne les cloisons transversales par le haut du talus.

Les murs détachés les plus solides et les plus difficiles à battre en brèche sont ceux qui ont des contre-forts espacés de 6^m,50 (voir pl. IV, fig. 5) ; mais les murs sans contreforts sont préférables, lorsqu'on peut les flanquer des deux côtés, parce que les contre-forts procurent aux assaillants un abri contre les feux de la caponnière.

L'escarpe terrassée, composée de voûtes en décharge, convient mieux pour les fronts qui doivent être attaqués pied à pied. La destruction de cette escarpe présente, en effet, plus de difficultés que celle d'une escarpe détachée, d'égale longueur. D'un autre côté, dans la première le dégât se borne à la partie détruite, tandis que dans l'autre, toute la berme tombe au pouvoir de l'ennemi dès que l'escarpe est ouverte sur un point.

Il résulte de là que, pour empêcher l'ennemi de s'étendre à droite et à gauche de la brèche, il est nécessaire de composer l'escarpe de voûtes en décharge remplies de terre.

La transformation de ces voûtes en logements ou en magasins, n'est admissible que pour les parties où l'assiégeant ne peut pas faire brèche. (A cette catégorie appartiennent généralement les escarpes situées en arrière des caponnières). Cependant l'on sera quelquefois obligé de se départir de ce principe, soit pour créer des locaux à l'épreuve (lorsque les crédits alloués ne suffisent pas pour en établir sous les remparts), soit pour flanquer des parties de fossés qui ne sont pas battues par l'artillerie des caponnières.

Les voûtes employées comme abris ou comme magasins, seront pourvues de créneaux, et leur sol devra s'élever à 1 mètre au moins au-dessus du plafond du fossé, pour que les assaillants ne puissent pas boucher les créneaux ou y introduire le bout de leur fusil.

Cette hauteur sera portée à 2 mètres toutes les fois qu'il y aura possibilité de le faire, pour augmenter les difficultés du pétardement. On atteindra à peu près le même but, lorsque le sol ne pourra pas être exhaussé d'autant, en donnant au mur de masque une épaisseur de 2 mètres jusqu'à la hauteur des créneaux. La partie supérieure de ce mur aura $1^m,40$ d'épaisseur.

Il ne suffit pas que les voûtes en décharge soient à l'épreuve de la bombe, il faut encore que les obus tirés sous un angle de $1/4$ aient 3 à 4 mètres de terre à traverser avant d'atteindre les chapes de ces voûtes.

On satisfera à cette condition en élevant le mur de masque à 1 mètre environ au-dessus des chapes (Voir le profil, fig. 16, pl. IX).

E. — Chemin de ronde.

Les ingénieurs modernes ont ratifié l'opinion des anciens

sur l'utilité du chemin de ronde, dont le but est de faciliter la surveillance du fossé (1) et la réparation du talus extérieur.

Cette dernière propriété est devenue précieuse, surtout depuis l'introduction des canons rayés et l'emploi exclusif des projectiles creux.

Le chemin de ronde empêche qu'une partie des terres, tombant au pied de l'escarpe, ne facilite l'escalade ou ne gêne le flanquement.

La mousqueterie qui part de ce chemin est très-redoutable pour les contre-batteries et les batteries de brèche ; toutefois cet avantage a perdu de son importance depuis que l'on a été obligé de réduire la largeur du fossé pour mieux couvrir l'escarpe. On peut, en effet, du couronnement du chemin couvert, lancer à la main des grenades dans le chemin de ronde, avec plus de succès que de celui-ci on ne peut en lancer dans la tranchée du couronnement.

Le chemin de ronde a encore une autre propriété qui n'est point à dédaigner : la masse couvrante étant reportée en arrière de l'escarpe, celle-ci ne doit plus être aussi épaisse et ne provoque plus en s'éboulant la chute du rempart et le comblement du fossé.

Cette propriété est plus utile aujourd'hui qu'elle n'était autrefois, parce que la nécessité de mieux couvrir les escarpes oblige à réduire considérablement la largeur du fossé.

---

(1) En effet, l'observateur placé sur le chemin de ronde voit mieux la nuit ce qui se passe dans le fossé et dans le chemin couvert, que l'observateur placé derrière le parapet.

Le seul inconvénient du chemin de ronde est de créer un palier qui permet à l'assiégeant de se remettre en ordre, de s'étendre à droite et à gauche, de monter sur un plus grand front, d'envelopper l'assiégé et de tourner les retranchements (1), mais cet inconvénient a peu de gravité, parce que, généralement, le ressaut entre la brèche et le chemin de ronde est trop élevé pour que les troupes, montant à l'assaut, puissent le franchir. On le fera, du reste, disparaître à peu près complétement en construisant des murs, des grilles ou des haies en travers du chemin de ronde ou en établissant, sur ce chemin, des chevaux de frise, à droite et à gauche de la brèche.

Dans certains cas, il est avantageux de créneler le mur qui borde le chemin de ronde (auquel on donne alors $2^m,30$ de hauteur). Dans d'autres, il suffit d'y pratiquer des ouvertures qui permettent aux sentinelles de voir ce qui se passe dans le fossé. Quand il n'est pas nécessaire de tenir longtemps des troupes dans le chemin de ronde, exposées au feu de la mousqueterie ennemie, on peut réduire la hauteur du mur à 2 mètres, en y adossant une banquette de $0^m,70$ de hauteur, ou à $1^m,30$, en supprimant cette banquette. La dernière disposition permet de voir dans le fossé et de tirer au besoin quelques salves sur la crête du glacis et sur le bord de la contrescarpe, sans trop exposer les fusiliers.

On donne généralement au mur de ronde 1 mètre d'épaisseur.

---

(1) Nous ne considérons pas comme sérieux cet autre défaut reproché au chemin de ronde « d'arrêter ce qu'on veut jeter dans le fossé pour entraver le passage ou empêcher le mineur ennemi de s'attacher au revêtement; » on peut, en effet, lancer ces objets du chemin de ronde tout aussi bien que du rempart.

Logiquement, il faudrait ou bien réduire cette épaisseur pour que les projectiles pussent traverser le mur sans l'ébranler, ou bien la rendre supérieure à la plus grande pénétration du projectile du 24 rayé.

Dans le premier cas, $0^m,40$ suffiraient ; dans le second, il faudrait $1^m,50$ environ.

Nous sommes d'avis que la dimension la moins forte doit être préférée, non-seulement parce qu'on diminue ainsi la dépense des deux tiers environ, mais encore parce qu'il est avantageux d'opposer à l'artillerie nouvelle des murs que les projectiles traversent avant d'éclater. Lorsque l'explosion a eu lieu dans la maçonnerie même, les dégâts sont beaucoup plus grands, l'effet du choc s'ajoutant à celui de l'ébranlement (1).

On a pu constater récemment à Strasbourg et à Paris que des murs minces, atteints par un grand nombre de projectiles, étaient restés debout et ne présentaient que des ouvertures par lesquelles un homme n'aurait pu passer.

Le mur de ronde n'eût-il d'autres propriétés que d'exhausser à peu de frais le revêtement de l'escarpe, cette propriété suffirait déjà pour en justifier l'emploi dans la plupart des cas.

F. — Revêtement de contrescarpe.

La contrescarpe, lorsqu'elle est revêtue, augmente les

---

(1) Nous avons depuis longtemps insisté sur cette propriété des murs minces, et soutenu qu'il serait utile d'employer, pour les murs de ronde, les murs de gorge, etc., le béton congloméré de Coignet, que les projectiles traversent sans y produire de crevasses et sans en détacher des éclats.

difficultés de l'attaque de vive force, protége en flanc les troupes de sortie dirigées contre le passage du fossé, le pied de la brèche ou le saillant couronné (1), et diminue la distance entre l'escarpe et la crête du glacis.

Tournant pour ainsi dire le dos à l'ennemi, la contrescarpe est à l'abri des coups éloignés. Cette propriété remarquable a fait croire à quelques ingénieurs (2) qu'il n'est pas nécessaire de revêtir l'escarpe, lorsque la contrescarpe est très-élevée; c'est une erreur. La suppression du revêtement d'escarpe aurait pour résultat certain d'affaiblir la résistance des places contre les attaques brusques et contre les attaques pied à pied. En effet il est plus facile de franchir un mur en descendant qu'en montant. De braves soldats n'hésiteront point à sauter dans un fossé, même très-profond, lorsqu'on y aura jeté au préalable du fumier, des sacs de laine ou du foin mouillé; mais, pour escalader un mur, il leur faudra nécessairement des échelles, difficiles à porter et à manier, et que détruira sans peine la mitraille des batteries flanquantes. Un mur de 5 à 8 mètres de hauteur, placé au pied du talus d'escarpe, ou adossé au rempart, augmentera donc considérablement les difficultés de l'attaque de vive force. Quant à l'attaque pied à pied, lorsqu'il n'existe pour tout obstacle qu'une contrescarpe

---

(1) Quand la contrescarpe est en terre, les troupes qui se tiennent dans le couronnement peuvent se jeter sur le flanc des sorties.

(2) Entre autres Marescot, qui voulait des escarpes à terre coulante et de hautes contrescarpes revêtues, des abris voûtés sous les remparts et, sur ceux-ci, des cavaliers pour dominer au loin la campagne.

revêtue, il suffit de renverser cette contrescarpe par la mine pour monter à l'assaut (1).

Il est à remarquer aussi qu'une contrescarpe élevée prive la place de ses communications avec l'extérieur et rend impossible la défense active.

Au delà d'une contrescarpe sans communications avec le fossé, on ne peut pas non plus établir des troupes de garde ou faire de grandes sorties ; et si, pour éviter cet inconvénient, on construisait de larges rampes dans la contrescarpe, la sûreté du corps de place serait compromise.

La hauteur de la contrescarpe n'est soumise à aucun principe absolu. Tout ce qu'on peut dire à cet égard, c'est qu'un soldat armé ne peut pas sans danger sauter d'emblée dans un fossé (2) de plus de 4 mètres de profondeur. D'un autre côté, une contrescarpe de cette hauteur suffit pour causer la perte de l'ennemi en cas d'assaut repoussé, aucun soldat ne pouvant franchir un pareil obstacle sans le secours d'échelles. On donnera donc à la contrescarpe 4 à 10 mètres de hauteur, suivant l'importance des fronts ; plus elle sera élevée, plus il sera facile de couvrir l'escarpe par la crête du glacis.

Pour diminuer la hauteur de la contrescarpe sans élargir le fossé ou sans diminuer le relief du corps de place, on construira le fossé en pente depuis la contrescarpe jusqu'à

---

(1) Il va sans dire que si le talus d'escarpe était incliné à 45 degrés ou à 5 de base pour 4 de hauteur, et qu'il fût intact, l'assaut ne réussirait point. Pour franchir un talus gazonné de cette inclinaison, il faut au préalable le bouleverser à coups de canon ou à coups de pioche.

(2) C'est-à-dire avant qu'on y ait jeté des balles de laine, des bottes de foin ou du fumier, pour amortir la chute.

2 ou 3 mètres de l'escarpe. Entre ce point et le pied du revêtement, le plafond sera incliné en sens inverse, pour l'écoulement des eaux (1).

Lorsqu'un front, un ouvrage isolé ou un ouvrage détaché n'est exposé qu'à des attaques brusques, sa contrescarpe se composera d'une galerie crénelée. Le feu de cette galerie suffira pour empêcher que l'assaillant ne descende dans le fossé, même quand l'artillerie flanquante sera démontée.

Pour les fronts et les ouvrages pouvant être attaqués pied à pied, une contrescarpe crénelée serait plus nuisible qu'utile. En effet, l'assiégeant doit, pour atteindre le pied de la rampe de la brèche, ou bien renverser la contrescarpe dans le fossé, ou bien faire une descente et percer le revêtement vis-à-vis de cette rampe. Or la première opération comme la seconde lui livrera la galerie de contrescarpe, dont il expulsera facilement les défenseurs et dans laquelle il établira ensuite les matériaux nécessaires pour la construction du passage, des logements sur la brèche, etc. Cette galerie lui procurera un excellent couvert pour les colonnes d'assaut et les troupes de réserve. Elle lui permettra aussi, — en plaçant des tirailleurs derrière les créneaux à droite et à gauche du débouché, — de repousser les sorties que fera l'assiégé contre la descente ou contre le passage du fossé. Enfin elle lui fournira le moyen de s'emparer du système de mines qui s'étend au delà et en deçà de la contrescarpe.

---

(1) Cette disposition est appliquée aux forts détachés de Metz et recommandée par le général Todleben.

Pour toutes ces raisons, l'on doit condamner les galeries de contrescarpe et adopter soit un revêtement plein, soit un revêtement en décharge à terres coulantes; c'est ce dernier mode de construction que nous préférons, parce qu'il offre plus de garanties contre le renversement par la mine.

Dans quelques places (par exemple, la citadelle de Gand) on a laissé les voûtes de la contrescarpe ouvertes; mais nous préférons les fermer au moyen d'un mur mince, pour empêcher que des soldats ennemis, descendus dans le fossé, ne se mettent à l'abri des feux flanquants en s'adossant aux extrémités des pieds-droits.

Pour diminuer l'effet des fourneaux de mine, on évitera de combler les voûtes en décharge; plus on y laissera de vides, moins il y aura de terre projetée dans le fossé.

Devant les angles flanqués, la contrescarpe est généralement arrondie.

Pour que les feux flanquants ne détruisent pas ces parties et aussi pour que la mitraille ricoche dans le fossé de la face voisine (ce qui augmente ses effets), on augmentera l'épaisseur du mur de masque aux arrondissements, et on le construira en pierres dures.

Cette dernière précaution sera utile encore, lorsque la contrescarpe se composera d'un mur terrassé.

Dans certains cas on devra, par mesure d'économie, remplacer la contrescarpe revêtue par une contrescarpe en terre, à laquelle on donnera alors le maximum de roideur, en employant les précautions indiquées par les anciens ingénieurs. Ceux-ci, pour soutenir les terres sous des talus ayant 1 de base sur 3 et même 10 de hauteur, employaient le procédé suivant, qui n'a été abandonné en France qu'après la mort de Vauban :

« Les terres les plus consistantes étaient choisies et triées avec soin ; on les damait fortement par couches peu épaisses, en interposant des lits de gazons des corps d'arbres, ou des rangées de fascines recroisées. Lorsqu'on remblayait de la sorte le derrière des revêtements, pour diminuer la poussée, cela s'appelait *remparer un mur*, et la masse de terre formée par ce procédé portait le nom de *rempart*. »

Des lits alternatifs de 1 mètre de terre et de $0^m,40$ de maçonnerie ont été employés à Civita-Vecchia par San Gallo, en 1515 (Voir fig. 13 de l'atlas du commandant de Villenoisy).

On peut également adosser à la contrescarpe un revêtement en maçonnerie de $0^m,80$ à 1 mètre d'épaisseur. La fig. XIV, pl. 4, représente un revêtement de cette espèce, construit sous Charles-Quint, à Hesdin. Il était en parfait état quand on le démolit, il y a peu d'années.

G. — Largeur et profondeur du fossé.

Les principes des vieux ingénieurs, en ce qui concerne la largeur et la profondeur des fossés, ne sont plus applicables aujourd'hui (1) ; on y substituera les suivants :

---

(1) Choumara veut que la largeur du fossé soit telle, que le pied de la rampe de la brèche atteigne le milieu du fossé. Ce principe est bon, mais il ne peut pas toujours être appliqué. A l'école militaire de Bruxelles, on enseignait encore, il y a deux ans, que « la largeur maximum des fossés dépend de la longueur des flancs, » principe faux, puisque la largeur du fossé est rigoureusement déterminée par la nécessité de couvrir le revêtement.

Le fossé doit être assez large pour que le flanquement soit efficace, assez large encore pour qu'il ne puisse pas être comblé facilement, et pas assez large cependant pour que le glacis cesse de protéger l'escarpe contre les projectiles tirés sous l'angle de chute de 14°.

Il semble de prime abord facile de concilier ces trois conditions, en donnant aux fossés une grande profondeur ; mais il s'en faut de beaucoup que cette dimension soit arbitraire. Les ingénieurs qui le prétendent, oublient que plus on approfondit le fossé, plus le prix des terres augmente, plus les rampes qui conduisent aux dehors deviennent roides (1) ; ils oublient surtout que les fossés profonds exigent des caponnières d'un relief et d'un prix inadmissibles, à cause de la nécessité d'assurer le flanquement au moyen d'une batterie basse s'élevant à 1^m,50 au-dessus du plafond du fossé (2), et d'une batterie haute ayant un commandement minimum de 1^m,50 sur la crête du glacis.

En appliquant ce principe à divers cas, nous sommes arrivés à la conclusion que : la profondeur du fossé (par rapport au terrain naturel) ne doit pas excéder 10 mètres, et qu'il convient même de la réduire à 8 ou 9 mètres, lorsqu'on le peut sans exposer le revêtement d'escarpe aux coups plongeants (3).

---

(1) Il n'est pas toujours possible d'allonger ces rampes, les faces des dehors ayant une longueur limitée.

(2) L'affût de casemate ayant une hauteur de genouillère de 1^m,50, la bouche du canon s'élèvera par conséquent à 3 mètres au-dessus du fond du fossé, condition reconnue nécessaire plus haut.

(3) Les fossés profonds ont des propriétés qui les rendent précieux :

1° Ils obligent l'ennemi à faire déboucher la descente à un niveau plus bas ;

Quant à la largeur du fossé, nous croyons qu'elle doit être limitée à 14 mètres, pour le fossé capital (1). Cette dimension correspondant à la largeur de trois caves à canons (2), assuré au fossé un flanquement de six bouches à feu, et offre encore des garanties suffisantes contre le mode d'attaque par comblement.

Les ingénieurs ne se sont point occupés de ce mode, et c'est à peine s'ils en ont fait mention. Néanmoins, il peut être employé avec succès contre de petits ouvrages à fossés étroits, tels que les réduits des forts et des places d'armes.

Dans certains cas, il sera avantageux d'élargir de 4 à 5 mètres le fossé près de la caponnière, pour que 8 bouches à feu au lieu de 6 concourent au flanquement; mais comme alors on éloignera de la même quantité la masse couvrante, il faudra, pour soustraire l'escarpe aux coups plongeants, approfondir le fossé de 1 mètre vers le milieu du front, ce qui permettra de réduire d'autant la cote du cordon de l'escarpe.

Remarquons aussi qu'en inclinant le plafond depuis le saillant jusqu'à la caponnière, on augmentera les difficultés

---

2° Ils augmentent les difficultés de l'assaut, à cause de la longueur de la descente blindée à parcourir et de la hauteur considérable du talus à remonter ;

3° Ils rendent plus difficiles aussi la construction du nid de pic et l'armement des batteries à élever dans les dehors pris d'assaut ;

4° Ils font perdre du temps à l'assiégeant, en le forçant à approfondir davantage ses galeries de mines ;

5° Enfin ils permettent à la défense d'employer, sans surcroît de travail, des fourneaux plus forts et d'augmenter ainsi l'effet des mines contre les travaux rapprochés.

(1) Cette dimension est une moyenne. Dans la plupart de nos projets, le fossé capital a 12 mètres au saillant et 16 mètres près de la caponnière.

(2) 12 mètres pour les vides, et 2 mètres pour les deux pieds-droits intermédiaires.

de la construction des sapes dans le fossé, l'artillerie de la caponnière plongeant davantage ces travaux.

Les fossés des réduits de places d'armes et ceux des dehors les moins importants d'un front, peuvent n'avoir que 8 mètres de largeur. Il serait imprudent de se contenter de 6 ou de 7 mètres, l'expérience ayant prouvé que l'on peut construire des ponts-volants de ces dimensions (Sébastopol).

H. — Glacis intérieur.

En réglant, comme nous venons de le faire, la largeur et la profondeur du fossé, nous avons négligé complétement le principe de la compensation des déblais et des remblais ; mais il est facile de prouver qu'on ne peut plus désormais tenir compte de ce principe.

L'étude des propriétés de l'artillerie nouvelle conduit, en effet, à la conclusion que les fossés doivent être plus étroits qu'ils ne l'étaient autrefois, et les remparts plus élevés et plus épais.

On ne pourra donc plus trouver dans le fossé les terres nécessaires pour la construction du remblai. Afin de combler le déficit, on prolongera le glacis au-dessous du terrain naturel. Dans les ouvrages avancés ou détachés, on creusera en outre la *cour* ou le terre-plein intérieur.

La crête du glacis devant se trouver le plus près possible du fossé, pour couvrir le revêtement d'escarpe, il sera nécessaire, dans la plupart des cas, d'établir le chemin couvert au delà du glacis, lequel prendra alors le nom de *glacis intérieur*, pour le distinguer du *glacis extérieur*, situé au delà du chemin couvert.

Le glacis intérieur, dont Choumara a le premier recommandé l'emploi, a d'importantes propriétés (1) :

1° Il couvre les escarpes et fournit un moyen facile de faire la balance des déblais et des remblais.

2° Il soumet aux feux directs de l'artillerie du corps de place le débouché de la descente, ce qui augmente considérablement les difficultés de la construction de ce débouché.

3° Il tient le mineur assiégeant loin de l'escarpe.

4° Le renversement de la contrescarpe cesse d'être une calamité pour la défense (celle-ci n'ayant plus à redouter le comblement du fossé par les maçonneries de l'escarpe et les terres du rempart).

5° Le glacis intérieur ne peut être couronné de vive force, l'assiégeant éprouvant trop de difficultés à transporter des matériaux et à faire arriver des troupes par l'étroit passage de la descente, dont le débouché est vu de la place.

6° Les cheminements et les logements sur ce glacis sont très-dangereux, à cause des feux de revers, et parce que les travailleurs n'ont pour ligne de retraite qu'un défilé de 2 mètres de largeur (la descente), situé à portée de grenade du couloir pour fusiliers (établi derrière la crête du glacis intérieur), et à proximité des troupes de sortie, rassemblées dans les fossés ou dans les dehors.

7° Le canon du corps de place battant le pied de la contrescarpe, peut enfiler les galeries de mine qui en débou-

---

(1) La fig. 6, pl. 1, représente le profil du glacis intérieur proposé par Choumara, en 1824. Ce glacis ne satisfait pas à la condition importante de couvrir la maçonnerie de l'escarpe contre les coups plongeants, qui n'étaient pas alors aussi redoutables qu'ils le sont aujourd'hui.

chent. Ces galeries se trouvent donc dans de meilleures conditions que les galeries magistrales et les galeries enveloppes ordinaires, dans lesquelles l'ennemi peut s'établir dès qu'il y a pénétré.

8° La descente ne peut plus s'exécuter en même temps que la batterie de brèche, ce qui prolonge la durée du siége (1). En outre, la batterie de brèche étant mal soutenue par les cheminements et par les parallèles, a tout à craindre des retours offensifs de la garnison.

Alors même qu'on remplacerait la contrescarpe revêtue par un talus en terre ou par un glacis en contre-pente, l'assiégeant éprouverait encore de grandes difficultés ; car, dans le premier cas, il ne serait pas dispensé de l'obligation de construire une descente et, dans le second, ses cheminements seraient si fortement plongés qu'il ne pourrait pas les défiler.

Les travaux de sape sur le glacis intérieur offriraient en outre de très-grands dangers, parce qu'ils devraient s'exécuter à portée de grenade du chemin de ronde, et parce que, dans bien des cas, ils seraient exposés à des feux de flanc et de revers.

Ajoutons que l'assiégeant ne pourrait pas couronner le glacis de vive force, n'ayant qu'un passage étroit (la des-

---

(1) Cette possibilité n'existe que dans les places dont le profil est défectueux ; elle disparaît lorsque, par suite de l'adoption des principes exposés plus haut, l'ennemi est obligé de construire ses batteries au-dessous du niveau du chemin couvert pour faire brèche à l'escarpe, opération plus longue que celle de la descente.

Il faut huit jours pour exécuter une descente dans un fossé de 7^m,50 de profondeur (soit 4 mètres de descente en 24 heures). La descente dans le fossé de la citadelle d'Anvers fut commencée le 15 décembre 1832 et terminée le 23.

cente) pour faire déboucher ses colonnes et arriver ses matériaux de sape (1).

Par mesure d'économie, on remplacera, dans certaines circonstances la contrescarpe revêtue par un talus à 45°, au pied duquel sera établie une forte palissade. Cette modification conviendra surtout aux parties rentrantes dont le couronnement ne peut être entamé que lorsque les dehors sont au pouvoir de l'assiégeant. Quelquefois il sera utile de remplacer dans ces rentrants (d'où les sorties débouchent et par où elles se retirent) le revêtement de contrescarpe par un talus incliné au tiers.

Les glacis des ouvrages et des fronts exposés seulement à des attaques de vive force, sont souvent prolongés sous le terrain naturel; ils forment alors un ressaut très-favorable à l'établissement d'un abatis entremêlé de fils de fer et composé d'arbres couchés au pied du glacis ou maintenus debout contre le talus du ressaut. Employées isolément ou simultanément, ces rangées d'arbres présentent un obstacle d'autant plus redoutable qu'on ne peut pas le détruire de loin. L'action de l'artillerie contre les abatis, même non abrités, est en effet très-incertaine. Le blocus de Paris en a fourni des preuves surabondantes; nulle part, en effet, l'artillerie de la défense n'a causé le moindre dommage aux nombreux abatis dont les Prussiens avaient couvert leurs

---

(1) Choumara attache beaucoup d'importance à une autre propriété du *glacis dans le fossé*, mais qui ne peut être utilisée que très-rarement. Avec des pompes à vapeur et des réservoirs d'eau établis dans les dehors, il est possible d'inonder tout l'espace compris entre la crête du glacis intérieur et la contrescarpe de noyer, par conséquent les galeries de mine et les autres travaux rapprochés de l'assiégeant.

retranchements. On sait également que, dans l'attaque du 18 juin 1855, contre Sébastopol, les Anglais furent arrêtés devant le bastion n° 3 par des abatis qu'il leur avait été impossible de détruire à coups de canon.

I. — Chemin couvert et glacis.

L'utilité du chemin couvert n'est pas contestable ; il ne peut y avoir de discussion que sur l'organisation de ce dehors.

Est-il nécessaire qu'il soit partout assez large pour recueillir momentanément les troupes qui ont fait ou qui vont faire une grande sortie?

Nous ne le croyons pas ; il suffit de donner cette largeur aux parties rentrantes d'où les sorties débouchent et vers lesquelles elles se replient.

Les branches ne doivent servir qu'à assurer les communications entre les rentrants.

On atteindra ce but en leur donnant $7^m,80$ de largeur totale, à savoir : 1 mètre pour le talus intérieur (qui sera réduit à $0^m,70$ au moment de la mise en état de défense), 1 mètre pour la banquette (qui sera portée à $1^m,30$ au moment de la mise en état de défense), $1^m,80$ pour le talus de la banquette, incliné à 45 degrés (1), et 4 mètres pour le passage en arrière.

Les projectiles qui raseront la crête du glacis et dont l'angle de chute sera de $1/6$, passeront à $2^m,20$ au-dessus du

---

(1) La nécessité de rapprocher le terre-plein de la crête du glacis, pour mieux le soustraire aux coups plongeants, ne permet pas de donner au talus de banquette 2 de base pour 1 de hauteur. Il est, du reste, facile à des hommes isolés de franchir un talus de 45 degrés, quand il n'a que $1^m,50$ à $1^m,80$ de hauteur.

bord intérieur du passage, lequel aura une pente de $1/10$ vers la contrescarpe.

Cet angle de chute est un maximum qui, dans la pratique, ne sera pour ainsi dire jamais atteint, puisque le canon rayé long de 24 en fonte, avec la charge ordinaire, ne le produit qu'à la distance de 2,200 mètres.

Mais il faut prévoir que l'assiégeant cherchera, dans certains cas, à tirer contre les troupes du chemin couvert à distances moindres, avec des charges réduites et des canons spéciaux, ayant une trajectoire moins tendue (tels sont les canons rayés courts de 24 de l'artillerie prussienne).

Quand le terre-plein doit avoir plus de 4 mètres de largeur (par exemple, dans les rentrants et dans les ouvrages non revêtus, où la largeur du chemin couvert n'est pas limitée par l'obligation de défiler l'escarpe), il est avantageux de former deux terrasses comme le faisait Daniel Speckle, en abaissant la seconde à un niveau tel, que les projectiles arrivant sous l'angle de $1/6$, passent à $2^m,20$ au-dessus de la crête intérieure du terre-plein.

Pour les chemins couverts des ouvrages détachés, dans lesquels il n'y a pas de mouvements de troupes à faire, on adoptera le profil suivant :

Talus intérieur	1	mètre de base.
Banquette	1	mètre de largeur.
Talus de banquette . . .	$1^m,50$	de base.
Passage	$2^m,00$	de largeur.
Largeur totale .	$5^m,50$	

En donnant au passage une pente de $1/10$ vers la contrescarpe, les coups tirés sous l'inclinaison de $^1/_6$ passeront à $2^m,09$ au-dessus du bord intérieur du passage.

Réduit à ses dimensions ordinaires de $5^m,50$ et de $7^m,80$, le chemin couvert est un corridor de surveillance, une communication entre les places d'armes rentrantes et, dans certains cas, une tranchée abritée contre les vues de l'ennemi, conduisant soit à des réduits de places d'armes saillantes, soit à des barbettes établies au saillant du chemin couvert du ravelin.

Si l'on tient compte des diverses conditions auxquelles le glacis doit satisfaire (couvrir l'escarpe, être battu par le canon du corps de place et pouvoir être construit sans exiger des remblais excessifs), on arrive à la conclusion que la crête du glacis aura généralement un relief au-dessus du sol de $3^m,50$ à $4^m,50$.

Dans les rentrants où l'on est obligé de ménager de larges espaces pour le rassemblement des troupes de sortie, cette hauteur serait insuffisante; mais comme on ne pourrait pas l'augmenter sans créer des glacis énormes, que le canon de l'enceinte ne battrait plus, on y supplée au moyen de glacis de contrescarpe.

Un glacis haut et roide est plus favorable aux cheminements qu'un glacis ordinaire, parce qu'il est moins bien plongé par les ouvrages en arrière; en revanche, il rend plus difficile la construction des cavaliers de tranchée et le défilement des sapes contre les feux des ouvrages collatéraux. Il empêche aussi que l'assaillant ne donne une largeur convenable au couronnement, aux batteries de brèche ou aux contre-batteries, et qu'il ne mette complétement ses travaux à l'abri des coups de revers.

Un glacis élevé, à pente très-douce, exige des expropriations et des remblais trop onéreux.

On enseignait à l'école de Metz que la pente du glacis doit varier entre le $1/16$ et le $1/40$.

Plus roides que le $1/16$, dit le général Noizet, « les hom-
» mes ne peuvent que difficilement tirer suivant leur incli-
» naison, à cause de la gêne que leur impose le palissade-
» ment. » (T. I, p. 339.)

Cette raison n'ayant aucune valeur, nous admettrons des glacis à pente plus roide, pourvu qu'ils soient bien battus.

Aux faces et aux dehors non revêtus, on donnera de préférence des glacis ayant un faible commandement sur la campagne. Vauban entaillait souvent le chemin couvert dans le terrain naturel, et Coehoorn établissait le sien le plus près possible du niveau de l'eau. (Ses glacis n'avaient en général que $1^m,30$ de relief.)

Lorsqu'on relève les glacis devant les saillants des dehors, ils sont mieux plongés par les feux du corps de place.

La condition de battre le glacis directement et de l'élever en même temps assez haut pour couvrir les escarpes, ne se concilie généralement pas avec la condition de donner aux dehors un relief qui n'intercepte pas les feux de l'enceinte sur le terrain des attaques. On ne peut y parvenir qu'en renonçant à revêtir les dehors ou en se bornant à battre le glacis de ces ouvrages, d'écharpe et de flanc, du corps de place et, à revers, des dehors des fronts collatéraux. L'un et l'autre moyen sont admissibles, car : 1° le revêtement des dehors ne prolonge pas la durée de la défense, puisque la brèche se fait pendant que l'on construit la descente, et 2° un glacis roide, battu d'écharpe, en flanc et à revers par le corps de place et par les ouvrages collatéraux, offre assez de difficultés à l'assiégeant pour qu'on puisse s'en contenter dans tous les cas où il serait nuisible d'augmenter le relief du dehors dont il couvre l'escarpe.

Le chemin couvert sera organisé de manière que toute attaque brusque tourne au préjudice de l'assaillant. A cet effet, on établira, dans les rentrants, des abris sous lesquels l'assiégé se retirera au moment où le feu de la place devra balayer le terre-plein du chemin couvert.

« Il faut, dit Choumara, que les défenseurs, protégés par
» ce feu, puissent revenir sans danger pour chasser l'en-
» nemi, culbuter les logements établis sur la crête ou
» dans le terre-plein; il faut surtout éviter de lui présenter
» des couverts derrière lesquels il serait à l'abri des feux
» de la place. »

Établi dans ces conditions, le chemin couvert forme en quelque sorte la dernière parallèle de la défense (les contre-approches formant les premières parallèles).

Les traverses dans le chemin couvert ont été jugées nécessaires par Vauban et par la plupart des ingénieurs, pour permettre aux petites sorties dirigées contre les travaux du couronnement, d'arriver à couvert jusque près du saillant couronné; mais cet avantage est minime en comparaison de l'inconvénient qu'ont les traverses de masquer le débouché des descentes dans le chemin couvert, d'intercepter les feux flanquants et, par suite, de faciliter la construction des batteries sur le bord de la contrescarpe.

Ce dernier défaut est plus grave aujourd'hui qu'il ne l'était au temps de Vauban, parce que l'adoption d'un profil rationnel, défilé contre les projectiles tirés sous l'angle du quart, obligera l'assaillant à établir ses batteries de brèche dans le chemin couvert et même à les y enterrer, obligation qui n'existait pas à l'époque où le cordon de l'escarpe s'élevait quelquefois au-dessus de la crête du glacis et descendait rarement au-dessous.

Les traverses ont encore l'inconvénient de protéger les travaux de l'assiégeant, lorsque celui-ci doit creuser dans le chemin couvert des puits à la Boule, pour crever une galerie de mine ou renverser une partie de la contrescarpe.

En conséquence, on supprimera les traverses dans la plupart des cas; elles ne sont réellement utiles que pour couvrir le débouché des rampes et pour rendre moins dangereuses les communications entre les places d'armes rentrantes et les places d'armes saillantes. Encore ne les emploiera-t-on à ce dernier usage que lorsque le chemin couvert sera pourvu d'un glacis de contrescarpe. Alors (voir fig. 2, pl. XII) on arrêtera les traverses à 10 ou 12 mètres de la crête de ce glacis, pour qu'elles n'occupent pas les parties où l'assiégeant doit construire ses batteries [1].

---

[1] La fig. 1, pl. XIV, indique un autre emploi des traverses, dans les parties retirées du chemin couvert, où l'ennemi n'a aucun intérêt à se loger ou à construire des batteries.

On peut aussi établir sans inconvénient des traverses en capitale des chemins couverts (parce que là elles ne procurent aucun avantage à l'ennemi et qu'il suffit de les casemater ou de les blinder pour les transformer en blockhaus de places d'armes saillantes).

Quant à l'utilité des traverses pour préserver des feux d'enfilade les tirailleurs qui, le jour et la nuit, doivent circuler dans le chemin couvert ou se tenir sur la banquette, elle n'a pas une très-grande importance. On peut, en effet, obtenir le même résultat en établissant des groupes de tirailleurs dans les crochets des chemins couverts non traversés et en préparant pour eux, sous le glacis, de petits abris où ils se retireront lorsque le feu devra être interrompu ou ralenti; on relèvera ces groupes tous les jours, à l'heure où la circulation dans le chemin couvert offre le moins de danger.

Les glacis étant indestructibles, — parce que les obus, tirés aux distances où l'on établit d'ordinaire les batteries de l'attaque, ricochent sur leur talus, — il sera souvent utile de construire dans le chemin couvert des barbettes pour pièces légères. Ces pièces occuperont tantôt les saillants, tantôt les rentrants; on pourra aussi en établir quelques-unes sur les réduits des places d'armes saillantes (voir pl. XIV, fig. 1,) et même dans des chemins couverts de peu de largeur, en déblayant une partie du glacis (voir pl. V, fig. 6). L'épaulement $a\ a$ de la batterie doit dans ce cas s'élever au plus à $0^m,50$ au-dessus du plan du glacis, pour ne pas former un couvert dangereux.

Les réduits de places d'armes rentrantes sont nécessaires

pour assurer les communications des fossés avec le chemin couvert et faciliter les retours offensifs.

Il faut les établir de manière que l'ennemi soit obligé de s'en emparer avant de couronner le saillant du corps de place. Les réduits à la Cormontaingne ne peuvent pas satisfaire à cette condition, quand le polygone a un petit nombre de côtés.

Les réduits des places d'armes saillantes sont particulièrement utiles pour abriter les postes chargés de surveiller et de défendre les saillants du chemin couvert des ravelins et pour masquer le feu des contre-batteries que l'ennemi doit établir sur le glacis de ces saillants.

Toutefois, cet avantage est balancé par l'inconvénient qu'ont les places d'armes saillantes de soustraire les contre-batteries aux feux de l'artillerie flanquante jusqu'au moment où l'ennemi a écrêté à coups de canon, à la pelle ou à la mine, la partie supérieure de leur terrassement.

Les réduits de places d'armes saillantes doivent avoir une grande épaisseur, s'élever au-dessus de la crête du glacis (pour intercepter les feux du couronnement) et être tracés de manière à éviter toute trouée par laquelle l'assiégeant pourrait faire brèche au corps de place ou au ravelin.

« Le palissadement du chemin couvert entrave les propriétés actives du chemin couvert, dit le général Noizet, et gêne l'action des armes. Son seul avantage est d'empêcher que l'ennemi ne saute dans le chemin couvert, et encore cet avantage n'est-il appréciable que lorsqu'il s'y trouve des traverses qui mettent l'assaillant à l'abri des feux flanquants. »

Le palissadement est donc une nécessité pour les chemins couverts traversés.

Cette nécessité n'existe pas pour les autres. Toutefois, il peut être avantageux de palissader les parties enfilées où l'on ne doit pas réunir de troupes pour faire des sorties. La palissade augmente dans ce cas les difficultés de l'attaque de vive force, sans opposer aucune entrave à la défense.

Les chemins couverts des forts détachés se trouvent dans cette condition. On fera donc bien de les garnir d'une palissade ; mais en ayant soin de la planter assez loin de la crête du glacis pour que l'assaillant ne puisse pas poser son pied sur le liteau ou saisir de la main l'une des pointes et sauter ainsi par-dessus l'obstacle.

Nous avons constaté, en visitant les travaux de mise en état de défense de Paris, que cette condition n'avait pas été remplie par les ingénieurs français ; les pointes des palissades étaient généralement à 40 centimètres de la crête et à 25 centimètres au-dessus de cette ligne.

Vauban, d'après le témoignage de son secrétaire Thomassin, « estimait que la palissade du chemin couvert,
» au lieu d'être plantée comme d'ordinaire au pied du
» talus intérieur, serait mieux placée au milieu de la
» banquette, la pointe à 6 pouces environ *au-dessous* du
» glacis. »

C'est ainsi que furent, du reste, établies les palissades à Candie, à Grave et à Sarrelouis.

L'avantage de cette disposition est de permettre aux postes extérieurs de se retirer dans le chemin couvert en cas de vive poursuite, sans courir aucun danger. Lorsque la palissade est au pied du talus intérieur, ils craignent d'être sacrifiés et se replient trop tôt.

Pour que la palissade plantée au milieu de la banquette permette aux fusiliers de battre le pied du glacis, il est nécessaire d'exhausser la banquette en arrière de la palissade.

Le commandant de Villenoisy prétend que Vauban avait également proposé d'établir la palissade au pied du talus de la banquette.

C'est l'emplacement qui nous semble le plus convenable. Toutefois, pour ne pas devoir ouvrir à chaque instant les barrières aux fusiliers du chemin couvert, nous proposons de laisser en avant de la palissade un passage de 80 centimètres de largeur.

Nos profils de chemins couverts, dont le terre-plein est à 3 mètres et à $3^m,50$ sous la crête du glacis, permettent d'établir la palissade à $0^m,80$ du pied du talus de banquette, sans trop l'exposer aux coups plongeants de l'artillerie.

Les chemins couverts, que l'ennemi est obligé de couronner pied à pied, ne doivent pas être pourvus de cette palissade, qui empêcherait les retours offensifs. Elle ne doit pas exister non plus dans les parties rentrantes où se réunissent les troupes avant ou après une sortie, et par lesquelles elles débouchent de la place ou y rentrent.

On ne l'établira donc dans le chemin couvert d'un ravelin ou d'une face de l'enceinte, que lorsqu'il s'agira d'assurer la communication des places d'armes rentrantes avec un réduit ou un blockhaus de place d'armes saillante. Ce cas ne se présentera que pour les fronts à fossés d'eau, où la communication entre les places d'armes doit se faire nécessairement par le chemin couvert.

La palissade établie à 0^m,80 du pied du talus de banquette, pourrait être remplacée par une grille ou par une haie vive qui l'une et l'autre offriraient plus de résistance au tir plongeant. La haie tiendrait lieu de celle que Choumara propose de planter à 3 ou 4 mètres de la contrescarpe pour servir de retranchement aux fusiliers, dès que l'ennemi se présente sur la crête du glacis. Le même ingénieur propose, en outre, de construire des gradins à franchir dans le chemin couvert au delà de la haie, proposition à laquelle nous donnons une complète approbation, le chemin couvert devant, selon nos idées, constituer la dernière parallèle de la défense.

K. — Ravelin appliqué.

L'utilité des ravelins ne saurait être contestée. Ils jouent dans la fortification polygonale le même rôle que les demi-lunes dans la fortification bastionnée.

On ne peut les supprimer que dans les fronts qui n'ont pas à redouter une attaque pied à pied, continuée jusque sur la crête du glacis (tels sont les fronts des forts d'un grand camp retranché et ceux qui défendent les accès les moins importants d'une place); ils donnent des feux croisés sur le terrain des attaques, et assurent ainsi au tracé polygonal les avantages du tracé tenaillé.

Les ravelins limitent en outre l'étendue du terrain d'où l'on peut contre-battre les flancs de loin et de près. (Sous ce rapport ils ont plus d'importance dans les fronts bastionnés, dont les flancs sont moins bien préservés).

Mais c'est surtout au point de vue des sorties contre les travaux rapprochés que leur utilité est incontestable, parce qu'ils couvrent les communications et « donnent des feux
» de revers sur tout le champ de bataille, où les retours
» offensifs doivent procurer à l'assiégé des succès dont il
» est difficile de fixer la limite (1). »

Quand il n'existe pas de ravelin, l'assiégeant peut faire brèche au corps de place, à droite ou à gauche de la caponnière.

Ce danger parut si grave au major Fallot, qu'il aurait préféré le tracé polygonal au tracé bastionné — malgré toutes ses préférences pour ce dernier — si l'on avait pu l'éviter.

Le passage où il expose son opinion à cet égard, mérite d'être cité.

On lit, T. 3 p. 248 de son *Cours d'art et d'histoire militaire*, publié en 1839 :

« Si l'assiégeant ouvrait une brèche immédiatement con-
» tre la caponnière (pl. I, fig. 15), non-seulement les dé-
» combres fermeraient les embrasures des étages inférieurs
» des casemates, mais l'étage supérieur pourrait fournir
» du feu tout au plus d'une pièce et tirer un seul coup,
» supposant que les assaillants en laissassent la faculté.
» Admettons que l'embrasure a, ait sa genouillère à
» 1 mètre au-dessus des décombres et que le talus de ceux-

---

(1) Choumara, p. 447.

» ci ait, comme d'ordinaire, 1 $^1/_2$ fois sa hauteur pour
» base; il s'ensuivra que l'embrasure b, distante d'axe en
» axe de 4 mètres (nous verrons, en traitant des casemates,
» que c'est le plus grand rapprochement qu'on puisse se
» procurer), aura sa genouillère à $3^m,60$ au-dessus du
» point correspondant de la rampe, et comme la ligne de
» tir ne plonge pas à cette proximité d'une quantité no-
» table, les coups passeront bien au-dessus de la tête des
» assaillants, puisqu'ils y passeraient encore, si la ge-
» nouillère de a effleurait la rampe.

» D'ailleurs, à cette distance, une balle tue aussi bien
» que le boulet du plus gros calibre, et la mitraille ne pro-
» duit pas d'autre effet, puisqu'elle n'a pas eu le temps de
» diverger. Il suffira donc de quelques hommes tirant à
» bout portant dans l'embrasure a, pour empêcher les ca-
» nonniers de servir leur pièce et pour éteindre le flan-
» quement sur lequel on comptait. Tout le reste du déve-
» loppement de l'enceinte n'a aucune action sur la défense
» de la brèche, que la hauteur de l'escarpe l'empêchera
» même de voir. Pareille disposition n'est donc suppor-
» table que pour des parties totalement inaccessibles,
» puisque le défaut de défense de la brèche existerait
» également contre l'escalade, si l'ennemi appliquait ses
» échelles dans l'angle rentrant.

» *Sans ce défaut radical, le système polygonal serait cer-*
» *tainement préférable aux autres,* puisqu'il est le moins
» exposé à être enveloppé, donc battu de flanc ou d'enfi-
» lade, la parallèle de l'assiégeant devant dépasser le pro-
» longement de la ligne sur laquelle les ouvrages sont
» établis, et s'exposer ainsi aux feux d'enfilade des fronts

» collatéraux, pour pouvoir la ricocher. Aucun autre ne
» peut présenter le même avantage au même degré, puis-
» qu'en brisant la ligne, soit en dedans, soit en dehors,
» les prolongements des branches rencontreront le demi-
» cercle en deçà de la ligne polygonale qui forme le dia-
» mètre. »

Ainsi, de l'aveu du major Fallot, il suffit, pour rendre le tracé polygonal « certainement préférable aux autres, » d'empêcher qu'on ne fasse brèche au corps de place « *à côté* de la caponnière. » Or ce problème a été résolu à Anvers et dans d'autres places construites ou proposées depuis la publication de son cours.

Nous y sommes parvenus en donnant aux caponnières des ailes non revêtues et en les couvrant de vastes ravelins, disposés et organisés de façon que l'ennemi ne puisse, ni avant ni après leur prise, faire brèche au corps de place, dans la partie centrale du front.

Les ravelins doivent avant tout satisfaire à la condition de pouvoir être repris facilement, dès que l'assiégeant s'en est emparé de vive force ou par industrie. Cette condition exige que la contrescarpe ait un talus doux ou soit pourvue de larges rampes ; on ne peut donc pas établir le ravelin immédiatement au delà de la caponnière, sans exposer le revêtement de celle-ci à être mis en brèche ou escaladé trop facilement. Pour ce motif nous proposons, dans nos types de *fronts complets*, d'établir en avant de la caponnière une contre-garde à gorge revêtue ; ce dehors jouera en outre, dans le tracé polygonal, le rôle qui est dévolu au réduit de demi-lune dans le tracé bastionné.

L'établissement de batteries de brèche et de contre-batteries sur la contre-garde de la caponnière offrant d'immenses difficultés et peu de chances de succès, l'ennemi a tout intérêt, lorsqu'il s'est emparé du ravelin, à former une trouée à la mine ou à la pelle dans ce dehors, pour faire brèche à la tête de la caponnière ou pour éteindre l'artillerie flanquante.

Il sera donc utile que la contre-garde ait une grande épaisseur et que sa gorge soit revêtue.

Cormontaingne, Noizet de Saint-Paul et Bousmard ont fait leurs contre-gardes trop minces ; celles de Coehoorn et de Carnot sont plus minces encore. Vauban fut mieux inspiré en projetant les contre-gardes de Neuf-Brisach.

Lorsque les ravelins peuvent être facilement repris par des retours offensifs, il n'est pas nécessaire de les mettre, par de hauts revêtements, à l'abri de l'escalade.

Les échecs répétés de La Feuillade au siége de Turin prouvent, en effet, que l'attaque de vive force des demilunes (ou des ravelins) ne réussit jamais quand les brèches ne sont pas reliées aux travaux d'attaque par des descentes et des passages, sans lesquels on ne peut assurer ni l'arrivée des troupes ni l'envoi des matériaux nécessaires pour établir des logements sur ces dehors.

" Un assaut, quand l'assiégé est maître d'une enceinte
" infranchissable d'où il peut reprendre ce qu'on lui a en-
" levé, prouve, dit Choumara, l'ignorance de l'assail-
" lant (1). "

On a conclu de l'exemple de Turin qu'il n'est pas né-

---

(1) Choumara, p. 393 de l'édition de 1847.

cessaire de défiler l'escarpe des ravelins avec le même soin que celle du corps de place, parce que les brèches faites de loin aux dehors ne sont pas dangereuses. Mais cette conclusion n'est pas fondée. En effet, quoique n'étant pas immédiatement préjudiciable, une brèche faite de loin le deviendra dès que l'ennemi aura construit la descente du fossé, parce qu'elle le dispensera de l'obligation d'établir une batterie de brèche dans le couronnement du chemin couvert ou sur le bord de la contrescarpe : opération que l'emploi des canons rayés dans la défense des places rendra désormais très-difficile et très-meurtrière.

Sous ce rapport nous ne pouvons nous ranger à l'avis de Choumara, qui prétend que le revêtement des dehors est sans influence sur la durée du siége, parce que l'ennemi construit la batterie de brèche et ouvre le revêtement pendant qu'il travaille à la descente du fossé, laquelle exige 6 heures par mètre courant de longueur (1).

Choumara admet, en effet, que du couronnement ou du bord de la contrescarpe on peut faire brèche à l'escarpe du ravelin ; or cette possibilité, qui existait pour les anciens profils, disparaît, lorsqu'on adopte ceux que nous avons décrits plus haut.

Supposons, en effet, que le fossé du ravelin ait 14 mètres de largeur et que le cordon de son escarpe, haute de 5 mètres, soit à 3^m,50 au-dessous du niveau de la contrescarpe.

---

(1) Il faut 8 jours pour descendre dans un fossé de 7^m,50 de profondeur.
Au siége de la citadelle d'Anvers, en 1832, la descente fut commencée le 15 décembre et terminée seulement dans la journée du 23.

Dans ce cas, une batterie de brèche, construite sur le bord du fossé, devrait tirer sous l'angle de $^1/_4$ pour toucher le cordon et sous l'angle de $\frac{65}{140}$ pour battre les $^3/_5$ de la hauteur du revêtement; or les artilleurs n'admettent pas qu'on puisse faire brèche, sous une pareille inclinaison, avec les affûts en usage et avec les fortes charges qu'exige ce tir spécial.

En construisant donc l'escarpe du ravelin comme nous venons de l'indiquer, on mettra l'ennemi dans l'impossibilité de faire brèche à la manière ordinaire ; il devra ou bien recourir à la mine ou bien enfoncer profondément ses batteries dans le chemin couvert, en démolissant d'abord une partie de la contrescarpe pour donner du jour aux pièces. Or l'une et l'autre opération exigeront plus de temps qu'il n'en faudra pour exécuter la descente, et feront, en outre, subir de grandes pertes à l'assiégeant.

Pour ce motif, nous proposons de donner aux ravelins une escarpe de 5 à 6 mètres de hauteur, dans tous les cas où des raisons d'économie n'obligent pas à supprimer complétement cette escarpe. On peut également renoncer au revêtement dans les fronts d'une importance secondaire.

Les ravelins doivent être organisés de manière que l'ennemi ne puisse pas éteindre leurs feux de loin. Cette condition est plus importante encore pour les demi-lunes, parce qu'il est arrivé souvent que l'ennemi, après avoir désorganisé leurs défenses, a cheminé vers les saillants des bastions sans prendre ces dehors. Dans la fortification polygonale bien conçue, ce danger n'est pas à craindre, l'assaillant étant obligé de s'emparer de la caponnière et, par conséquent, du ravelin, avant de pouvoir couronner le glacis devant les angles saillants du corps de place.

Pour conserver jusqu'au dernier moment des canons et des hommes sur le ravelin, on construira au saillant de cet ouvrage une batterie de revers, et, sur les faces, des traverses-abris; on appliquera, en outre, à ces faces le principe de l'indépendance des parapets et des escarpes, afin de les soustraire en partie aux feux d'enfilade et de battre plus directement le terrain des attaques.

Il est très-important de fermer les trouées des fossés des ravelins. On résoudra ce problème par l'emploi de batteries basses flanquantes ou de masques à la Chasseloup. (Voir pl. XII, fig. 1 et 2.)

Il est également très-important que d'aucun point de l'intérieur du ravelin on ne puisse faire brèche au corps de place; on y parviendra en élevant le terre-plein au niveau de la crête du glacis intérieur et en fermant la trouée du fossé de la contre-garde de la même manière que la trouée du fossé du ravelin.

L. — Ravelins avancés.

Les ravelins avancés sont préférables aux autres, pour les grands fronts à défense active et pour les fronts ordinaires dont les dehors doivent prendre des revers prononcés sur les parties voisines du corps de la place ou intercepter les prolongements de ces parties. Toutefois, comme ils tirent leur flanquement de l'enceinte, on ne peut pas les appliquer à des fronts de moins de 400 mètres de longueur, sans les priver de quelques-unes de leurs propriétés.

L'espace compris entre le ravelin avancé et la contre-garde de la caponnière, étant très-utile pour le rassemblement des troupes de sortie, on doit prendre toutes les mesures nécessaires pour faciliter l'arrivée et la retraite de ces troupes.

Choumara prétend que les demi-lunes avancées « ont le
» grave défaut que l'ennemi, après avoir achevé sa 3e pa-
» rallèle et fait jouer ses batteries à ricochet, peut les atta-
» quer par la gorge dont le revêtement n'a que 11 à 19
» pieds; or, une fois perdues, elles le sont sans retour.
» Reliées avec les cheminements de l'attaque, elles for-
» meront des points d'appui pour l'assiégeant, qui n'aura
» plus à attaquer qu'une place sans demi-lunes.

Cette critique n'est pas fondée.

Si les demi-lunes avancées sont pourvues d'un réduit et convenablement disposées pour les retours offensifs, l'attaque par la gorge n'est nullement à craindre. Il faut, en effet, que l'assiégeant, pour se maintenir dans un ouvrage pris d'assaut, ait des communications faciles et sûres avec ses places d'armes; Choumara lui-même a fortement insisté sur ce point, dans le chapitre où il démontre qu'il est impossible à l'assiégeant de se maintenir dans les demi-lunes ordinaires, avant d'avoir construit une descente et un passage de fossé.

Une autre objection contre l'emploi des demi-lunes avancées a été faite dans les termes suivants par le général Tripier : « La proposition de Bousmard de placer la
» demi-lune au delà de la crête du chemin couvert n'a pas
» été admise, parce qu'il y avait solution de continuité
» entre la contrescarpe de cette demi-lune et celle du
» corps de place » (p. 70).

Cette objection n'aurait de l'importancee que s'il était prouvé que la solution de continuité entre la contrescarpe de la demi-lune et celle du corps de place est contraire à un principe essentiel de la fortification. Or cette preuve n'a jamais été faite et ne peut l'être.

Il suffit que la demi-lune avancée ait des communications faciles et sûres avec la place et que tout y soit disposé pour favoriser les retours offensifs. Dans ces conditions, elle constitue un véritable « champ de bataille préparé » pour la défense et à son avantage (1). »

Le ravelin avancé doit être flanqué par le corps de place ; mais comme ce flanquement éloigné est peu efficace pendant la nuit, on le combinera avec un flanquement rapproché. A cet effet, on construira à l'arrondissement de la contrescarpe un coffre que l'on armera de mitrailleuses et dont les deux extrémités seront en communication avec le ravelin par des galeries souterraines (Voir pl. XIII, fig. 1 et 2).

Les remparts du ravelin avancé seront organisés comme ceux du ravelin appliqué.

Pour favoriser les retours offensifs, on y construira un réduit (voir fig. 2).

Ce réduit aura une escarpe assez haute pour qu'il soit à l'abri d'une attaque d'emblée et assez bien couverte pour qu'on n'y puisse pas faire brèche de loin.

Cette dernière condition rendra difficile sinon impossible l'application d'une idée à laquelle Choumara tenait beau-

---

(1) Choumara.

coup et qui consiste à remplacer le revêtement de contrescarpe du réduit par un talus doux, afin de pouvoir réunir, pendant l'attaque du ravelin, les troupes de sortie dans le fossé du réduit.

Il n'y aurait qu'un moyen de la réaliser partiellement, ce serait de couper dans la contrescarpe des faces latérales du réduit, à l'extrémité de ces faces, deux rampes tracées de manière que l'ennemi ne pût faire brèche à l'escarpe (1); mais alors on rachèterait l'avantage de communiquer facilement avec le ravelin, par l'inconvénient de supprimer la galerie de contrescarpe, qui assure au réduit un bon flanquement de revers.

Nous croyons préférable d'assurer les communications de la place avec le ravelin détachée, au moyen de deux ponts établis à la gorge, sous la protection des flancs du réduit. (Voir pl. XIII, fig. 2.)

On peut reprocher au réduit de soustraire une partie du terre-plein intérieur à l'action de l'artillerie du corps de place. Ce défaut est d'autant plus grave que la plate-forme supérieure du réduit n'a pas assez d'étendue pour être armée de canons.

A cause de cette circonstance, il sera préférable, lorsqu'on ne pourra pas donner un grand développement au ravelin, de supprimer le réduit et de soumettre le terre-plein intérieur à l'action de l'artillerie du corps de place.

Pour faciliter dans ce cas les retours offensifs, sans diminuer les garanties contre l'attaque par la gorge, on con-

---

(1) Pour cela il faudrait que ces rampes formassent en quelque sorte la continuation du fossé de la face perpendiculaire à la capitale du ravelin.

struira deux passages, fermés par des grilles en fer, auxquels aboutiront de larges rampes. (Voir pl. XIII, fig. 2.)

M. — Glacis de contrescarpe.

Pour défiler l'escarpe vis-à-vis des parties où le chemin couvert doit avoir une grande largeur, et pour préserver ce dehors ainsi que le ravelin des coups de revers, il sera quelquefois nécessaire de construire des glacis de contrescarpe faisant office de parados. Ces glacis seront d'autant plus efficaces que l'ouvrage en arrière (ravelin ou réduit de ravelin) aura plus de relief et que son fossé sera moins large.

Il suffit de protéger de la sorte la partie des dehors qui est exposée aux coups passant par la trouée du fossé.

Lorsque le terre-plein du chemin couvert ou du ravelin n'est pas assez large pour qu'on puisse y construire un glacis de contrescarpe, on se contente d'établir, près du saillant du chemin couvert ou du ravelin, deux traverses qui interceptent les coups les plus dangereux.

Les réduits de places d'armes saillantes peuvent remplacer très-avantageusement les deux premières traverses. Ils n'ont pas comme celles-ci l'inconvénient de masquer les descentes dans le chemin couvert et de protéger en flanc les logements sur la partie arrondie de la contrescarpe.

N. — Défilement des terre-pleins. — Traverses. — Parados.

Un terre-plein est supposé défilé, lorsqu'il est parallèle au plan de défilement et qu'il se trouve à $2^m,50$ sous ce plan.

La limite de roideur du terre-plein est de $1/10$; quand on

dépasse cette limite, la circulation des voitures devient dangereuse et la construction des plates-formes, difficile.

Le défilement sur $2^m,50$ de hauteur suffirait, si les projectiles décrivaient des trajectoires rectilignes; mais dans la pratique les choses ne se passent point ainsi. Les projectiles tirés à 2,000 mètres rasent la crête du parapet sous un angle de 8° 30', correspondant à une inclinaison de $1/7$; à 1,600 mètres, l'angle de chute est de 6° 30', correspondant à une inclinaison de $1/9$; à 1,200 mètres l'angle de chute est de 4° 40', correspondant à une inclinaison de $1/12$; à 800 mètres, l'angle de chute est de 3°, correspondant à une inclinaison de $1/19$ et, à 400 mètres, l'angle de chute est de 1° 20', correspondant à une inclinaison de $1/40$.

Ces angles sont ceux du canon rayé de 24 en fonte (système Prussien), tirant avec la charge ordinaire.

Si l'on considère 1° que le tir employé contre les remparts est un tir à démonter, exigeant l'emploi de fortes charges, et 2° que pour exécuter ce tir dans de bonnes conditions, l'assiégeant ne doit pas établir ses batteries à plus de 1,600 mètres, on reconnaîtra qu'il suffit de mettre autant que possible les défenseurs à l'abri des coups tirés sous l'inclinaison de $1/10$. Si donc le terre-plein a 16 mètres de largeur, la trajectoire à l'extrémité de ce terre-plein s'abaissera de $1^m,60$ sous le plan de défilement et, la hauteur défilée ne sera plus que de $0^m,90$.

Afin de couvrir les défenseurs sur $1^m,90$ de hauteur, nous proposons de composer le terre-plein de deux parties; la partie rapprochée du parapet se trouvera à $2^m,50$ sous le plan de défilement, et l'autre, à $3^m,50$.

Nous verrons, dans le chap. VI, quelle largeur doivent

avoir ces parties et comment on doit les raccorder entre elles.

Lorsque les terre-pleins sont exposés à des coups d'écharpe, d'enfilade ou de revers, le problème se complique par la nécessité de construire des traverses et des parados.

Voici quelles sont à l'égard des traverses les prescriptions de l'école de Metz (1).

« Il y a une distinction fondamentale à établir entre les
» traverses indispensables pour se couvrir des vues, dans
» un ouvrage exposé à des coups d'écharpe, d'enfilade ou
» de revers, et celle que l'on élève par surérogation dans
» un ouvrage défilé. Les premières ont une position à peu
» près obligatoire ; les secondes peuvent se placer de ma-
» nière à ne pas gêner le passage et à faciliter la cons-
» truction des batteries ; elles abritent les pièces et, n'étant
» pas prolongées sur toute la largeur du terre-plein, per-
» mettent une libre communication en arrière. Les traver-
» ses de défilement devant couvrir tout le terre-plein, en
» occupent la largeur entière, et pour ne pas intercepter
» la circulation, il faut recourir à des artifices qui ne sont
» pas toujours sans inconvénients.

» L'emploi des traverses pour le défilement est d'ailleurs
» obligatoire, toutes les fois qu'il faut couvrir les terre-
» pleins des vues d'enfilade et de revers ainsi que des vues
» d'écharpe dont la pente du plan adopté ne suffit pas à
» les garantir. Pour qu'elles donnent une protection réelle,

---

(1) *Résumé des leçons sur l'application de la fortification au terrain* : mémoire autographié, fait en 1867, par le commandant de Villenoisy, d'après un travail de feu le colonel de Contencin.

» elles doivent avoir au moins 4 mètres d'épaisseur au
» sommet, 6 mètres, s'il est possible. Il n'est permis de
» les réduire que si les seuls coups à craindre sont très-
» obliques. Le sommet, en général, est composé de deux
» pentes, pour l'écoulement des eaux, et l'arête culminante
» dépasse de $0^m,50$ le plan couvrant, afin d'avoir un défi-
» lement réel aussi bien que géométrique. Le talus exposé
» aux coups doit être à terre coulante, l'autre côté peut
» être roide et même soutenu par un mur à la partie infé-
» rieure, si l'espace fait défaut. Il existe d'ordinaire une
» certaine indétermination dans la position des traverses,
» on en profite pour les rendre aussi peu gênantes que pos-
» sible. On évite d'en placer aux saillants où l'on se pro-
» pose d'avoir des barbettes ; on utilise, au contraire, leur
» présence, lorsqu'on a l'intention d'établir des pièces case-
» matées. Les traverses faisant toujours perdre une cer-
» taine longueur de crête, il faut essayer de la retrouver
» en les employant à recouvrir des batteries couvertes, des
» magasins ou des abris pour les hommes.

» La décomposition des traverses en plusieurs parties
» se prête à une foule de combinaisons, qui ont un intérêt
» pratique autant que théorique, parce qu'on utilise souvent
» comme masses couvrantes des crêtes ou des construc-
» tions élevées pour un autre objet. Cela arrive pour le
» réduit de demi-lune à l'égard de la demi-lune, pour
» celle-ci à l'égard du chemin couvert, pour les cavaliers
» à l'égard des courtines et des bastions, etc., etc.

» Lorsqu'à une traverse on en substitue plusieurs autres
» de moindre dimension et redoublées le long d'une crête,
» la multiplicité des plans de talus augmente presque tou-

» jours le cube des remblais. La chose peut cependant être
» avantageuse, parce qu'elle permet d'éviter de trop grands
» reliefs et qu'on est couvert de plus près. D'autres fois on
» préfère arriver au même résultat, en établissant un res-
» saut dans la crête, après chaque traverse. Cette disposi-
» tion est très-employée, lorsque la fortification s'étend sur
» la pente d'un coteau. »

Nous ne ferons qu'une seule observation au sujet de ce passage, c'est qu'il résulte de diverses expériences faites à Brasschaet et à Magdebourg, qu'il est nécessaire d'élever les traverses à $1^m,20$ au-dessus de la plongée, et qu'on peut se contenter de leur donner $2^m,40$ d'épaisseur en crête, lorsque la terre est sablonneuse.

Pour connaître l'espace que couvre une traverse, on suppose que les projectiles rasent la crête de cette traverse, sous l'inclinaison du $1/6$. Quand il s'agit de faces importantes pouvant être enfilées de loin, il sera quelquefois nécessaire de prendre l'inclinaison du $1/4$.

Le cours de Metz fait les remarques suivantes sur les parados.

« Lorsque les traverses perpendiculaires ou obliques aux
» terre-pleins n'arrêtent pas la totalité des coups, il y a
» un moyen assuré de s'en garantir, ce sont les parados,
» masses placées à l'extrémité du terre-plein et dans le
» sens de sa longueur. Les parados ne sont pas admissibles
» dans les dehors, qu'ils déroberaient aux vues du corps
» de place. *Ils ont encore un autre inconvénient, celui*
» *d'arrêter les projectiles explosifs qui, en éclatant, cou-*
» *vrent les défenseurs d'une mitraille redoutable.*

» Cela n'arriverait pas si, au lieu de soutenir les parados

» par un talus roide, on les terminait par un glacis, sur
» lequel les boulets ricocheraient; mais on n'a que rare-
» ment assez d'espace pour se permettre cette forme de
» traverses. »

La phrase imprimée en italiques contient une assertion que nous avons également émise, pages 62, 212, 266 et 267 de notre *Traité de fortification polygonale*.

Mais une expérience faite depuis au polygone de Brasschaet (voir ci-dessus, p. 192), nous a prouvé que les parados et les traverses en *terres sablonneuses* n'offrent aucun danger lorsque l'artillerie ennemie emploie les charges de guerre; les éclats des obus ne sont projetés hors de l'entonnoir que lorsqu'elle fait usage de charges si faibles que le tir n'offre plus aucune précision.

Il n'y a doute que pour le cas où les terres sont argileuses; alors il est possible qu'une partie des éclats soit rejetée par l'entonnoir *non comblé* au fond duquel le projectile éclate, surtout si l'entonnoir a peu de profondeur. Cependant des expériences faites récemment en Angleterre pour élucider cette question, ont donné des résultats favorables à l'emploi des parados, quand on n'a à craindre que des coups de plein fouet, tirés avec la charge pleine.

En revanche, il a été constaté, pendant le siége de Paris, que des terres moyennement fortes, durcies par la gelée, renvoient des éclats dans la direction de la trajectoire.

Les traverses et les parados établis sur les faces ricochées ne sont, par conséquent, dangereux que lorsque la terre est compacte, mêlée de cailloux ou susceptible de durcir pendant la gelée.

Il est souvent utile de construire les traverses et les

parados de manière à pouvoir y placer des fusiliers. Le général Niel constate, dans sa relation du siégé de Sébastopol, que la fusillade derrière les traverses força les Français, le jour de l'assaut, à évacuer le bastion central (n° 5) et la lunette Schwartz. Le même fait est consigné dans la relation de la défense, par le général Todleben. (Voir tome II, p. 370.) « Le succès que nous avions rem-
» porté (le 18 juin), dit-il, avait été dû en partie au grand
» nombre de tirailleurs, placés le long des banquettes
» et *sur les traverses.* »

Les parados ne sont nuisibles que dans un ouvrage dont l'intérieur doit être battu par les feux du corps de place. La défense de la lunette Kamtchatka (Mamelon vert) de Sébastopol, en fournit la preuve. « On jugea indispensable,
» dit le général Todleben, de disposer des parados le
» long de ses faces. Il est vrai qu'un semblable encom-
» brement de l'intérieur de la lunette, devait nécessaire-
» ment embarrasser les mouvements des troupes et empê-
» cher l'artillerie du mamelon Malakoff de balayer
» l'intérieur de l'ouvrage; cependant cette précaution,
» malgré les graves inconvénients qu'elle présentait, fut
» jugée indispensable, car, sans les parados et les tra-
» verses, l'artillerie de la lunette aurait été démontée
» dans un court espace de temps, et la garnison presque
» anéantie. » (T. II, p. 55.)

Observation finale.

Les principes généraux que nous venons d'exposer sont

conformes aux résultats des expériences de polygone et des faits de guerre qui ont relatés dans le chapitre III.

Ils conduisent logiquement à l'adoption du tracé polygonal.

Avant d'en faire l'application aux enceintes et aux ouvrages détachés ou isolés, nous devons rendre compte des efforts qui ont été faits pour établir une fusion entre les deux tracés rivaux, par la création de fronts mixtes, participant des avantages du polygone et du bastion. Ce sera l'objet du chapitre suivant.

FIN DU TOME PREMIER.

TABLE DES MATIÈRES

DU PREMIER VOLUME.

Pages.

INTRODUCTION 1

CHAPITRE I. — Réflexions sur la défense des États et sur la défense des places. — Organisation des camps retranchés. 1

— II. — Application de la fortification au terrain 94

— III. — Expériences et données diverses, offrant de l'intérêt au point de vue de la fortification. 143

— IV. — Principes généraux de la fortification. 249

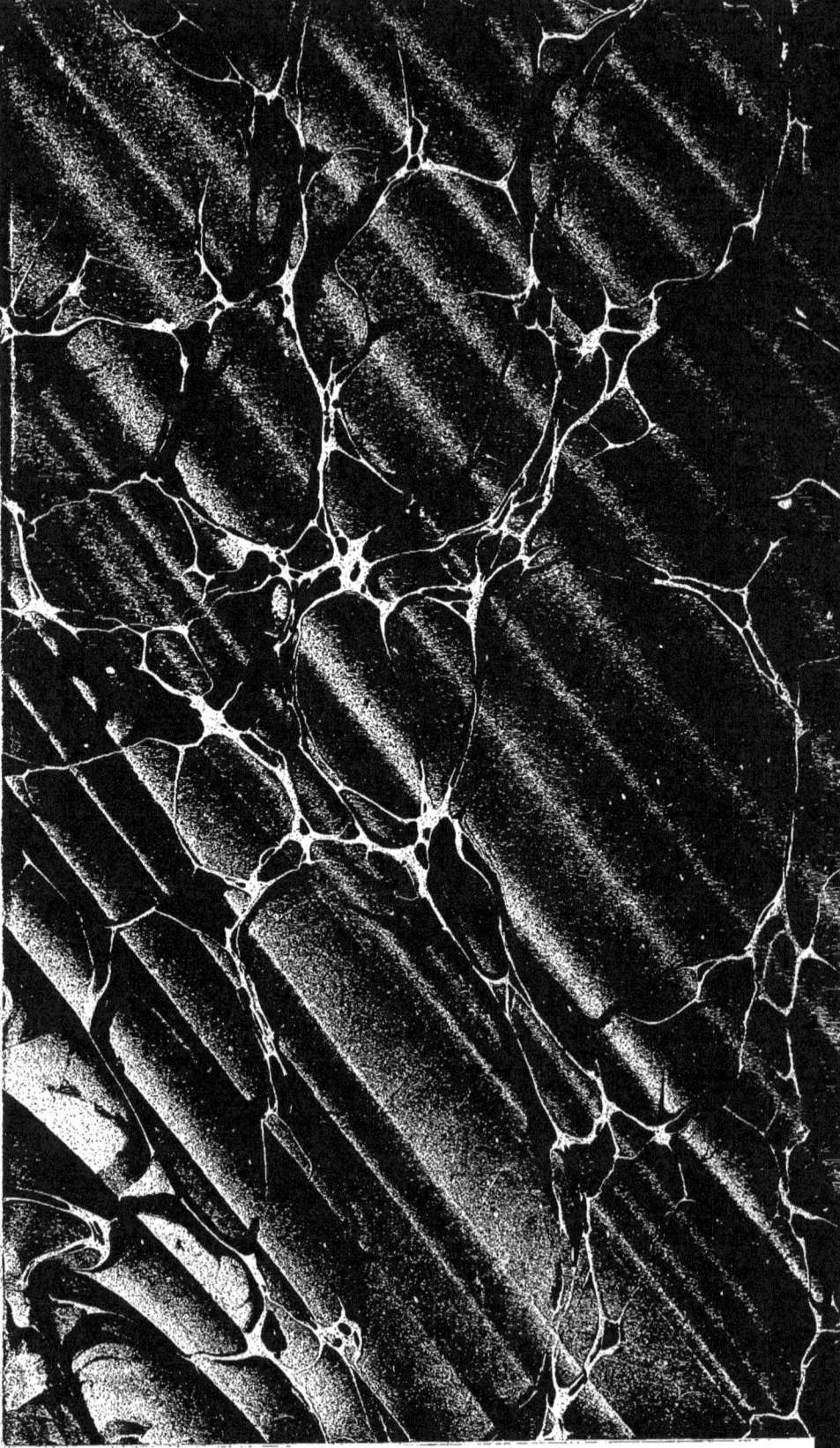

www.ingramcontent.com/pod-product-compliance
Lightning Source LLC
Chambersburg PA
CBHW060544230426
43670CB00011B/1683